LE ROMAN

AU

DIX-SEPTIÈME SIÈCLE

COULOMMIERS
Imprimerie Paul Brodard.

ANDRÉ LE BRETON

LE ROMAN

AU

DIX-SEPTIÈME SIÈCLE

PARIS
LIBRAIRIE HACHETTE ET Cie
79, BOULEVARD SAINT-GERMAIN, 79

1890

Droits de traduction et de reproduction réservés.

INTRODUCTION

Il y a eu, ce me semble, deux phases bien distinctes dans l'histoire du roman. Il n'a d'abord été, en Orient, en Grèce, à Rome, au moyen âge, que le songe, fantastique ou tendre, dont s'amusait la jeunesse de l'humanité. Puis le même mot, jusqu'alors synonyme de fiction, s'est appliqué à des tableaux de la réalité contemporaine.

Vers 1580, déjà, en son château de Montaigne, un homme très délicat, très incrédule, ayant au cœur l'inquiète curiosité des fins d'existence et des fins de société, aux lèvres le sourire ironique de son : que sais-je? essayait de s'analyser lui-même et de se comprendre. C'était l'esprit nouveau qui venait de naître. Une littérature se fonde qui se soucie avant tout d'être une littérature vraie. Les grands imaginateurs de génie, Rabelais, Cervantès, l'Arioste, font place à des observateurs pleins de bon sens et de finesse. Désormais, le public ne demande plus à l'écrivain de beaux rêves, d'illusionnantes chimères, mais une vivante histoire du présent.

Nous croyons aujourd'hui que la plupart des romanciers du xviie siècle ont fait toute autre chose. Les rares critiques qui se sont occupés d'eux, soit en France, soit en Allemagne, ont cru devoir les diviser en deux catégories : l'une comprendrait les œuvres de Sorel, de Scarron, de Furetière, et de quelques oubliés qui, seuls, auraient rompu avec les traditions de l'idéalisme ; l'autre, beaucoup plus nombreuse, les récits mérovingiens, mexicains, assyriens, romains, égyptiens de d'Urfé, de Gomberville, de Mlle de Scudéry, de La Calprenède, etc. Peut-être cette classification repose-t-elle sur un malentendu.

Si le xviie siècle est masqué dans presque

tous ses livres, comme les femmes l'étaient dans la rue, il n'était pas dupe d'un trompe-l'œil enfantin. Qu'il assistât à une représentation d'*Iphigénie*, de *Bérénice*, ou qu'il lût l'*Astrée*, le *Cyrus*, il savait se reconnaître à travers la mascarade. Il y était seul en cause, seul en scène, et il s'en apercevait bien. Ce sont ses passions, ses mœurs et ses modes qu'il retrouvait, non seulement dans les *Mémoires* d'une Mme de Motteville, d'un Retz, d'un Saint-Simon, non seulement dans les *Maximes* d'un La Rochefoucauld, dans les *Caractères* d'un La Bruyère, mais même dans son théâtre qui représente en apparence Nicomède, Achille ou Titus, même dans son roman qui peint d'ordinaire des héros ou des bergers. Nous en sommes restés au vers où Boileau reprochait à Mlle de Scudéry ses Caton galants et ses Brutus damerets. Pourtant, n'est-ce pas lui qui écrivait à Brossette : « Il n'y a pas, dans son livre, un seul Romain ni une seule Romaine qui ne soit copié sur le modèle de quelque bourgeois ou de quelque bourgeoise de son quartier »? Par là, sa critique devenait une louange.

Il n'y avait point de Caton, il n'y avait point

de Brutus dans les ouvrages de Mlle de Scudéry ou de ses émules. Ils ne pouvaient savoir comment ont pensé et senti les Romains et les Romaines; et ils ne s'en préoccupaient pas. Ils voulaient en revanche — et tel est leur unique peut-être, mais très réel mérite — peindre, chacun de leur côté, les gens de leur « quartier ». Les uns pénétraient dans les petites maisons de la place Maubert et dans les petites villes de province; les autres, dans les salons, dans ces incomparables salons d'autrefois dont le parfum est encore si doux à respirer. Les uns publiaient des romans bourgeois, les autres des romans aristocratiques; là se borne, au fond, la différence qui les sépare. Tous, avec plus ou moins de bonheur, ils ont été les historiographes de leur temps.

Leur art a eu d'abord les maladresses et les timidités d'un art de transition. Ils avaient reçu une éducation, contracté des habitudes intellectuelles qui ne leur permettaient pas de tout montrer ni de tout voir. Ils n'en ont pas moins pris l'initiative de chercher leurs modèles autour d'eux, quitte à les affubler ensuite de quelque classique draperie d'atelier. Ceux mêmes à qui le talent manquait, ont eu l'instinct d'une esthétique nouvelle et ont contribué à en établir le principe : ils ont peint d'après le vivant.

Pour qui les lirait, en suivant à peu près l'ordre chronologique, c'est tout un siècle qui se ranimerait, un siècle où il y a bien de la variété, quoiqu'il nous apparaisse de loin uniformément solennel. Entre les pages de ces gros volumes, dont les belles dames du temps passé faisaient leurs délices, sur lesquels Mme de Sévigné fatiguait ses yeux « bigarrés », il y a plaisir à voir se lever, comme en un fusain légèrement effacé, la physionomie d'un monde qui n'est plus. Il y a plaisir à retrouver, chez celui-ci, la vision de la foule et le brouhaha de la rue; chez celui-là, le reflet d'adorables figures, l'écho des vieux menuets, tous les sourires et toutes les grâces un peu compassées de l'ancienne cour.

Peu d'auteurs ont été plus raillés; quelques-uns d'entre eux, en effet, sont assez ridicules. Mais outre qu'il est toujours fâcheux de mépriser ce que nous ne connaissons guère, notre dédain serait ici un manque de piété filiale. Nous devrions avoir pour eux un peu de cette curiosité attendrie, avec laquelle nous évoquons la silhouette, en habits surannés, de nos grands-parents. Que l'école actuelle leur témoigne quelques égards, comme à des ancêtres : ils ont été les Primitifs du roman moderne.

LE ROMAN

AU DIX-SEPTIÈME SIÈCLE

L'ASTRÉE

I

Honoré d'Urfé, marquis de Verrome, comte de Châteauneuf, baron de Château-Morand, chevalier de l'ordre de Savoie, était né à Marseille en 1568, puis avait été élevé dans le Forez. Il a trouvé des accents poétiques pour chanter le pays « où passa sa jeunesse ». Au commencement du livre III de l'*Astrée*, il s'adresse en ces termes à la « belle et agréable rivière de Lignon » :

« Quelque paiement que ma plume ayt pu te faire, j'advoue que je te suis encore redevable, pour tant de contentemens que j'ay reçeus le long de ton rivage, à l'ombre de tes arbres feuillus, et à la fraîcheur de tes belles eaux, quand l'innocence de mon âge me laissoit jouir de moy mesme, et me permettoit de gouster en repos les bon-heurs et les félicitéz que le Ciel d'une main libérale respandoit sur ce bienheureux pays que tu arroses de tes claires et vives ondes ».

Il appartenait à une famille très ancienne que ses admirateurs faisaient remonter jusqu'au règne de Théodoric. Il avait cinq frères et six sœurs. L'aîné de ses frères, marié à Diane de Château-Morand, divorça pour entrer dans les ordres; et Honoré épousa Diane. Elle était plus âgée que lui, et vivait entourée d'une meute de chiens. Il s'attacha au service du duc de Savoie, son parent, et passa près de lui les vingt-deux dernières années de sa vie. Il mourut en 1625 en faisant la guerre dans le Piémont. Il avait publié des *Épîtres morales* et un petit poème intitulé *Sireine*; mais c'est l'*Astrée* qui a fait vivre son nom jusqu'à nous.

Le titre complet de l'ouvrage est : *l'Astrée, où par plusieurs histoires et sous personnes de bergers et d'autres sont déduits les divers effects de l'Honneste Amitié.* Le permis d'imprimer des première et seconde parties — permis délivré à Jean Micart et Toussaint de Bray, libraires en l'Université de Paris, et scellé du grand sceau royal en cire jaune — est du 15 février 1610. La troisième fut publiée en 1618; les deux dernières en 1627, deux ans après la mort de l'auteur, par les soins de son secrétaire, Théodore Baro. Nous sommes un peu étonnés aujourd'hui que le public ne se soit pas désintéressé d'une publication ainsi traînée en longueur. Il attendit avec patience de savoir si Céladon épouserait Astrée, de même que Montausier attendit quatorze ans le oui de Mlle de Rambouillet. La vie d'alors ne ressemblait pas à notre vie hâtive et fiévreuse. On était moins pressé d'arriver aux dénouements. Les romans de La Calprenède ont, les uns dix, les autres vingt-trois volumes; ceux de Mlle de Scudéry ne sont guère plus courts.

Le tome I de l'*Astrée* est dédié à Henri IV, qui devait périr trois mois plus tard : « Recevez cette œuvre, comme une œuvre de vos mains, car véritablement on vous en peut dire l'Autheur, puisque *c'est un enfant que la paix a fait naistre*, et que c'est à V. M. que toute l'Europe doit son repos et sa tranquillité ». Jolie dédicace, au reste, qui sent bien son gentilhomme, et que d'Urfé termine sur le vœu de servir un jour le roi d'une autre manière : « au prix de son sang et de sa vie ».

Le tome III est dédié à Louis XIII. Le quatrième, encore signé du nom d'Honoré d'Urfé, est dédié « à la Reyne Marie de Médicis, mère du Roy très chrestien, Louis le Juste »; et, dans un Avertissement au lecteur, Baro explique pourquoi il s'est décidé à publier le manuscrit de son maître. Des suites apocryphes de l'*Astrée* venaient d'être mises en vente; il s'agissait de défendre l'honneur de l'écrivain en donnant au livre la conclusion qu'il lui avait lui-même destinée. Toutefois le tome V ne porte que le nom de Baro, et si d'Urfé avait laissé quelques notes, au moins est-ce Baro qui les a rédigées.

Je l'ai là sous les yeux, cette *Astrée* qui compte 5 500 pages, pauvres vieux bouquins tout jaunis qui ont sur leur couverture la poussière de deux siècles de dédain et d'oubli. Ils nous font à présent un peu pitié, avec leur frontispice qui représente à gauche un berger, houlette en main, besace à la ceinture, à droite une bergère, et en haut deux Amours fort laids, ayant deux petites ailes au dos, et versant, l'un des flammes sur Céladon, l'autre des cœurs sur Astrée. Cette jeune femme décolletée, un collier de perles au cou, les cheveux tirés en arrière et frisés de chaque côté de la tête à la mode de l'hôtel de Rambouillet, c'est Astrée. Cet homme, couronné de lauriers, la poitrine deminue, une peau de lion sur l'épaule, moustache retroussée et barbiche en pointe, c'est d'Urfé lui-même. Qui dira jamais combien de rêveries se sont accoudées jadis sur ces gros livres, combien de jeunes cœurs en ont été enivrés? « La mémoire m'en est douce comme l'épanchement d'un parfum », écrivait l'évêque de Belley, l'auteur de

Palombe ou la Femme honorable. Saint François de Sales partageait son enthousiasme. Bossuet emprunta à l'*Astrée* des phrases de son panégyrique de saint Bernard, comme Corneille y avait pris des vers du *Cid*. La Fontaine, qui l'avait lue « étant petit garçon », la relisait « ayant la barbe grise ». Boileau lui-même en avouait le charme.

Les frères Parfaict attestent que, durant une trentaine d'années, les auteurs dramatiques y puisèrent le sujet de presque toutes leurs pièces; et peut-être ne serait-il pas très malaisé de montrer qu'il y a encore du Céladon dans les jeunes premiers de Racine. Quant aux contemporains, selon le mot de l'un d'eux, l'*Astrée* était « leur bréviaire ». Ils se posaient des questions sur les épisodes ou la topographie du roman. Le Forez fut, pour quelques-uns, un lieu de pèlerinage. En Allemagne, l'Académie des Vrais Amants comprenait quarante-huit princes ou princesses qui avaient pris le nom des héros de d'Urfé, et savaient les trois premières parties, c'est-à-dire 3500 pages de prose, à peu près par cœur. Enfin, le Poussin reproduisit les plus beaux paysages du Lignon. Quelque ennuyeuse que nous puisse être aujourd'hui l'*Astrée*, il faut respecter en elle une reine de la mode devenue toute vieille et ridée.

***

Si elle est fort longue à lire, elle n'est pas, en revanche, bien longue à résumer, à condition de supprimer les innombrables historiettes qui interrompent sans cesse l'action principale. L'auteur a essayé lui-même ce sommaire dans les trois premières pages de son œuvre; mais il n'y a pas mieux réussi que Corneille essayant d'analyser sa *Mélite*. Le sommaire est si confus qu'il faut, pour s'y débrouiller, avoir déjà parcouru l'ouvrage. Il nous prouve, du moins, que, dès le premier jour, le plan définitif de l'*Astrée* était conçu, arrêté dans la pensée de l'auteur.

La scène est dans le Forez, sur les bords du Lignon, au ve siècle. Le Forez a échappé, grâce à la protection de Diane, aux invasions, et se trouve peuplé de bergers. Ces bergers ne sont point des paysans grossiers; ils sont gens de grande naissance qui ont adopté les mœurs pastorales pour mener plus douce vie. Ils seraient, en effet, heureux, si l'amour ne troublait leur repos : ils sont tous amoureux. Le pouvoir est aux mains des femmes; la reine est Amasis, dont la cour est formée de jeunes fils et de jeunes filles des druides et des chevaliers.

Les deux héros sont Astrée et Céladon, une bergère et un berger : Céladon aime Astrée; Astrée aime Céladon. Elle avait douze ans, lui quatorze, quand ils ont commencé de s'aimer. Ils se sont vus à une fête au temple de Vénus; on y célébrait un jugement de Pâris où les bergères se décernaient entre elles le prix de beauté. Céladon s'est déguisé en bergère pour se rapprocher d'Astrée et s'est mêlé à la fête, au risque de sa vie. Après une séparation de trois ans, il lui est revenu fidèle. Mais leurs familles sont ennemies. Une ancienne rivalité d'amour a brouillé à jamais Alcippe, père de Céladon, avec Alcé, père d'Astrée; si bien que les deux jeunes gens sont obligés de cacher leur amour. Pour donner le change à leurs parents, Astrée a exigé de Céladon qu'il feignît d'aimer toutes les bergères. Puis elle s'est prise à son propre piège : en l'entendant réciter son rôle d'amoureux imaginaire auprès d'Amynthe, elle est devenue jalouse et le soupçonne d'infidélité. Les vers que Céladon adresse à Amynte sont pourtant si froids qu'ils devraient rassurer l'âme d'Astrée :

> Je puis bien dire que nos cœurs
> Sont tous deux faits de roche dure,
> Le mien résistant aux rigueurs,
> Et le vostre, puisqu'il endure
> Les coups d'amour et de mes pleurs.
>
> Mais considérant les douleurs
> Dont j'éternise ma souffrance,
> Je dis en cette extrémité,
> Je suis un rocher en constance,
> Et vous l'estes en cruauté.

Voici que, le matin où l'action commence, Céladon, la conscience tranquille et le cœur tout joyeux,

s'en vient, dès le lever du soleil, rêver à son
« cher Astre » sur les bords du Lignon. Il attend
Astrée qui ne tarde guère. Mais elle semble triste ;
elle est suivie de son chien Mélampe et de ses
brebis qui ne sont, ce jour-là, ornées d'aucun
ruban ; elle passe sans parler, et va s'asseoir plus
loin, sur un vieux tronc d'arbre, le coude appuyé
au genou, la joue sur la main. A son attitude
désolée, Céladon devine son erreur. Astrée éclate,
en effet, en reproches, l'accuse de trahison, et lui
défend de jamais reparaître à sa vue sans son
commandement. Désespéré, il veut la retenir. Elle
s'en va, lui laissant entre les doigts un ruban de
sa robe qu'il avait saisie. Alors, il s'attache le cher
ruban au bras et se précipite dans le Lignon. Le
courant l'emporte....

Astrée accourt, tombe évanouie et glisse à son
tour dans l'eau. Des bergers surviennent qui la
retirent du Lignon et la portent dans la cabane
de sa cousine Philis, où elle recouvre ses sens pour
fondre en larmes. A la nouvelle que Céladon a
péri, les bergers s'assemblent sur la rive et cherchent
son corps. Ils ne retrouvent que son chapeau,
arrêté entre les branchages qui trempaient
dans la rivière.

Cependant Céladon n'est pas mort. Le flot l'a
jeté sur le bord opposé. Trois nymphes de la
cour d'Amasis viennent à passer par là, en brodequins
dorés jusqu'à mi-jambes, les cheveux épars,

les bras parés de bracelets, la tête chargée de guirlandes de perles, le sein découvert, les manches retroussées, la robe relevée sur la hanche, les mains armées d'un arc d'ivoire. Un oracle avait prédit à l'une d'elles qu'elle trouverait à cet endroit de la berge un mari. Elle n'y trouve qu'un naufragé, presque un noyé.

« Il avoit encore les jambes en l'eau, le bras droit mollement étendu par-dessus la teste;... la bouche à demy entre-ouverte, et presque pleine de sablon degoutoit encore de tous costés : le visage en quelques lieux esgratigné et souillé, les yeux à moitié clos : et les cheveux, qu'il portoit assez longs, si mouillés que l'eau en couloit comme de deux sources le long de ses joues, dont la vive couleur estoit si effacée qu'un mort ne l'a point d'autre sorte : le milieu des reins estoit tellement avancé, qu'il sembloit rompu, et cela faisoit paroistre le ventre enflé, quoy que remply de tant d'eau qu'il le fust assez de luy-mesme. »

Au même moment, sur l'autre rive du Lignon, Astrée rouvrait les yeux. Elle raconte à tous l'infidélité dont elle croit Céladon coupable et qui a été cause de sa mort. Les bergers protestent, et Lycidas, frère de l'accusé, raconte que deux jours auparavant celui-ci écrivait encore des vers amoureux en l'honneur d'Astrée, sur l'écorce d'un arbre.

> Je pourray bien dessus moy-mêsme
> Quoy que mon amour soit extresme,

> Obtenir encore ce poinct
> De dire que je n'ayme point.
> Mais feindre d'en aymer un autre,
> Et d'en adorer l'œil vainqueur,
> Comme en effet je say le vostre,
> Je n'en sçaurois avoir le cœur.
> Et s'il le faut ou que je meure,
> Faites moy mourir de bonne heure.

Astrée commence à comprendre son injustice. Elle regarde le chapeau de Céladon, se souvenant que ce chapeau contient dans sa doublure une cachette et servait de boîte aux lettres à leur tendre correspondance. Elle y trouve un billet où Céladon se lamentait une fois de plus d'être forcé de feindre et l'assurait de son amour. Alors, elle est au désespoir d'avoir causé la perte d'un si parfait amant; ce ne sont plus que « ruisseaux de larmes, cent pitoyables hélas! interrompant le repos de son estomac ». A force de pleurer, elle s'endort,... imprudent, contagieux exemple, auquel le lecteur serait tenté de céder. Il est vrai qu'Astrée a bien lieu de pleurer. Non seulement elle croit Céladon mort; mais, en outre, elle se trouve orpheline. Elle a perdu le même jour son père et sa mère : sa mère, de la peur éprouvée à la nouvelle qu'Astrée était tombée dans le Lignon; son père, du chagrin d'être veuf.

De son côté, Céladon a une convalescence très douce, grâce aux bons soins de ses trois gardes-malades, les nymphes Silvie, Galathée et Léonide. Elles veillent auprès de lui; elles savent qui il est, et deux d'entre elles s'éprennent de lui. Céladon, prenant des mines intéressantes, les écoute raconter l'histoire d'Amasis : il leur explique à son tour ce qu'il sait des légendes locales ; bref, le temps passe le plus agréablement du monde, en apparence. Au fond du cœur, le jeune berger reste inconsolable des rigueurs d'Astrée. Il résiste à toutes les coquetteries de Léonide et de Galathée. Dès qu'il est à peu près rétabli, il demande à s'en aller, comme jadis Ulysse chez Calypso. Galathée s'y oppose; et lui de s'évanouir deux ou trois fois entre les bras des nymphes. Elles se décident à « consulter ». Léonide part à la recherche de son oncle, le vieux et vénérable druide, Adamas, qui connaît le moyen de guérir tous les maux et possède de vrais remèdes de bonne femme. Elle ne le trouve pas sans peine. En route, elle rencontre Astrée avec d'autres bergères, et s'attarde à causer, sans apprendre toutefois à Astrée que Céladon a survécu. Enfin elle ramène Adamas, et la première chose que Céladon lui demande, c'est la clé des champs. Adamas, qui voit sa nièce Léonide et Galathée amoureuses du berger, est tout disposé à favoriser l'évasion d'un si dangereux captif. Il imagine de le déguiser en nymphe pour qu'il puisse s'échapper incognito; et Céladon se sauve.

Le voilà sur les bords du Lignon : il aperçoit sur l'autre rive la prairie où il allait, en compagnie d'Astrée, paître ses troupeaux. Il n'ose y revenir : ne lui a-t-elle pas défendu de reparaître devant elle « sans son commandement »? Il va un peu plus loin se loger dans une caverne et passe ses journées à soupirer des vers ou à graver sur l'écorce des arbres le chiffre d'Astrée mêlé au sien. Durant deux mois, il vit de la sorte, se nourrissant de cresson. Aussi dépérit-il beaucoup à ce régime d'ascète amoureux.

Un jour, à bout de résignation, il écrit quelques vers sur un papier au haut duquel il a mis cette dédicace : « A la plus belle et plus aimée bergère de l'univers »; puis il met le papier entre les mains d'un berger endormi. Le berger montre le papier à Astrée, qui se sent toute troublée en croyant reconnaître l'écriture de Céladon. Elle veut aller au lieu où le berger a recueilli ce papier. Elle y trouve un temple de verdure avec des vers et une inscription : « à la Déesse Astrée ». La nuit vient; elle s'endort. Céladon, qui erre par là, dormant peu, l'aperçoit. Il s'approche sans bruit, effleure sa main d'un baiser, et dépose une lettre dans son sein. Astrée s'éveille; elle va le reconnaître. Par bonheur, le soleil l'éblouit, et au moment où elle veut lever la tête pour suivre des yeux l'indiscret, ses cheveux, pris dans les ronces, l'en empêchent. Elle s'obstine à croire Céladon mort; elle pense que c'est son âme qui vient ainsi rôder autour d'elle et, pour attester ses regrets, elle lui élève dans la forêt un tombeau vide. Céladon voit le tombeau; il est touché de cette preuve d'amour. Il voudrait bien parler, se montrer. Mais il ne peut enfreindre l'ordre d'Astrée. Le druide Adamas qui l'a pris en affection — peut-être avec le secret espoir de lui faire un jour épouser sa nièce Léonide — invente un expédient qui fait honneur à sa subtilité. Adamas est le premier des casuistes et Pascal aurait pu lui donner une petite place dans ses *Provinciales*. Il conseille à Céladon de prendre les habits et le nom de sa fille Alexis qui est en pension chez les druides; s'il s'appelle Alexis, il n'est plus Céladon : il pourra donc se présenter aux yeux d'Astrée sous ce costume sans lui désobéir. Le raisonnement est faible; mais

... la raison n'est pas ce qui règle l'amour.

Céladon, trop amoureux pour discuter un cas de conscience, se métamorphose. Par bonheur, il n'avait point encore de barbe, et il n'est bruit dans tout le pays que de la beauté de la jeune Alexis.
Astrée entend parler d'elle. On lui dit que la jeune druidesse ressemble à Céladon. Elle veut la voir; elle lui rend visite au temple de la Bonne Déesse, et dès la première entrevue elle éprouve pour elle une irrésistible sympathie. Ils s'en reviennent, avec toutes les bergères et Adamas, faire un sacrifice au hameau; et Céladon continue à profiter de son déguisement pour vivre dans l'intimité

de sa chère Astrée, dont il ne se sépare pas une minute.

Ici se termine la partie du récit publiée du vivant de l'auteur. Les deux derniers volumes dénouent toutes les intrigues entrelacées et embrouillées jusque-là.

De graves événements ont éclaté à la cour d'Amasis. Le gouverneur de la province, Polémas, n'ayant pu obtenir la main de Galathée, a pris les armes et mis le siège devant la ville de Marcilly. Adamas, homme de ressources, vrai Figaro de la religion druidique, organise la défense. Polémas, furieux, ordonne à ses soldats de s'emparer de la fille du druide; ils enlèvent Céladon, et Astrée qui porte les mêmes vêtements que lui, et les exposent tous deux aux traits des assiégés. Mais Sémire — qui a jadis causé toutes leurs infortunes en faisant croire à Astrée que Céladon était infidèle, — Sémire, revenu à des sentiments meilleurs, les délivre. Astrée retourne à Marcilly, et Céladon jette enfin sa jupe pour se battre en héros. Il est blessé; et la ville n'aurait plus qu'à se rendre, sans l'arrivée de Lindamor, le fiancé de Galathée, qui tue Polémas et met son armée en fuite.

C'est alors que Céladon croit pouvoir se montrer à Astrée. Hélas! elle le repousse, parce qu'il n'a pas attendu son ordre. Cette fois, il est décidé à se noyer pour de bon. Il se dirige vers la Fontaine de Vérité. Cette fontaine, située dans le parc du palais d'Isaure, avait des propriétés miraculeuses : l'amant qui s'y regardait voyait dans l'eau l'image de celle qu'il aimait et à côté sa propre image, s'il était aimé ; une autre image, si la traîtresse en aimait un autre. La fontaine était gardée par des lions et des licornes, prompts à dévorer les amants perfides. Céladon s'en approche, en compagnie de tous les personnages qui figurent dans le roman. A son aspect, les lions et les licornes, au lieu de se jeter sur lui, sont changés en statues. Adamas, qui a réponse à tout, déclare qu'un tel prodige est dû à la vertu des assistants, que tous les couples réunis là peuvent se mirer dans la Fontaine de Vérité, qu'il n'y a parmi eux ni un cœur faux, ni un cœur léger. Ils tentent l'épreuve ; elle réussit, et le livre s'achève sur un mariage universel.

*
* *

En dehors des aventures de Céladon et d'Astrée, le roman de d'Urfé renferme soixante-dix ou quatre-vingts histoires dans le goût espagnol, qui se greffent les unes sur les autres et forment de multiples intermèdes. A vrai dire, que le personnage en scène s'appelle Carilas, Alcippe, Calidon, Mélandre ou Bélinde, la donnée est toujours la même : berger ou chevalier, il est un amoureux qu'une haine domestique ou une injuste méprise sépare de sa bien-aimée. De là, une série de courses, de chevauchées, de traversées, depuis Londres jusqu'à Byzance, des escalades de balcon, des travestissements, des tournois, jusqu'au jour où le héros et l'héroïne s'aperçoivent qu'ils s'aiment, qu'ils n'ont pas cessé de s'aimer. La fatigue de la lecture vient, en partie, de cette multitude de noms d'églogue qui se croisent; nous nous perdons au milieu des Célidée, des Thamyre, des Lydias, des Célion, des Ligdamon et des Damon. C'est un peu le même embarras que nous éprouvons à lire les romans russes, où tous les noms, terminés en witch, se ressemblent et se brouillent dans notre tête.

Toutefois, si nombreuses que soient les historiettes, elles ne sont que l'accessoire du volumineux ouvrage, une distraction çà et là offerte à l'esprit. Pour une page de récit il y en a cinquante de dissertation amoureuse. Telle est, ce me semble, l'originalité, tel est l'intérêt documentaire de l'*Astrée*.

II.

Quelques critiques ont de nos jours vivement reproché à Honoré d'Urfé d'avoir peint sous de riantes couleurs la Gaule barbare du ve siècle. Ce reproche l'eût, j'imagine, fort surpris. Ses lecteurs savaient bien qu'il s'agissait d'eux, d'eux seuls, en son œuvre ; leur erreur fut d'en fabriquer, malgré lui, des clés. Il n'avait point voulu faire le portrait de celui-ci ou de celui-là, mais peindre la vie sentimentale de son temps, formuler la nouvelle philosophie de l'amour que la vie de salon, en s'inaugurant, avait fait éclore.

Il a déclaré lui-même, aux premiers feuillets du troisième volume, qu'il avait mis dans son livre beaucoup de son propre cœur.

« Je te voue et consacre, ô mon cher Lignon, toutes les douces pensées, tous les amoureux soupirs et tous les désirs plus ardents qui, durant une saison si heureuse, ont nourri mon âme de si doux entretiens qu'à jamais le souvenir en vivra dans mon cœur…. Je m'asseure que tu reconnoistras aisément qu'à ce coup je ne te donne n'y ne t'offre rien de nouveau et qui ne te soit desjà acquis, depuis la naissance de la passion que tu as vue commencer, augmenter et parvenir à sa perfection le long de ton agréable rivage, et que ces feux… sont les mesmes que la Beauté qui te rendoit tant estimé par dessus toutes les Rivières de l'Europe, fit naistre en moy durant le temps que je fréquentois tes bords, et que, libre de toute autre passion, toutes mes pensées commençoient et finissoient en elle, et tous mes desseins, et tous mes desirs se limitoient à sa volonté. »

Il y a donc là l'écho d'une tendresse réelle. Certes, l'écho est bien voilé, la confession bien discrète. L'écrivain du XVIIe siècle ne livre pas volontiers son moi au public, comme l'ont fait nos prosateurs et nos poètes depuis Chateaubriand. Ses passions revêtent la forme de quelque créature idéale, s'exhalent en une tragédie comme *Polyeucte*, en une comédie comme le *Misanthrope*, en un roman comme l'*Astrée*. Mais, si nous savons lire entre les lignes, nous retrouvons l'humanité d'une certaine époque sous la figure poétique, un peu immatérielle, du personnage. Nous entendons le mari d'Armande Béjart se plaindre doucement, tristement par la bouche d'Alceste. De même, l'amour de Céladon pour sa bergère nous révèle la façon dont aima Honoré d'Urfé, dont aimaient les hommes d'il y a bientôt trois cents ans; façon qui était alors toute neuve et qui reste encore jolie, aimable au souvenir.

*
* *

C'est un vieux dicton que « chacun aime comme il est ». L'amour, qui semble le sentiment humain par excellence, a bien varié à travers les âges. Chaque époque en a modifié l'expression, y a mis sa marque. Les anciens, Grecs ou Romains, étaient bien loin de lui donner, soit dans leur vie, soit dans leurs œuvres, la place que lui ont faite les modernes. La femme était traitée chez eux en inférieure, et les sentiments qu'elle inspirait ne semblaient pas d'ordre assez relevé pour que la Muse en eût grand souci. Il est vrai qu'à l'époque de la Renaissance elle était beaucoup plus mêlée à la vie sociale; mais elle n'y avait encore que le rôle de femme galante. Au lieu de s'affiner à son contact, l'homme achevait de s'y corrompre; et s'il savait à l'occasion mourir pour elle, il ne savait point vivre à ses côtés.

Il semble qu'il y ait mille ans de Brantôme à Honoré d'Urfé. C'est, d'une part, l'amour insouciant, libertin, à fleur d'âme, qui suppose le mépris de la femme et n'est qu'une forme de la sensualité masculine : c'est, de l'autre, l'amour élégant et spiritualisé qui se fonde sur le respect de la femme et la divinise. Il devient un culte, une dévotion de l'homme aux pieds de la femme. La beauté semble désormais, selon une définition de l'*Astrée*, « un rayon émané de Dieu, un reflet de l'absolue beauté », comme la royauté semble un reflet de la puissance céleste; par droit divin, elle aussi, la femme est reine.

D'Urfé a opposé à dessein Hylas à Céladon. Hylas, l'inconstant Hylas, né sous le soleil de la Camargue, représente la rieuse et gaillarde génération dont le bon roi Henri demeure le type le plus expressif. A coup sûr, c'est une charmante silhouette que celle de cet Hylas qui n'a pas plus de « vingt ou vingt et un ans », et s'annonce toujours de loin par son rire ou sa chanson. Il va et vient, reparait et disparaît au cours de l'interminable récit, le front un peu chauve, la barbe rousse, le teint frais, l'œil vif, les lèvres épanouies, narguant la mélancolie des autres amoureux du Forez, et leur prêchant de son mieux l'inconstance. La sensibilité n'est pour lui que le droit de changer. Il est le mouvement perpétuel, en effet. Il ne peut tenir en place; et il faut qu'il s'amuse. Il bâille, si la cérémonie célébrée par Adamas se prolonge trop : il ose même parodier les lois d'amour inscrites à l'entrée du temple de verdure que Céladon a élevé à sa bergère. Avec sa fraise, ses moustaches relevées, sa tête couverte de poudre de Chypre, libre de cœur, plus libre de langage, il fait dans le livre la figure que devaient faire dans la société nouvelle les derniers survivants du xvie siècle, tels que Bassompierre. Sa villanelle sonne comme un refrain de Marot à travers la solennité du grand siècle :

VILLANELLE DE HYLAS
sur son inconstance.

La belle qui m'arrestera,
Beaucoup plus d'honneur en aura.

I
J'ayme à changer, c'est ma franchise,
Et mon humeur m'y va portant :

Mais quoy, si je suis inconstant,
Faut-il pourtant qu'on me méprise?

Tant s'en faut, qui m'arrestera
Beaucoup plus d'honneur en aura.

II

Faire aymer une âme barbare,
C'est signe de grande beauté,
Et rendre mon cœur arresté,
C'est un effet encor plus rare.

Si bien que qui m'arrestera
Beaucoup plus d'honneur en aura.

III

Arrester un fais immobile,
Qui ne le peut faire aisément?
Mais arrester un mouvement,
C'est chose bien plus difficile.

C'est pourquoy qui m'arrestera
Beaucoup plus d'honneur en aura.

IV

Et pourquoy trouvez-vous estrange
Que je change pour avoir mieux?
Il faudroit bien estre sans yeux,
Qui ne voudroit ainsi le change.

Mais celle qui m'arrestera
Beaucoup plus d'honneur en aura.

V

On dira bien que cette belle
Qui rendra mon cœur arresté,
Surpassera toute beauté,
Me rendant constant et fidelle.

Par ainsi qui m'arrestera
Beaucoup plus d'honneur en aura.

VI

>Venez donques, chères maistresses,
>Qui de beauté voulez le prix,
>Arrester mes légers esprits,
>Par des faveurs et des caresses.
>Car celle qui m'arrestera,
>Beaucoup plus d'honneur en aura.

Mais Hylas est une exception dans l'*Astrée* : il est le passé, l'ancienne France. Il ne sert qu'à mieux marquer le progrès accompli, le sérieux et la pureté des passions au milieu desquelles il passe en chantant sa chanson.

Observez, au contraire, tel autre berger de l'*Astrée* qu'il vous plaira. Vous le trouverez, sinon austère et triste, du moins grave et fidèle. Il a l'air de ne rien espérer, de ne rien attendre, que la permission de chérir humblement sa Philis ou son Aminthe. Il l'exalte, il la place sur une sorte de piédestal; il a foi en elle et n'admet pas qu'elle puisse avoir l'ombre d'une imperfection. Les moindres caprices de celle qu'il aime lui deviennent des arrêts souverains : si elle lui dit de ne point reparaître à sa vue « sans son commandement », il s'éloigne, il languit durant des mois, des années peut-être, plutôt que de désobéir aux ordres d'une si belle bouche. Il a toujours présents à l'esprit les préceptes de la loi qu'a promulguée Céladon :

I. Il faut aimer à l'excès;

II. N'aimer qu'une seule personne;

III. N'avoir point d'autre passion que son amour;

IV. N'être ambitieux que pour plaire à l'aimée;
V. Aimer d'un amour désintéressé;
VI. Défendre sa bergère;
VII. Trouver tout parfait en elle;
VIII. N'avoir d'autre volonté que la sienne;
IX. Ne faire qu'une âme avec elle;
X. Ne vivre qu'en elle;
XI. N'attendre que l'honneur de l'aimer;
XII. S'engager à l'aimer toujours.

Qu'est-ce au fond que ce catéchisme amoureux, sinon la proclamation des droits de l'amour et de la souveraineté féminine? Où trouverions-nous, avant cette date, une plus complète abdication de la personnalité de l'homme, un pareil hommage rendu à l'amour? Par là surtout l'*Astrée* eut le suffrage de toutes les femmes. Elles ne goûtent jamais un livre qui amoindrit et rabaisse l'amour. D'Urfé est le premier romancier qui ait osé en faire le grand mobile de notre conduite, la continuelle obsession de notre pensée. Ses héros ne vivent que pour aimer. La Fontaine les a bien dépeints dans son opéra d'*Astrée* :

> Leurs amours sont leurs dieux : l'offense la plus noire
>   Pour eux est l'infidélité.
>   Aimer fait leur félicité,
>   Aimer constamment fait leur gloire.

Le temps qu'ils ne passent pas à soupirer auprès de leur belle, ils l'emploient à discuter quelque tendre problème. Ici Léonide et Adamas dissertent sur « la nécessité qu'il y a de tenir rigueur aux soupirants pour entretenir leur flamme ». Là, Céladon expose la théorie des âmes aimantées, touchante et subtile théorie en vertu de laquelle les âmes sont prédestinées à s'attirer l'une l'autre, à s'unir éternellement :

« Il dit que quand le grand Dieu forma toutes nos âmes, il les toucha chacune avec une pièce d'aymant, et qu'après il mit toutes ces pièces dans un lieu à part, et que de mesme celles des femmes, après les avoir touchées, il les serra en un autre magazin séparé : que depuis, quand il envoye les âmes dans les corps, il meine celles des femmes où sont les pierres d'aymant qui ont touché celles des hommes; et celles des hommes à celles des femmes, et leur en fait prendre une à chacune. S'il y a des âmes larronnesses, elles en prennent plusieurs pièces qu'elles cachent. Il avient de là qu'aussi tost que l'âme est dans le corps, et qu'elle rencontre celle qui a son aymant, il lui est impossible qu'elle ne l'aime, et d'icy procèdent tous les effets de l'amour; car, quant à celles qui sont aymées de plusieurs, c'est qu'elles ont été larronnesses, et en ont pris plusieurs pièces. Quant à celle qui aime quelqu'un qui ne l'ayme point, c'est que celuy-là a son aymant, et non pas elle le sien. »

La phraséologie mise à part, voilà, ce me semble, au sortir des gauloiseries de Brantôme, un assez joli idéal d'amour. Mais, vraiment, n'est-ce bien qu'un idéal? Cette honnête amitié, comme dit le sous-titre, à laquelle les bergers de l'*Astrée* sacrifient leur vie et où d'Urfé voit une sorte de « rayonnement de Dieu » sur la terre, n'était-elle qu'un rêve de poète? Il faudrait, pour le croire, connaître assez peu l'époque à laquelle appartient d'Urfé. En traduisant là ses propres sentiments, il y avait traduit ceux de toute une élite mondaine. Nourrie des mêmes lectures que lui, éprise du Tasse, de Guarini, de Marini et de Gongora, lasse autant que lui du cynisme qui s'était affiché à la cour des derniers Valois, voire à la cour de Henri IV, la société de Mme de Rambouillet vivait, aimait, comme aiment et vivent les personnages de l'*Astrée*.

*
* *

Si les réunions de la Chambre bleue sont nées d'un besoin de réforme morale, il ne s'ensuit pas que les femmes y aient perdu le droit d'être adorables et les hommes celui de leur offrir un délicat encens. L'amour, loin d'en être banni, y était de rigueur, ainsi qu'au beau pays du Forez. Or, que pouvait-il être en un salon? La passion, qui est ou sublime ou bête, y serait bien déplacée; il ne pouvait être qu'un sentiment fin, subtil, celui que d'Urfé a si bien décrit, qui s'interdit les élans trop sincères, les vives expansions; où n'entre rien de sensuel, où le cœur même n'a qu'une assez petite part, dont l'esprit, en revanche, fait presque tous les frais; en un mot, et c'est un mot de l'*Astrée*, il était « un art ». C'est bien aux habitués de l'Hôtel que s'appliquent les douze lois de Céladon. Chaque visiteuse y avait son chevalier; le joli vocabulaire d'alors disait : son mourant, un mourant qui ne mourait point et ne se fatiguait pas de la servir, de l'amuser, de lui plaire. Ils n'avaient, pour la plupart, nulle autre occupation en tête; aucun d'eux ne se mêlait de politique; ou si, par hasard, se rencontrait là quelque intrigante, quelque future aventurière de la Fronde, une Mme de Chevreuse, la conspiration cachait toujours quelque romanesque intrigue. Ils savaient défendre leur belle, conformément à l'article VI du nouveau code, et Voiture lui-même se battit en duel, certain soir qu'il était un peu gris, dans le jardin de l'Hôtel, avec l'intendant Chavaroche, pour les beaux yeux d'Angélique de Rambouillet.

Quant à l'honnêteté de ces amitiés, il est assez difficile d'en répondre ; au moins est-il sûr que les apparences furent bien sauvegardées. Pendant les trente-cinq années que l'Hôtel resta ouvert, pas un scandale ne s'y produisit. « Les hommes doivent tous aimer, déclarait Mme de Sablé, à condition de se contenter d'un culte respectueux », et les hôtes d'Arthénice faisaient au moins mine de s'en contenter. Les journées se passaient, comme dans le Forez, en des discussions toutes semblables à celles de l'*Astrée*. Desmarets, l'abbé du Plessis qui fut le cardinal de Richelieu, Chapelain lui-même, prononçaient des discours sur quelque point de galante casuistique. A cet égard, la correspondance de Chapelain est d'une bien curieuse lecture. Personne n'était moins fait que lui pour causer ou s'habiller avec braverie; il était naturellement dépaysé parmi les femmes; n'importe, il voulut suivre la mode. Tallemant s'est égayé de son fameux habit gorge-de-pigeon. Ses badinages ont la pesanteur d'une argumentation philosophique; il y a de la « raison démonstrative » dans ses madrigaux, et l'on y sent l'homme de cabinet qui se travaille pour dire de jolies choses. Il tourne et retourne ses compliments, comme un timide en visite tourne entre ses doigts son chapeau. Il a eu, lui aussi, sa déité, son Iris, un amour de commande; il a soupiré, lui aussi, pour la blonde Angélique Paulet, pour la Lionne. Il est vrai qu'elle avait quarante-cinq ans et qu'il en avait quarante-deux; encore était-il plus vieux qu'elle, n'ayant jamais eu de jeunesse.

Entre les belles adorations toutes cérébrales où se complaisaient les familiers de Mme de Rambouillet, et celles que d'Urfé a célébrées, y a-t-il quelque différence? D'un côté comme de l'autre, c'est la même importance attribuée à l'amour, le même mélange d'ardeur et de respect, les mêmes raffinements d'égards, les mêmes scrupules de fidélité. Tout ce qui s'écrit en ce temps-là de sonnets et d'épîtres, semble écrit de la même plume que l'*Astrée*. Les mondains se reconnaissaient en ces bergers qui aiment avec tant de présence d'esprit, capables en toute circonstance de tourner un rondeau ou de rimer un quatrain. Ils avaient, comme eux, le goût très vif des lettres en prose et des déclarations en vers; ils raffolaient, comme eux, des concetti et des pointes. Ils trouvèrent dans l'*Astrée* un recueil de corrigés : ces lettres, ces pièces de vers, dont chaque volume contient une table détaillée et qui forment environ le quart de l'ouvrage, répondaient d'avance à toutes les situations imaginables de leur vie. Je laisse à penser si les Céladon de la réalité se firent faute d'y puiser des formules et des épithètes. En voici quelques spécimens :

MADRIGAL A UNE BELLE INSENSIBLE

Elle a le cœur de glace et les yeux tous de flame;
Et moy, tout au rebours,
Je gèle par dehors et je porte toujours
Le feu dedans mon âme.
Hélas! c'est que l'amour
A choisi pour séjour
Et mon cœur et les yeux de ma belle Bergère.
Dieu! changera-t-il point quelquefois de dessein,
Et que je l'aye aux yeux, et qu'elle l'ait au sein?

DÉCLARATION

« Ceux qui ont l'honneur de vous voir courent une dangereuse fortune. S'ils vous aiment, ils sont outrecuidez, et s'ils ne vous aiment point, ils sont sans jugement, vos perfections estant telles, qu'avec raison elles ne peuvent ny estre aimées ny n'estre point aimées; et moy estant contraint de tomber en l'une de ces deux erreurs, j'ay choisi celle qui a plus esté selon mon humeur, et dont aussi bien il m'estoit impossible de me retirer. Ne trouvez donc mauvais, belle Diane, puisqu'on ne vous peut voir sans vous aimer, que vous ayant veue je vous aime. Que si cette témérité mérite chastiement, ressouvenez-vous que j'aime mieux vous aimer en mourant, que vivre sans vous aimer. Mais, que dis-je, j'aime mieux? Il n'est plus en mon choix : car il faut que par nécessité je sois, tant que je vivray, aussi véritablement vostre serviteur que vous ne scauriez estre telle que vous estes, sans estre la plus belle Bergère qui vive. »

STANCES SUR LA MORT D'UNE BELLE

La beauté que la mort en cendre a fait résoudre
La despouillant si tost de son humanité,
Passa comme un esclair, et brusla comme un foudre,
Tant elle eut peu de vie et beaucoup de beauté.

Ces yeux, jadis auteurs des douces entreprises,
Des plus chères Amours, sont à jamais fermez,
Beaux yeux qui furent pleins de tant de mignardises
Qu'on ne les vit jamais sans qu'ils fussent aimés.

> S'il est vray, la beauté d'entre nous est ravie ;
> Amour pleure vaincu, qui fut toujours vainqueur ;
> Et celle qui donnoit à mile cœurs la vie,
> Est morte, si ce n'est qu'elle vive en mon cœur.
>
> Et quel bien désormais peut estre désirable,
> Puisque le plus parfait est le plus tost ravy ?
> Et qu'ainsi que du corps l'ombre est inséparable,
> Il faut qu'un bien toujours soit d'un malheur suivy.
>
> Il semble, ma Cléon, que vostre destinée
> Ayt dès son Orient vostre jour achevé,
> Et que vostre beauté, morte aussi tost que née,
> Au lieu de son berceau son cercueil ait trouvé.
>
> Non, vous ne mourez pas, mais c'est plus tost moy-même,
> Puisque vivant je fus de vous seule animé,
> Et, si l'Amant a vie en la chose qu'il ayme,
> Vous revivez en moy, m'ayant toujours aymé....

Ce style tout chargé de traits, d'antithèses, de mièvreries, ce style qui roucoule et fait la bouche en cœur, reste la grâce encore fraîche des œuvres de Voiture ; il est la grâce aussi, la grâce durable, de l'*Astrée*. Avec la douceur de ses mots, l'excès de ses politesses, il évoque un monde disparu. Tout y est un peu artificiel, je l'avoue ; ces bergers enrubannés, qui ne s'abordent qu'avec des saluts et des révérences, seraient mieux à leur place dans un tableautin de Watteau que sur les bords du Lignon. C'est par là, pourtant, c'est par ce je ne sais quoi de factice que l'*Astrée* se trouve être une peinture vraie. Tout était voulu aussi, coquettement apprêté, dans la vie de la Chambre bleue, dans cette école récemment ouverte d'exquise et délicate galanterie dont d'Urfé a rédigé le manuel.

LE BERGER EXTRAVAGANT

D'Urfé avait eu bien des disciples. Le moins oublié est Gomberville, l'étonnant académicien qui voulait abolir le mot CAR, et qui avait composé à quatorze ans un *Éloge de la Vieillesse* en cent dix quatrains ; il avait publié, pêle-mêle avec des traités philosophiques, des recueils de poésie et des ouvrages d'histoire, trois romans : *la Caritie, Polexandre, la Cythérée*.

A travers l'enthousiasme universel qu'avait provoqué l'*Astrée*, sonne cependant un narquois éclat de rire. L'ironie ne meurt jamais, en France. Un Gaulois avait survécu, un petit-neveu de Rabelais, un de ces incrédules qui se plaisent à narguer les préjugés et les engouements de la foule. Celui-là s'appelait Charles Sorel.

Charles Sorel, sieur de Souvigny, était né en 1599 et mourut en 1674. Son parent, Charles Bernard, historiographe de France, atteint en 1635 d'une paralysie générale, lui légua sa charge, qui lui fut plus tard enlevée, et le manuscrit de divers travaux historiques qu'il acheva. Sorel n'avait d'autre passion que les lettres. Assez pauvre, surtout quand il eut perdu son emploi, il vécut modestement chez son beau-frère, substitut du procureur général. Il ne se maria pas. Il n'écrivit pas de dédicace. Sa vie resta indépendante. Le fameux et spirituel médecin, Guy Patin, était à peu près son seul ami, ou du moins son seul confident : « Il n'y a guère que moi, écrit-il, qui le fasse parler et avec qui il aime à s'entretenir ».

« C'est, dit-il en une autre lettre, un petit homme grasset, avec un grand nez aigu, *qui regarde de près*, âgé de cinquante-quatre ans, qui paraît fort mélancolique et ne l'est point.... Il a encore plus de vingt volumes à faire, et voudrait bien que cela fût fait avant que de mourir.... Il est fort délicat, et je l'ai vu souvent malade. Néanmoins, il vit commodément, parce qu'il est fort sobre. Il est homme de fort bon sens et taciturne, point bigot ni Mazarin. » Un homme *qui regarde de près*, voilà le mot caractéristique. On a plus d'une fois remarqué que les romanciers réalistes, ceux qui ont le plus minutieusement observé les choses et les gens, étaient presque tous des myopes, comme Sorel.

Nous trouvons, non plus son portrait, mais sa

caricature dans le *Roman bourgeois*. Furetière, qui l'avait autrefois qualifié, en sa *Nouvelle allégorique*, d'auteur « d'excellents livres », le ridiculise sous le pseudonyme de Charroselles : « Ce nez, qu'on pouvoit à bon droit appeler Son Éminence, et qui étoit toujours vêtu de rouge, avoit été fait en apparence pour un colosse; néanmoins, il avoit été donné à un homme de taille assez courte. Ce n'est pas que la nature eût rien fait perdre à ce petit homme; car ce qu'elle lui avoit ôté en hauteur, elle le lui avoit rendu en grosseur.... Sa chevelure étoit la plus désagréable du monde.... Aussi ne se peignoit-il jamais qu'avec ses doigts, et dans toutes les compagnies c'étoit sa contenance ordinaire.... En général, il avoit une vraie mine de satyre.... Ses yeux, gros et bouffis, avoient quelque chose de plus que d'être à fleur de tête. Il y en a qui ont cru que, comme on se met sur des balcons en saillie hors des fenêtres pour découvrir de plus loin, ainsi la nature lui avoit mis des yeux en dehors, pour découvrir ce qui se faisoit de mal chez ses voisins. Jamais il n'y eut un homme plus médisant ni plus envieux. »

Voilà bien des malices, dont le témoignage de Gui Patin nous semble un juste correctif. Peut-être, au fond, Furetière ne haïssait-il en Sorel qu'un rival de sa gloire; leur œuvre, en effet, présente plus d'une analogie.

Parmi les nombreux ouvrages de Sorel, figurent

le *Francion* et *le Berger extravagant*. Ce dernier, signé du faux nom de La Lande, et imprimé, semble-t-il, en 1639, est le manifeste d'une nouvelle école qui vient s'opposer à celle de d'Urfé. Le titre exact est : *le Berger extravagant, où parmy des Fantaisies amoureuses on void les impertinences des romans et de la poésie*. Sorel explique dans sa préface qu'il en veut à la poésie et aux romans de nous donner une idée fausse de la vie et en particulier de l'amour. A première vue, pourtant, son récit semble de tout point conforme à ceux des « conteurs de mensonges » qu'il déteste. Mais ne nous fions pas aux apparences : si les aventures de son berger sont les mêmes à peu près que celles d'un Céladon, Sorel procède de façon que le lecteur en sente cette fois le ridicule. Montrer toutes les déconvenues dont serait victime un homme assez fou pour prendre au pied de la lettre les fictions, les métaphores des romanciers à la mode, et pour se conduire dans la réalité comme leurs personnages, tel est son but ; c'est dire que *le Berger extravagant* a quelque rapport avec le *Don Quichotte*.

* *

L'action se passe, non plus sur les bords du Lignon au temps de Mérovée, mais sur les bords de la Seine, près de Saint-Cloud, en plein règne de Louis XIII. Aux premières pages, nous apercevons une douzaine de brebis galeuses, et un berger, aussi élégant que son troupeau est malpropre; un berger qui a « un chapeau de paille, un haut-de-chausse de tabis blanc, des bas de soie gris de perle, des souliers blancs avec des nœuds de taffetas vert ». Il a, d'ailleurs, l'air un peu bête, le nez pointu et les yeux à demi retournés. Ce berger est un fou : c'est le berger extravagant, Lysis.

Un Parisien en promenade, Anselme, vient à passer par là et l'entend qui se lamente et invoque le nom de Charite. Anselme s'approche et le fait causer. Lysis confesse qu'il s'est fait berger par amour, dans l'espérance de se rapprocher de Charite rencontrée jadis à Paris et récemment établie à Saint-Cloud. Au reste, son vrai nom est Louis; le vrai nom de Charite est Catherine, elle est la servante d'Angélique. Lysis a fait l'anagramme de son nom pour lui en trouver un plus noble, et comme il veut aimer à la façon des parfaits bergers, il passe ses journées à contempler tout ce qui lui vient de Charite : un œillet et un morceau de semelle, conservés en manière de reliques.

Mais voici venir son cousin Adrian qui lui sert de tuteur et qui est à sa recherche. Il apprend à Anselme que Lysis est fils d'un marchand de soie de la rue Saint-Denis; qu'il a fait ses études au collège de Navarre, puis travaillé pour devenir conseiller. L'écolier est entré dans une institution, comme il en existe encore de nos jours, « où un jeune homme apprend en un mois tout ce qu'il doit répondre à l'examen, comme un sansonnet apprend une chanson ». Hélas! il s'y est mis à lire les bergeries; il a vécu au milieu d'une compagnie où les garçons et les filles prenaient le nom des personnages de l'*Astrée*; et sa tête s'est brouillée. Il s'est habillé en berger, ne sort plus qu'une houlette à la main, et imite les poses des comédiens qui jouent la *Sylvanire* de d'Urfé à l'hôtel de Bourgogne.

La vie de Lysis est, comme celle du héros de Cervantès, une continuelle et trompeuse hallucination. Tout concourt à augmenter sa folie. Anselme s'attache à ses pas pour s'égayer à ses dépens. Au lieu de le tirer de son erreur, il l'y affermit et s'en amuse ensuite avec quelques bons compagnons. Lysis interroge-t-il l'écho? Chose prodigieuse et bien faite pour troubler une pauvre cervelle, non seulement l'écho lui renvoie la fin de ses phrases, mais l'écho improvise des phrases entières, car l'écho est Anselme caché derrière un rocher :

« Lysis poursuivant toujours son chemin arriva vers un costé de la montagne et se souvenant que dans les livres qu'il avoit leus, les Bergers interrogeaient l'Echo en de pareils lieux que cestui-cy, il fut d'avis de les imiter, et de consulter cet oracle qu'il croyoit aussi infaillible que celuy de Delphe.

Nymphe langoureuse, ce dit-il d'une voix éclatante, j'ay conté tantost mon tourment à tous ces déserts; l'as-tu bien ouy? — Et tout aussi tost il y eut un Echo qui respondit : Ouy. — Il fut si ravy d'entendre cette voix, qu'il continua ainsi de parler : Que feray-je pour alléger mon mal? Dy le moy, maintenant que je l'ay mis en évidence. — L'Echo respondit : Danse. — Chante donc, ou siffle, ou joue du tambour, si tu veux que je danse, reprit le Berger; mais ne raillons point, Nymphe ma mie. De quelle sorte faut-il que je prenne ma maitresse pour faire que ma flame diminue? — *Echo* : Demy nue. — Je m'en vay donc la voir vistement, afin que mon mal trouve du secours. — *Echo* : Cours. — Adieu donc, ma fidelle, jusqu'au revoir; je m'en vais chercher Charite dans sa demeure. — *Echo* : Demeure. — Hé pourquoy? Tu dis que je m'en aille, et tu me promets de grans allegemens. — *Echo* : Je mens. — Je pense que tu es folle ; tu m'as asseuré de mon bien par un propos assez fréquent. — *Echo* : Quand? — Tout à cette heure, bouffonne; l'as-tu oublié, et ne crois-tu plus que le cœur de Charite et le mien doivent estre estreints d'un mesme chaisnon? — *Echo* : Non. — Ta prophétie est fausse; ma maistresse te fera mentir, et se moquera de toy. — *Echo* : De toy. — De moy, je ne le pense pas; quoy! elle me mesprisera, que feray-je donc pour vaincre de si mauvaises humeurs? — *Echo* : Meurs. — Quel genre de mort choisiray-je, ne trouvant point de secour, si sa douceur ne me l'accorde? — *Echo* : La corde. — Hé! rigoureuse, tu te gausses, ou possible tu veux parler de la corde de l'Arc de Cupidon, qui m'envoyra une flesche qui ne me fera souffrir qu'une douce mort : n'est-ce pas là ta pensée? — *Echo* : Non, je dy un licol pour te pendre!

« Cette réponse qui fut fort brusque surprit merveilleusement Lysis. Hé! quelle plaisante Echo est-ce icy? dit-il aussi tost : elle ne répette pas mes dernières syllabes, elle en dit d'autres!... »

Il devient de plus en plus fou. A l'hôtel, où l'a conduit Anselme, ayant appris que le rouge est la couleur de Charite, il ne veut manger de mets qui ne soient rouges, et se commande un dîner fait de saumons, écrevisses, betteraves, carottes, cerises ou pommes de Calville; si bien qu'un petit garçon de taverne, la serviette sur le bras, la calotte sur l'oreille, lui dit : « Monsieur, ne voulez-vous point aussi avoir le nez rouge? Nous avons céans de bon vin pour le peindre. » Sans se déconcerter, Lysis mange ses écrevisses, en ayant soin de laisser l'intérieur qui n'est pas rouge, et de ne manger que la carapace.

En se promenant dans la rue, il aperçoit Charite qui cause tendrement avec un paysan. Ce doit être un satyre! Lysis lui saute à la gorge et reçoit une volée de coups de bâton. Anselme le console en lui donnant un portrait de Charite qu'il vient de faire à son intention. Ce portrait n'est pas un portrait ordinaire; il réalise toutes les hyperboles du style figuré. Le teint est blanc comme la neige; deux branches de corail s'étalent à l'ouverture de la bouche : à chaque joue, un lis et une rose sont croisés l'un sur l'autre; deux soleils remplacent les yeux; les sourcils sont deux arcs; et les cheveux pendent comme des lignes avec l'hameçon au bout, « où il y avoit quantité de cœurs pris à l'amorce ». Ivre de joie, Lysis veut à tout prix se rapprocher de sa bergère. Il escalade un balcon pour y placer une lettre d'amour : l'échelle tombe, il reçoit un pot à l'eau sur la tête, et se voit finalement arrêté pour tapage nocturne. En des marchands qui passent il croit voir des corsaires; il veut allumer une chandelle aux yeux de Charite, tant il y voit de flammes : il se persuade que le feu de ses yeux a brûlé le chapeau qu'il a sur la tête et qu'un laquais s'amuse à roussir avec un miroir ardent. Puis, convaincu qu'il est lui-même et littéralement enflammé d'amour, il se jette dans un bassin afin de s'éteindre. Au théâtre, il prend la pièce pour une réalité et fait rire toute la salle. Anselme l'emmène dans la Brie en lui disant qu'il l'emmène dans le Forez.

Là, rencontre-t-il un ermite? c'est un druide. Une fille, nommée Synope? c'est une nymphe des eaux. Un jour, il s'estime métamorphosé en femme et met une jupe; un autre jour, étant tombé dans le creux d'un saule, il se déclare changé en arbre, comme un héros d'Ovide.

« Hircan allant tout doucement par-derrière le Berger pour luy faire peur, luy voulut faire tourner son chapeau, mais il luy donna une telle secousse, qu'il l'envoya contre les branches d'un saule qui estoit tout contre, où il s'arresta. Lysis s'estant retourné voulut ravoir son chapeau; de mauvaise fortune, Clarimond et Hircan n'avoient point de baston pour luy servir à l'abattre, et Carmelin avoit emporté sa houlette pour mener le troupeau. Le saule estoit fort haut; néantmoins il y monta bien en mettant son pied sur des ouvertures que la pourriture y avoit faites : mais comme il allongeoit le bras pour atteindre à son chapeau, il glissa tout d'un coup et tomba dedans le creux de l'arbre, que la vieillesse avait si bien rongé, qu'il y avoit place pour un homme. On ne lui voyoit plus que la teste et les bras qu'il estendit d'un costé et d'autre pour empoigner deux grosses branches, et estant en cette posture il commença à s'escrier ainsi : « Il n'y faut plus songer, Clarimond; la chose est faite; en vain vous délibérerez de quelle sorte je seray métamorphosé. Mon destin a voulu que je fusse changé en arbre. Ha Dieu, je sens mes jambes qui s'allongent et se changeant en racine se prennent dedans la terre. Mes bras sont maintenant des branches, et mes doigts des rameaux. Je voy desjà les feuilles qui en sortent. Mes os et ma chair se changent en bois et ma peau se durcit et se change en écorce. O anciens Amans qui avez été métamorphosés, je seray désormais de vostre nombre, et ma mémoire vivra éternellement avec la vostre dedans les ouvrages des Poëtes. O vous chers amis qui estes icy, recevez mes derniers adieux : je ne suis plus au rang des hommes. »

En vain, ses chers amis le supplient de sortir de là; il répète qu'il est un arbre, un arbre sacré auquel il n'est pas permis de toucher, si ce n'est aux Dieux et à Charite : « C'est principalement au service de cette belle que je suis voué. Qu'elle vienne graver ses chiffres dessus mon tronc; je le souffriray sans gémissement. » — Ils essayent d'employer la force; Lysis crie si haut que son chien Musidore en aboie; « il se tint toujours si fort à l'arbre que l'on vti bien que l'on luy arracheroit plustot les bras que de l'oster de là ». Ils allument alors un fagot au pied du saule; Lysis se laisse enfumer. « Clarimond, ayant appellé un Buscheron, luy dit qu'il coupast le saule.... Au premier coup de coignée, le Berger fit un cry que je croy que l'on pouvoit entendre de trois lieues à la ronde, et il parla ainsi après : « Ha! impie, que fay-tu? Je suis un arbre consacré à Diane. Jamais le fer ne m'avoit entamé. J'estois aussi vierge que ma déesse. Ne crains-tu point que la foudre ne t'accable? Laisse vivre un pauvre Berger sous cette escorce. » Il faut lui donner à boire avec un entonnoir. Clarimond lui fait avaler de la même manière un potage à la citrouille, « et quand les soupes ne pouvoient entrer, l'on les poussoit avec un baston, comme si l'on eust chargé une canonnière ». La nuit venue, il voit arriver trois hamadryades, qui sont tout simplement des servantes d'Anselme et qui le consolent. Mais il ne consent à redevenir homme et à quitter son arbre que sur l'ordre d'Anselme lui-même déguisé en magicien.

Il est entouré d'une dizaine de mauvais plaisants qui se costument en bergers pour lui plaire. Il a un valet, nommé Carmelin, qui joue un peu le rôle de Sancho : « Il avoit l'esprit fait d'une telle sorte qu'il sembloit n'estre venu au monde que pour faire rire les autres, et hormis dix ou douze sentences de lieux communs qu'il avoit apprises comme un oyseau en cage, il ne sçavoit rien que des plaisanteries rustiques ». — Carmelin, que la folie de son maître a fini par gagner, se figure de son côté que sa bien-aimée, Lisette, a été transformée en rocher. Lysis en vient à penser que toutes les maisons sont des châteaux enchantés. Il procède à l'enlèvement d'un manche à balai surmonté d'un bonnet, dans lequel il reconnaît Charite. Tantôt il est empoisonné et fait le mort; tantôt un regard de son amante le ressuscite. Il plonge dans les rivières sous prétexte de rendre visite aux dieux marins.

Alors, Anselme et ses amis ont pitié de lui et veulent essayer de lui rendre la raison. Ils se repentent d'avoir si longtemps joué avec cette cervelle malade. Ils font venir le vieil ermite qui lui parle doucement. Puis, ils avouent à Lysis comment ils ont été les complices de ses infortunes, comment ils ont favorisé la perpétuelle méprise de ses yeux et de sa pensée.

Et Lysis quitte son habit de berger. Il le quitte à regret, comme ce pauvre fou dont Horace a conté l'histoire, que trois grains d'hellébore guérirent, et qui ne se consola plus de la perte de ses chimères. Il s'éveille, triste, de son long rêve. Il se marie, tandis que Carmelin épouse sa Lisette. Devenu sage, devenu vieux, il s'égare encore volontiers dans ces bois où il a goûté jadis la douceur d'un bonheur illusoire; il revient volontiers à ses moutons. Peut-être trouve-t-il qu'après tout la réalité ne vaut pas son ancien songe, son idéal si cruellement bafoué. Qui sait s'il ne vaudrait pas mieux, en effet, fermer les yeux et rêver, que les ouvrir et vivre?

*
* *

Bien que le malentendu se prolonge outre mesure, et que nous ne puissions lire sans quelque malaise les écrits où une infirmité de la nature

humaine, fût-ce la monomanie d'un Lysis ou d'un
Perrin Dandin, est impitoyablement gouaillée, l'œuvre de Sorel est toute pleine de verve. La langue
en est franche; çà et là, un peu verte. Certains
épisodes sont amusants, entre autres celui de Saint-
Cloud, qui peut se résumer en peu de mots. Lysis a
rencontré un berger, un vrai berger, celui-là; il lui
a annoncé que « Charite noieroit le monde dans
les larmes et mettroit l'humanité en flammes ». Le
paysan terrifié s'imagine que Charite est une sor-
cière et que le jour du jugement dernier approche.
Il colporte la nouvelle et la panique est générale.
Là-dessus, un orage éclate : c'est la prédiction qui
s'accomplit! Les villageois perdent la tête. Un
enfant monte sur un toit avec une grande jatte pour
s'y embarquer quand l'eau du déluge envahira la
maison. Un tison roule aux pieds d'une bonne
vieille qui ne le voit pas, mais qui se sent brûlée :
voilà l'embrasement prédit qui commence! Elle
jette des cris, des cris tels que l'enfant tressaute
et tombe avec sa jatte sur un tas de fumier. Les
rustres se jugent perdus, et s'empressent de boire,
avant de mourir, tout le vin qu'ils ont dans leurs
caves.

Le Berger extravagant a la gaieté bouffonne d'une
parodie. Est-il sûr, en revanche, que le trait n'y
porte pas souvent à faux? Nous serions assez tentés
de dire que de Lysis et de Sorel, le plus Don Quichotte n'est pas Lysis; que Sorel s'est singulière-

ment exagéré le danger de certaines lectures ; qu'il y a disproportion entre le ridicule qu'il attaque et les moyens qu'il y emploie, et que lancer deux in-octavo contre les jolies créatures fardées de la pastorale, autant vaudrait prendre un pavé pour écraser une petite mouche verte ou bleue.

Encore s'il se bornait à critiquer l'*Astrée* et les imitations qui en avaient été faites ! Il suffirait de lui répondre que tout n'y était pas fictif, qu'elles représentaient, sous la mascarade idyllique, l'esprit et les mœurs d'un monde très réel, quoique différent du sien ; après quoi, il n'y aurait qu'à le louer d'avoir le premier mis la bourgeoisie, à laquelle il appartenait, en garde contre cet esprit et ces mœurs dont elle n'avait que faire. Mais ce n'est pas seulement aux bergeries qu'il en a.

C'est au merveilleux, à la fantaisie, à l'imagination qu'il déclare la guerre. Les cinquante premières pages de son livre ne laissent là-dessus aucun doute. Il y juge les plus grands poètes, depuis ceux de la Grèce et de Rome, jusqu'au Tasse : il n'en est aucun qui trouve grâce devant lui. Il ne leur pardonne pas leurs inexactitudes, leurs anachronismes. « Ce sont les Troyens qui ont été vainqueurs », — et il en conclut que l'*Iliade* ne vaut rien. Il ne traite pas mieux l'*Énéide*.

Il est assez piquant d'entendre, au sortir du Moyen Age qui avait tant aimé « l'enchanteur » Virgile, de la Renaissance qui s'était enivrée d'Homère, un lettré, presque un érudit, s'exprimer si librement sur leur compte, préludant, pour ainsi dire, dès le règne de Louis XIII, à la grande querelle des Anciens et des Modernes. A dire vrai, la huée gamine qu'il jette au milieu des Olympes et des cours d'amour, n'est pas restée sans écho; d'autres que l'auteur du *Virgile travesti* l'ont entendue, et Sorel n'est pas un enfant perdu dans le XVIIe siècle. Les maîtres du classicisme ont tous aimé, écouté la raison et subordonné l'inspiration à la recherche du vrai. Mais ils savaient qu'il est possible d'orner la vérité sans l'amoindrir et qu'il est bon de la rendre charmante aux yeux de l'homme; qu'il est sage même d'y mêler un peu de rêve et de ne point nous ôter le plaisir de nous tromper quelquefois. En même temps que des observateurs et des philosophes, ils ont été des poètes et des artistes, sensibles aux belles légendes de l'antiquité.

Sorel est un esprit positif, et n'admet pas que nous puissions avoir l'humeur rêveuse. Il se croit un moraliste et ne se soucie que de nous enseigner la vie, même en ce qu'elle a d'humiliant et de bas. « J'ai fait, dit-il, des farces des anciennes fables des dieux. Mon livre est le tombeau des romans et des absurdités de la poésie. » Entendez par là qu'il y ensevelit ce qui est peut-être notre meilleure joie : nos illusions. Quand Lysis croit voir des dieux ou des nymphes, l'auteur a soin de nous montrer la duperie, nous fait toucher du doigt la fausse barbe des dieux et reconnaître quelques soubrettes sous le voile flottant des nymphes. Nous sommes, il est vrai, naturellement curieux d'apprendre le mot de toute énigme; mais n'est-il pas bon de ne point toujours le connaître? Faut-il remercier ceux qui nous expliquent toute chose et nous arrêtent à la plus belle page du volume, à la plus belle scène du drame pour nous dire : « Tout ceci n'est qu'artifice; ne pleurez pas, vous seriez dupes »? Dupes? Eh! tant mieux! Tant mieux si nous pouvons, comme dit Molière, être « pris aux entrailles », oublier un instant que l'apparition d'Hamlet cache un comparse quelconque, que la statue est un marbre inanimé, que le tableau est fait d'un peu de couleur écrasée sur un morceau de toile. Heureux ceux-là qui croient!

Sorel parle au nom du sens commun qui a, en effet, ses droits. Mais nos cœurs ont, eux aussi, leurs droits et leurs besoins. L'âme a faim et soif comme le corps, et la mission de l'art est moins de former notre jugement que de rassasier nos désirs d'infini.

LA
VRAIE HISTOIRE COMIQUE
DE FRANCION

I

Avant de formuler sa théorie, Sorel l'avait déjà mise en œuvre dans le *Francion* qu'il fit paraître en 1622, sous le nom de Nicolas de Moulinet, sieur du Parc, gentilhomme lorrain. Il en a toujours désavoué la paternité, notamment dans sa *Bibliothèque française*. Le passage, assez entortillé, ferait croire que cette œuvre est le fruit d'une collaboration, et il semble, en effet, qu'il y ait deux esprits très divers dans le *Francion*, l'un jovial, libre à l'excès, l'autre un peu sermonneur et doctoral. Les chapitres les plus gaillards y ont une « moralité ». — Voilà, nous dit-il de temps à autre, ce que fit Francion; vous voyez qu'il en fut puni; gardez de l'imiter. — Le conseil est si tardif, si imprévu, qu'il nous touche peu. Que dirions-nous de Scapin s'interrompant de bâtonner Géronte pour s'écrier : *Vanitas vanitatum*? Ainsi procède l'auteur du *Francion*. Mais le même mélange de prédication et de bouffonnerie existe dans *le Berger extravagant*. Les deux livres sont bien de la même main. Le témoignage des contemporains, d'ailleurs, est unanime et formel.

Il est assez surprenant que Sorel ait persisté à garder l'incognito. Le *Francion*, traduit en allemand, en anglais, eut soixante éditions en France, soit à Paris, soit à Rouen, soit à Troyes; il s'était doublé dans l'intervalle et comptait finalement douze livres après n'en avoir compris que sept. Mais ce grand succès de librairie n'amena point Sorel à en revendiquer l'honneur. L'honneur, sans doute, ne lui paraissait point compenser les risques qu'il eût pu courir en signant de son nom une histoire *comique* qui était aussi une histoire *vraie*.

⁎⁎⁎

L'*histoire comique* commence de la façon la plus folle. Elle nous mène en un château de Bourgogne qui appartient à un certain Valentin, mari de dame Laurette. Francion s'est déguisé en pèlerin pour parvenir jusqu'à Laurette, dont il est fort amoureux. Son habit lui a gagné le respect de

Valentin. Celui-ci, très vieux et très laid, voudrait embellir et rajeunir pour mieux plaire à sa femme; il a demandé une consultation au digne pèlerin. Le digne pèlerin lui ordonne de se plonger dans une grande cuve en prononçant deux ou trois phrases mystérieuses dont il lui communique le texte; et tandis que Valentin trempe dans sa cuve, en plein air, Francion essaye de se rapprocher de Laurette. Mais des voleurs ont envahi la maison, dont quelques-uns vêtus en femmes. Laurette prend l'un d'eux pour Francion; Francion en prend un autre, qui s'est affublé d'une jupe, pour Laurette. La confusion devient vite indescriptible, et le malentendu entraîne de scabreuses conséquences. En fin de compte, quand le jour arrive, Valentin se trouve attaché à un arbre, deux des bandits sont ficelés aux barreaux d'une fenêtre, et Francion gît évanoui au fond de la cuve qu'il destinait à sa dupe. « Voilà, conclut le narrateur, comment ceux qui ont l'inclination portée au mal ne réussissent jamais bien dans leurs desseins, et reçoivent le salaire tel qu'ils le méritent. » Amen!

Francion s'est blessé à la tête en tombant dans la cuve. Il reçoit les premiers soins en une hôtellerie voisine. Puis, apprenant que Valentin est en colère et a juré de se venger de lui, il décampe, couché sur une charrette. A la tombée de la nuit, il fait halte dans un petit village où il n'y a qu'une méchante auberge. L'auberge est déjà pleine de voyageurs. Mais l'un d'entre eux, un gentilhomme, consent à partager sa chambre avec le nouveau venu, et après un bel assaut de politesses, après mille protestations courtoises, Francion accepte son hospitalité. Une fois au lit, il lui raconte ce qui vient de lui arriver et pour quelle raison il se trouve en Bourgogne. Il a rencontré Laurette à Paris, comme elle entrait chez un orfèvre; il l'a suivie, il s'est épris d'elle. Laurette ayant épousé Valentin et s'étant retirée avec lui en Bourgogne, Francion s'est hâté de la rejoindre, travesti en pèlerin de Notre-Dame de Montferrat.

Le gentilhomme a fréquenté jadis Francion et reconnaît son nom. Mais il garde l'incognito. Dans la chambre voisine se trouvait une vieille femme, nommée Agathe, qui connaît le nom de Laurette et qui a prêté l'oreille. Elle veut savoir quel est l'homme qui parle ainsi de Laurette, et lorsque tout dort dans la maison, elle survient à pas de loup, une chandelle à la main, curieuse de voir les traits de Francion. Il se réveille en sursaut, la chandelle s'éteint, et il s'ensuit dans les ténèbres une grande bataille à coups de poing, entre Francion qui croit à une attaque de voleurs, et la vieille qui se défend de son mieux. Par bonheur, le gentilhomme intervient et apaise les combattants.

La paix est faite, et Agathe raconte à son tour son histoire, puis l'histoire de Laurette. Laurette est une enfant trouvée; Agathe l'a recueillie et s'est chargée de son éducation. Pauvre éducation, d'ailleurs; car Agathe est une parfaite coquine qui vit de ses vols et de ses ruses, associée à une bande de chenapans, grands détrousseurs de badauds parisiens. Elle promet à Francion de plaider la cause de son amour auprès de Laurette. Francion, un peu consolé, se résigne à prendre patience; il s'installe dans la maison du gentilhomme qui le traite de son mieux, et à qui il conte alors sa vie.

Francion est fils d'un très noble châtelain de Bretagne, nommé La Porte. Il fut mis en nourrice chez une paysanne. « Il faut que je vous conte, en passant, une petite chose qui m'arriva après que je fus sevré : j'aimois tant la bouillie que l'on ne laissoit pas de m'en faire encore tous les jours. Comme la servante tenoit le poêlon dessus le feu dedans ma chambre, pendant que j'étois encore couché, l'on l'appela de la cour : elle laissa son poêlon à l'âtre, et s'en alla voir ce qu'on lui vouloit. Tandis un maître singe, que nourrissoit secrètement depuis peu un de nos voisins, sortit de dessous un lit où il étoit caché, et ayant vu, pensez, autrefois donner de la bouillie aux enfants, il prit un peu de la mienne et m'en vint barbouiller tout le visage. Après, il vint m'apporter tous mes habits, et me les vêtit à la mode nouvelle, faisant entrer mes pieds dans les manches de ma cotte, et les bras dedans mes chausses : je crioi beaucoup, à cause que cet animal si laid me faisoit peur : mais la servante, étant empêchée, ne se hâtoit point pour cela, d'autant que mon père et ma mère étoient à la messe. Enfin le singe, ayant accompli son bel ouvrage, sauta de la fenêtre sur un arbre, et de là s'en retourna chez lui. La servante, revenue peu après, et me trouvant en l'état où il m'avoit laissé, fit plus de cent fois le signe de la croix, en écarquillant les yeux et donnant des signes de son étonnement; elle me demanda, avec des caresses, qui m'avoit accommodé ainsi; et, parce que j'avois déjà ouï appeler du nom de diable quelque chose laide, je dis que c'étoit un petit garçon laid comme un diable; car je prenois le singe qui avoit une casaque verte, pour un garçon. Et j'étois bien en cela aussi raisonnable que ce Suisse qui, trouvant un singe sur la porte d'une taverne, lui avoit donné un teston à changer, et voyant qu'il ne le payoit qu'en grimaces, ne cessoit de lui dire : « Parli, petite garçon, vole-vous pas me donner la monnoie de mon pièce? » Et c'est de là possible que vient le proverbe quand l'on dit que les grimaces, les gambades ou les moqueries sont monnoie de singe. Ce Suisse n'a pas été seul trompé. Un paysan, apportant un panier de poires à un seigneur, trouva deux gros singes sur la montée, qui se jetèrent sur son panier pour avoir du fruit. Ils avoient de belles casaques de toile d'or et la dague au côté, ce qui les rendoit vénérables, tellement que le paysan, fort respectueux, leur ôta courtoisement son chapeau ; car il n'avoit jamais vu de tels animaux. Quand il eut fait son présent, le maître de la maison lui demanda pourquoi il ne lui avoit pas apporté un panier tout plein. « Il étoit tout plein, monsieur, dit le paysan, mais messieurs vos enfants m'en ont pris la moitié. » La rencontre étoit d'autant plus excellente, que ce seigneur étoit si laid qu'un rustique pouvoit bien penser que ces singes fussent de sa race. »

Dès qu'il fut en âge de travailler, il fut envoyé au collège de Lisieux, rue Saint-Étienne des Grès, à Paris. Il y lut les romans de chevalerie et devint très batailleur. Enfin, après de longues et tristes années, il sortit de sa geôle et fit son éducation de gentilhomme, c'est-à-dire qu'il apprit « à jouer du luth, à faire des armes et à danser ». Mais il était sans fortune ; son père venait de mourir, l'instituant légataire universel de ses dettes. Francion mena donc d'abord l'existence du gentilhomme pauvre, en un temps où l'habit faisait le moine, et où un manteau râpé ne pouvait obtenir que des mépris. Querellé à chaque pas, injurié des valets, éclaboussé par les carrosses, il essaya de se consoler avec la poésie. Il fréquenta la rue Saint-Jacques et les boutiques de libraires où les rimeurs à la mode se donnaient rendez-vous. Il acquit en leur compagnie assez de savoir-faire pour rimer les vers d'un divertissement qui se dansait à la cour. Mais tant d'industrie et tant d'ingéniosité eussent été peine perdue, si sa famille n'avait pu enfin lui envoyer de quoi se vêtir. Dès lors, bien habillé, l'épée au côté, Francion était capable de faire son chemin. Cher aux uns, odieux aux autres, toujours prompt au madrigal comme au cartel, la patience courte et l'épée longue, il erra d'intrigue en intrigue sans jamais rien perdre de sa verve et de sa belle humeur entreprenante, jusqu'au jour où le hasard lui fit rencontrer Laurette.

Le récit de Francion à peine achevé, le gentilhomme se fait reconnaître de lui. Il est un ancien ami de sa jeunesse, et la principale cause de tous ses malheurs. C'est lui, c'est ce Raymond qui a jadis dépouillé Francion des quelques écus d'or péniblement amassés pour s'acheter des habits et faire figure à la cour, à l'époque où Francion quittait l'Université et entrait dans la vie. Raymond voudrait aujourd'hui racheter sa faute. Il organise des fêtes magnifiques en l'honneur de Francion, et il y invite Laurette. Mais déjà le cœur de Francion n'est plus à Laurette. Il s'est épris d'une Italienne, nommée Naïs, dont il a vu le portrait chez Raymond. Ce portrait est l'œuvre du peintre Dorini. Et Francion part avec Dorini à la recherche de Naïs. En route, il se fait passer pour un charlatan, s'égayant aux dépens de la sottise humaine, consolant celui-ci, dupant celui-là.... Je renonce à conter après quelles péripéties, combien de coups d'épée donnés, de portes enfoncées, d'échelles de corde escaladées, combien de tromperies et d'artifices, il parvient à trouver Naïs qu'il épouse.

II

Francion est un frère aîné de Gil Blas et de Figaro; un de ces spirituels aventuriers que le roman ou la comédie ont promenés par le monde, qui incarnent en eux les qualités de notre race, bon sens pratique, souplesse d'esprit, bravoure, malicieuse gaieté. Il est une figure aussi vivante que le héros de Lesage ou de Beaumarchais qui se sont, à coup sûr, souvenus de lui. Il est l'Ulysse moderne ; mais les obstacles qu'il rencontre et surmonte n'appartiennent plus à la mythologie, ne sont plus d'ordre surnaturel. Il n'a pas à braver les enchantements de Calypso ou de Circé, les colères de Neptune ou de Polyphème : il tient tête à des ennemis plus redoutables, bretteurs, jeunes ou vieilles intrigantes, hommes de loi et pédants de l'Université.

Là est l'intérêt très vif du Francion, le premier des romans pris dans la réalité vulgaire et sans transposition de costume. A la suite du vagabond, d'étape en étape, le conteur explore la vieille France. Les rivaux de Sorel n'en avaient noté qu'un seul aspect, visité qu'un très séduisant, mais très petit coin; ils nous mettaient sous les yeux la fine fleur de la société, les mœurs toutes nouvelles de ces salons qui étaient comme des serres de plantes rares. Mais la réforme intellectuelle et morale qui en avait si joliment purifié le langage et les manières, n'avait pas atteint le fond de la nation. Les peuples ne changent pas si vite; l'influence des grands esprits et des beaux livres n'agit que sur les délicats; derrière eux, il reste la foule, où les intérêts, les passions, la façon de sentir et de vivre ne se modifient qu'avec lenteur. C'est à cette foule demeurée gauloise, c'est aux roturiers, aux humbles, aux misérables même, que la curiosité, sans dédains ni préjugés, de Charles Sorel s'intéresse. Grâce à lui, toute une humanité morte ressuscite qu'il nous est rarement donné d'entrevoir à travers l'art aristocratique du XVIIe siècle. Les divers compartiments du tableau que contient la *vraie histoire* de Francion nous présentent tour à tour le peuple, les écoliers, les robins, les gens de lettres, et de bien étonnantes figures sortent de l'ombre.

*
* *

Qui songeait alors à observer et à peindre les paysans? Dans la seconde moitié du siècle seulement, La Fontaine leur a consacré quelques-unes de ses fables, et Molière deux ou trois scènes de *Don Juan* et de *Monsieur de Pourceaugnac* où il s'amuse de leurs patois; enfin La Bruyère a écrit sa fameuse phrase : « L'on voit certains animaux farouches — des mâles et des femelles — répandus par la campagne, noirs, livides, et tout brûlés de soleil, attachés à la terre qu'ils fouillent et remuent avec une opiniâtreté invincible; ils ont comme une voix articulée; et quand ils se lèvent sur leurs pieds, ils montrent une face humaine : et en effet ils sont des hommes. Ils se retirent la nuit dans des tanières où ils vivent de pain noir, d'eau et de racines ; ils épargnent aux autres hommes la peine de semer, de labourer et de recueillir pour vivre, et méritent ainsi de ne pas manger le pain qu'ils ont semé. »

Beau cri de sombre pitié qui sonne étrangement au milieu des ballets de Versailles et des opéras de Lulli, que le XVIIIe siècle a entendu, mais qui reste presque isolé au XVIIe. Comment cette jolie chose qui est un marquis, ce parfait objet d'art, fait de satin, de velours et de dentelles, se plairait-il aux champs? Que deviendraient ses grandes plumes, les boucles blondes de sa perruque, les flots de son rabat, ses canons empesés et ses rubans frais, au grand air de la plaine? Qu'irait-il faire là, lui qui ne traverse même pas la rue à pied, de peur « d'imprimer en boue », comme Mascarille, ses talons rouges de danseur de menuet? Ce serait encanailler sa pensée que de l'arrêter sur les hôtes d'une ferme ou d'une basse-cour; et il s'en tient aux Tircis, aux Tityre que les écrivains en vogue lui montrent dans un coquet décor de ruisseaux murmurants, de gazons verts, d'allées soigneusement ratissées.

Molière et La Fontaine eux-mêmes n'ont pas, peut-être, attrapé aussi bien que Sorel la physionomie du vilain. Aux premières pages de son livre, devant le château où deux voleurs restent accrochés aux grilles d'une croisée, il a ameuté les gens du village. Ils se sont levés de bonne heure pour aller à la messe; car ils sont pieux, quoique volontiers goguenards. A la vue de ces hommes à demi nus, suspendus là-haut, ils éclatent de rire, d'un rire « qui leur fait joindre les mains, leur courbe le corps en cent postures, et les heurte les uns contre les autres ». Plus gaies encore, les commères, le verbe haut, la langue déliée. Vient aussi le curé, levé un peu plus tard que ses paroissiens. Ce sont tous les personnages de nos vieux fabliaux qui nous réapparaissent; ils n'ont pas changé. Ils sont toujours moqueurs à la fois et naïfs, si superstitieux qu'ils croient voir partout le diable et ont grand'peur des sorciers; mais ils cachent sous leur enveloppe de lourdauds un esprit fin qui saisit promptement les ridicules.

L'impression que nous laissent les peintures champêtres de Sorel, est que La Bruyère a noirci à l'excès la sienne. L'entrain, la verve joviale éclatent ici à chaque page. Certaine description de noce villageoise serait amusante à comparer avec la célèbre description de *Madame Bovary*. Après le souper, les deux époux se mettent devant une table chargée d'un beau bassin de cuivre : « A chaque pièce que l'on leur apportoit comme offrande, ils faisoient une belle révérence pour remerciement, en penchant la tête de côté. La bourgeoise présenta une couple de fourchettes d'argent; une certaine femme du village en présenta de fer; une autre, des pincettes et des tenailles. Il fut là avec son épouse un quart d'heure après qu'on lui eut fait tous les dons, pour attendre s'il n'y en avoit point encore à faire. S'étant retirés, ils comptèrent ce qu'ils avoient dépensé; et voyant qu'ils perdoient beaucoup à leur noce, ils se mirent à pleurer. » Puis le seigneur du lieu accorde que toute la compagnie vienne danser au château, et les mariés marchent en tête, derrière le violon. Francion, qui s'est improvisé ménétrier, joue des gaillardes et des courantes. Tout autour de la table, sont les vieilles qui médisent de chacun, reprochant aux parents des mariés d'être avares, de n'avoir pris qu'un violon, et patati, et patata. « Quand je marioi ma grande fille Jacquette, disoit l'une, il y avoit tant de viande de reste que, le lendemain, il fallut prier notre curé de nous venir aider à la manger de peur qu'elle ne se gâtât. » De leur côté, les jeunes gens font des compliments à leur danseuse, en lui tirant la main : « Vous êtes la *parle* du pays en *humidité* et en doux maintien ». Puis ils dansent « en haussant les pieds, en démenant les bras et tout le corps de telle façon qu'il sembloit qu'ils fussent démoniaques ».

Tout le tableau n'est-il pas vrai, vrai de nos jours encore, car les types se conservent longtemps au village? Ne sont-ils pas vrais, ces ménages où l'on s'aime tout en se donnant des soufflets? Ceux qui ont voulu récemment peindre la vie du laboureur, le dur combat de l'homme avec la terre, ont-ils vu plus juste que le vieux romancier?

.˙.

L'image qu'il nous offre du bas peuple parisien est moins aimable. Nous y trouverions de quoi commenter et compléter la satire de Boileau sur les embarras de Paris. Les voleurs forment de véritables corporations, qui ont un uniforme, manteaux rouges, collets bas, ou chapeaux à bords retroussés, ornés d'une plume; ils sont beaucoup mieux organisés que la police, et ils ont la complicité de la police, partageant leur proie avec le commissaire. Ils sont pour la plupart des valets qui ne veulent plus servir, des ouvriers qui refusent de travailler. Mais, s'il y a parmi eux des spadassins qui mettent leur rapière au service du mieux payant, il y a aussi des seigneurs que tente une vie de périls ou que la pauvreté pousse au vol, ayant soin toutefois de n'arrêter que les personnes de qualité pour gagner leur butin à la pointe de l'épée. Ceux-ci se nomment tire-soies; les autres, tire-laines ou plumets. Ils ont des sobriquets bizarres, comme nos rôdeurs de barrière : ils s'appellent Grison ou Rouget. Des femmes vivent dans leur compagnie. Ainsi qu'aujourd'hui, l'armée du crime est composée de tous les naufragés de l'existence. Ils exploitent la race des badauds; ils assemblent la foule sous un prétexte quelconque et se sauvent en volant les manteaux. Malheur au niais, au « coquefredouille », qui tombe entre leurs mains! Les étrangers sont leurs ordinaires victimes : il y a dans le *Francion* une plaisante silhouette d'Anglais en détresse dont la bande a fait sa proie. Et dans ce monde des gueux, ce sont sans cesse des rixes où l'on s'égratigne, où l'on se mord, d'où l'on sort « les yeux pochés au beurre noir, tout le reste du visage comme du taffetas de Chine, rouge, bleu et jaune ».

Sorel a fouillé ces bas-fonds, et des vues, des portraits qu'il dessine à la plume, se dégage la vision d'un Paris oublié, d'un Paris à peine éclairé de quelques lanternes, sillonné de ruelles, hérissé de maisons qui surplombent la rue et dont le vaste porche peut abriter des embuscades ; un Paris loqueteux, immoral, bruyant et remuant, qui ressemble un peu à une cour des Miracles, et où, malgré tout, circule la bonne humeur française, où il y a des flaneurs, des donneurs de sérénades, des marchands d'oublies — des *oublieux*, — le corbillon au côté ; et, au coin des ponts, des Savoyards qui chantent, des vielleux qui jouent de vieux airs.

* *

Sorel a employé près de cent pages à relater les années que Francion, encore enfant, passe au collège de Lisieux. C'est beaucoup plus qu'un épisode amusant ; c'est une protestation généreuse, un coup d'audace, un appel aux petites Écoles et à Rollin. Avant lui, Rabelais et Montaigne avaient porté les premiers coups à la vieille Université gothique qui, durant tout notre Moyen Age, forme un État dans l'État, et dont les collèges, entourés de fossés, de murailles, semblaient des forteresses. Avec sa multitude de disciples, groupés en nations et en tribus, avec son titre de fille aînée de France, son blason — une main qui sort d'un nuage et tient un livre entouré de trois lis, — avec ses privilèges, ses fêtes, ses processions si longues que le recteur était aux Mathurins quand la tête de la colonne arrivait à Saint-Denis, elle était bien puissante; elle comprenait le « pays Latin », et elle avait toute liberté de déformer l'intelligence humaine. — Rabelais et Montaigne lui firent bravement la guerre. L'un, avec sa verve aristophanesque, l'autre, avec sa fine ironie, ils tournèrent en dérision les « modalités, les entités, les quiddités, les hoccéités, les ampliations, les réduplications, les exponibles et les insolubles » dont elle prétendait nourrir l'esprit de la jeunesse. Ils raillèrent les niaiseries de la scolastique; ils en maudirent aussi les brutalités, les lycées, comme celui de Montaigu où grandit Érasme, et d'où il ne rapporta, dit-il, que « des humeurs froides et des poux », où le corps de l'écolier végétait et souffrait autant que son âme.

A l'époque de Sorel, la situation ne s'était guère améliorée. En 1600, l'Université s'était trouvée très compromise; les guerres de la Ligue et la concurrence des jésuites avaient fait le vide dans ses établissements. Henri IV lui avait donné de nouveaux statuts; mais les règlements restaient rigoureux et les martinets infatigables : surtout, le latin demeurait la seule langue que l'écolier eût le droit d'employer. Le collège d'alors est comme une ville romaine qui se serait conservée sous la poussière des manuscrits, à la façon de Pompéi sous la cendre du Vésuve; il est hanté de quasi-revenants qui vivent dans le passé et ne parlent que la langue du passé. Aristote, et quel Aristote! y est toujours la base des études. Il faut arriver aux premières années du XVIIIe siècle, pour y sentir, dans le *Traité des Études* de Rollin, le tardif contre-coup des réformes de Port-Royal. Alors l'Université se rajeunit; alors disparut cet *animal indecrotabile* qu'évoque une jolie page du *Francion*.

« Il me demanda après si je sçavois bien la définition d'un pédant. « Oui-da, monsieur, lui ré-
« pondis-je, *est animal indecrotabile*. — Vous avez
« raison, certes, me dit-il; aussi ai-je ouï conter
« que le recteur de l'Université avec les procureurs
« de la nation et ses autres suppôts, allant à la
« veille de la Chandeleur (suivant leur coutume)
« porter un cierge au roi défunt, l'on lui vint dire :
« Sire, voilà votre fille l'Université qui s'en vient
« vous faire la révérence. — Mon Dieu, ce dit-il,
« que ma fille est crottée! » Toutefois ils ne lais-
« sèrent pas de s'approcher, et le recteur lui com-
« mença une harangue qu'il entendoit avec beau-

« coup d'impatience, parce qu'elle étoit pleine de
« similitudes, pêchées dedans les *Propriétés des*
« *pierres* de Pline, et d'exemples tirés des *Hommes*
« *illustres* de Plutarque; tellement que, comme il
« alloit commencer un discours qui sembloit être
« bien long, et qu'il disoit : « Alexandre le Grand,
« sire, allant à la conquête de l'Asie... », le roi lui
« dit : « Ventre-saint-gris, il avoit diné, celui-là, et
« moi je n'ai pas diné ! » La harangue, qui alloit
« encore durer une bonne heure, fut là tronquée
« et accourcie. »

Voilà le monde barbare que Sorel, devenu
l'avocat de l'enfance, bafoue sans pitié; et comme
il est romancier, en même temps que satirique,
il le fait revivre à nos yeux avec ses bizarres
habitants.

Il y a plaisir à voir le petit Francion en son
collège. Il est si rare de rencontrer un enfant
dans un livre du XVIIe siècle ! Il regrette fort sa
douce liberté perdue; il songe aux belles journées qu'il passait à cueillir du raisin et abattre
les noix « sans craindre les messieurs », c'est-à-dire les gardes champêtres. Une vie bien rude
commence pour lui, une vie réglée au son de la
cloche qui annonce la messe, les leçons, les repas.
Et le voici en son costume d' « escholier » : toque
plate, pourpoint toujours sans boutons, la robe
toute délabrée, le collet noir et les souliers blancs.
Sa mine change bien vite; la bonne grâce ingénue

des douze ans s'en va; il reste à Francion un air défiant, humble et sournois de chien souvent battu.

Sa première torture est de ne plus parler français. Il ne doit converser, soit avec ses maîtres, soit avec ses condisciples qu'en latin, vrai latin de cuisine dont la Cérémonie du *Malade imaginaire* nous peut donner l'idée; il lui faut apprendre en latin jusqu'aux règles de la grammaire française. En vain Rabelais avait écrit son piquant chapitre de l'écolier limousin et moqué les rhétoriqueurs. Seul, au XVIIe siècle, l'élève des Petites Écoles était dispensé de ce jargon. Encore, si le supplice intellectuel de Francion se bornait là ! Mais non; autour de lui le savoir n'est que pédanterie. Il n'apprend qu'à composer des centons, à mettre Horace et Virgile en pièces dans ses vers; il n'apprend que des étymologies, des étymologies comme celles qu'enseignait Ménage, dérivant haricot de *faba*. Sa philosophie se réduit à l'étude du syllogisme. Il en devait être de même en France jusqu'au jour où le public vit passer sur la scène le bonnet pointu et la robe grotesque de Marphurius et du docteur Pancrace.

« Nous nous demandions des questions l'un à l'autre : mais quelles questions pensez-vous? — Quelle est l'étymologie de *Luna*? — et il falloit répondre que ce mot se dit : *quasi luce lucens aliena*; — comme qui diroit, en françois, que chemise se dit quasi sur chair mise. N'est-ce pas là une belle doctrine pour abreuver un jeune âne? Cependant nous passions les journées sur de semblables badineries, et celui qui répondoit le mieux là-dessus portoit la qualité de l'empereur.... Quelle vilenie de voir qu'il n'y a plus quasi que des barbares dans les Universités pour enseigner la jeunesse! Ne devroient-ils pas considérer qu'il faut de bonne heure apprendre aux enfants à inventer quelque chose d'eux-mêmes, non pas les renvoyer à des recueils, à quoi ils s'attendent, et s'engourdissent tandis? On ne sçait point de là ce que c'est que de pureté de langage, ni de belles dictions, ni de sentences, ni d'histoires citées bien à propos, ni de similitudes bien rapportées. Mon Dieu! que les pères sont trompés, pensant avoir donné leurs fils à des hommes qui les rempliront d'une bonne et profitable science! Les précepteurs sont des gens qui viennent presque de la charrue à la chaire, et sont en peu de temps des cuistres, pendant lequel ils dérobent quelques heures de classe, qu'ils doivent au service de leur maître, pour étudier en passant. Tandis que leur morue est dessus le feu, ils consultent quelque peu leurs livres, et se font à la fin passer maîtres es arts; ils lisent seulement les commentaires et les scholiastes des auteurs, afin de les expliquer à leurs disciples, et leur donner des annotations là-dessus. Au reste, ils ne sçavent ce que c'est que de civilité, et faut avoir un bon naturel, et bien noble, pour n'être point corrompu, étant sous leur charge; car ils vous laissent accoutumer à toutes sortes de vicieuses habitudes sans vous en reprendre. »

De tels maîtres ne se contentent pas de déformer l'esprit, ils martyrisent le corps de l'écolier. Comme Érasme et plus souvent que Montaigne, Francion a entendu siffler les cruelles lanières. Lui aussi, il mange de ces œufs pourris, il boit de ce vin moisi dont Érasme avait gardé la nausée. Il est nourri de « regardeaux », c'est-à-dire que le repas se passe à se regarder l'un l'autre, ou à regarder manger les autres. Des devises dignes d'Harpagon — *ne quid nimis!* — sont inscrites sur la porte du réfectoire, et durant tout le déjeuner, tandis que le régent mange un chapon, il prononce, la bouche pleine, un discours, avec maintes citations, sur l'abstinence. « Il faut manger pour vivre, et non pas.... » Les punitions profitent à la caisse du collège : elles consistent souvent en privations de dîner. Il y a là, au collège de Lisieux, de « petits Parisiens » délicats et frêles à qui un tel régime suffit. Mais les affamés, et Francion est de ceux-là, se trouvent réduits aux expédients. Ils n'ont que la ressource d'acheter des « bises », petits pains de deux liards que le boulanger apporte au sortir de la messe, — ou de réciter des vers au principal qui leur donne en remerciement quelques gâteaux.

Ainsi torturé, sans feu, presque sans pain, meurtri de coups, accablé d'injures... en latin, l'écolier devient un franc vaurien qui ne songe plus qu'à duper et voler autrui. Francion rêve tout le jour à quelque filouterie; il imagine d'ouvrir un pâté, offert à son maître, d'en enlever le contenu et d'y substituer un « chausse-pied ». Le maître a invité à déjeuner un vieux collègue renfrogné, son « compagnon de bouteille », et lui a promis de lui faire goûter d'un bon pâté de lièvre à charge d'apporter deux pintes de vin nouveau. Francion qui, en compagnie de ses camarades, a mangé le lièvre, assiste à l'ouverture du pâté. « Ses yeux ne pouvant pas discerner ce qui étoit dedans la croûte, le vieux pédant mit ses lunettes, et, voyant le chausse-pied au lieu d'un lièvre, il crut qu'Hortensius s'étoit voulu moquer de lui; c'est pourquoi, ne supportant pas volontiers un tel affront, il reprit sa quarte de vin sous sa robe de chambre et s'en alla en grommelant. » Et les écoliers de rire. Mais le châtiment ne se fait pas attendre : ils sont, le soir même, privés de souper.

Leur seule distraction, en une vie si misérable, ce sont les représentations tragiques.

Nous savons que les tragédies de Jodelle et de Garnier, à la fin du XVIe siècle, étaient presque toutes jouées dans les collèges ; au temps de Louis XIII, l'Université n'avait point renoncé à ce divertissement qui était en faveur chez les Jésuites.

Francion joue un rôle : son maître tient lieu de régisseur, et apprend aux écoliers à tenir un mouchoir à la main pour se donner une contenance.

« Notre régent, avec toutes ses belles qualités, ne laissa pas de nous vouloir faire jouer des jeux en françois de sa façon, car il tranchoit également du poëte.... Je voulus aussi être le dieu Apollon en une moralité latine qui se jouoit par intermèdes. Jamais vous ne vîtes rien de si mal ordonné que notre théâtre. Pour représenter une fontaine, on avoit mis celle de la cuisine, sans la cacher de toile ni de branche, et l'on avoit attaché les arbres au ciel parmi les nues. Nos habits étoient très mal assortis ; car il y avoit le sacrificateur d'un temple de païens, qui étoit vêtu, comme un prêtre chrétien, d'une aube blanche, et avoit par-dessus la chapé dont l'on se servoit à dire la messe en notre chapelle. »

Ce régent, Hortensius, déguenillé, mal peigné, brutal et avare, est une inoubliable figure. Je ne sais si Tallemant a raison qui veut y reconnaître un malveillant portrait de Balzac. Hortensius ne ressemble guère au grand épistolier. Il est, dans notre littérature, deux cent cinquante ans avant la publication de *Jacques Vingtras* et du *Petit Chose*, le premier type du pion. A dire le vrai, beaucoup des traits dont Sorel a composé son personnage, appartiennent aux précepteurs de Gargantua ; mais il y en a de nouveaux et la mise en œuvre est des plus heureuses. Il était facile et tentant de pousser les choses au noir, Hortensius étant une sorte de bourreau. Sorel a mieux aimé rester un grand rieur; le chapitre qu'il lui consacre et qui a toute la portée d'un pamphlet, demeure un chapitre de roman joyeux.

Cet Hortensius, dont Francion ne peut fléchir les rigueurs qu'en lui offrant des « landis », c'est-à-dire quelques écus introduits dans un citron et présentés en un verre de cristal au mois de juillet, à l'époque de la foire du Landit, est amoureux. Il s'est échauffé à lire des romans de chevalerie qu'il a soustraits à son élève; et voici qu'une métamorphose s'accomplit en lui. Il change de linge, ô prodige, tous les quinze jours! Il retrousse sa moustache, il fait mettre des manches neuves à sa soutane, il achète un miroir de six sous, il s'adonise pour plaire à la fille de l'avocat qui est le correspondant de Francion. Les madrigaux qu'il adresse à la jeune Frémonde font penser aux compliments que Thomas Diafoirus, immortel modèle de galanterie universitaire, récite à sa future belle-mère et à sa fiancée.

« La première fois qu'il vit sa maîtresse, il lui fit cette docte harangue : Comme ainsi soit que vos attraits prodigieux aient dépréhendé mon esprit, qui avoit auparavant blasphémé contre les empanons des flèches de Cupidon, je dois non seulement implorer les autels de votre douceur, ains encore essayer de transplanter cette incomparable influence du ciel, où séjourne votre divinité, en la terre caduque où m'attachent mes défauts. Partant, ne pouvant qu'injustement adresser mon cœur qu'à vous, dès l'instant que je devins merveilleusement amoureux de si amoureuses merveilles que vous êtes, je résolus de le faire sortir de sa place, et l'offrir à vos pieds.... Maintenant, vous avez fait de si fortes, visibles et puissantes impressions sur mon âme, que jamais aucun imprimeur n'a mieux imprimé feuille que vous l'avez imprimée d'un caractère indélébile; et ma volonté, y recevant l'idole de vos monstrueuses beautés, y fait grandement les honneurs de la maison. »

Certes, l'esprit de Sorel n'est qu'une bien fruste ébauche de l'esprit de Molière. Il n'est cependant pas dépourvu d'agrément. Le banquet auquel Hortensius invite Frémonde, et où il mange, où il boit comme quatre « pour rentrer dans son argent », est une jolie scène de comédie. « Oh! qu'il faisoit bon le voir ronger artificieusement une cuisse de poulet, en tournant la tête du côté de Frémonde, et retournant les yeux sens dessus dessous pour lui jeter des regards amoureux! » Il envoie chercher un vielleux, prend lui-même une viole; propose à ses convives de danser un ballet. En fin de compte, il se fait avocat pour plaire à la jeune fille qui persiste à lui rire au nez.

⁎
⁎ ⁎

Aussi juste, aussi sensée est la satire qu'il nous a laissée du Palais. Là encore, il continue, mais avec plus de timidité, Rabelais, qui a fait la charge des juges, en la personne de Bridoie, et des huissiers en la personne des Chicanous; enfin, qui a décrit l'île des Chats fourrés dont Grippeminaud est archiduc. « Les chats-fourrés sont bestes moult horribles et espouvantables; ils mangent les petits enfants et paissent sur des pierres de marbre (c'est la grande table du Palais),... ils portent, pour leur symbole une gibecière ouverte. Ont aussi les gryphes tant fortes et acérées que rien ne leur eschappe, depuis qu'une fois l'ont mis entre leurs serres..... Ils grippent tout, dévorent tout, pendent, bruslent, escartelent, decapitent, meurtrissent, emprisonnent et ruinent sans discrétion du bien et du mal. Et le tout font avec souveraine et irréfragable autorité. » Grippeminaud a les mains pleines de sang, « les gryphes comme de harpye ». En un chapitre, Rabelais énumère tous les moyens de corruption, depuis l'or jusqu'aux mets délicats, qu'il fallait employer pour désarmer de tels monstres. Si bien que Jean des Entomeurs propose de tuer les bourreaux et de renverser les potences de l'infâme île de Condamnation.

Au temps de Sorel, la justice n'avait point cessé

d'être lente, corruptible, sanguinaire même, puisque le procès d'Urbain Grandier est postérieur de quinze ans au *Francion*. Mais il n'en a guère montré que la vénalité. Il conte l'histoire du père de Francion obligé d'offrir une pièce de satin au bailli pour gagner un procès qu'il perd tout de même. Il nous mène au Palais, parmi les juges « vêtus de longues robes noires à parements de velours et d'une soutane de satin »; parmi les greffiers, « hommes qui jouent de la griffe ». Ce ne sont plus de puissantes allégories qu'il nous offre; ce sont les magistrats de son siècle, peints d'après nature. Le matin, ils se promènent dans les salles du Palais qu'ils emplissent de leur importance; il en coûterait cher à qui leur manquerait de respect. L'après-midi, ils mettent manteau de velours amarante, haut-de-chausses de velours assorti, pourpoint de satin blanc; ils ceignent l'épée et montent à cheval pour parader dans les rues de Paris, en quête d'une femme riche qu'ils puissent épouser. Ils sont devenus, en effet, de beaux partis et de grands peronnages, à dater du jour où ils ont acheté leur charge. « Tellement, s'écrie Francion avec colère, que le plus abject du monde aura une telle qualité et se fera ainsi respecter, moyennant qu'il ait de l'argent! Ah! bon Dieu, quelle vilenie! Comment est-ce donc que l'on reconnoît maintenant la vertu? »

C'est peu, et c'est beaucoup. Qui osera, au

XVIIe siècle, en dire plus que Sorel ? Qui même en dira autant ? Ce n'est point Racine, dont la comédie est une aimable plaisanterie de salon. Molière lui-même a manqué de courage. Il a flétri, en deux jolies tirades des *Fourberies de Scapin*, la procédure embrouillée et friponne. Mais de véritables crimes se commettaient alors au nom des lois. Celui qui avait démasqué Tartufe, aurait pu démasquer aussi le bourreau.

* * *

Ailleurs, Sorel nous conduit dans les librairies de la rue Saint-Jacques, où les auteurs se réunissent. Telle, la boutique de l'éditeur Lemerre aux beaux jours du Parnasse. Nous y voyons combien grande était la misère des hommes de lettres en ce brillant XVIIe siècle qui semble avoir tant aimé, tant protégé les lettres. Ils se donnent rendez-vous chez quelque libraire, lui empruntent ses livres qu'ils ne rapportent pas, mais lui fournissent de la copie à imprimer et lui attirent un peu de renom. « Il y en avoit quelques-uns qui sortoient du collège, après y avoir été pédans ; d'autres venoient de je ne sçais où, vêtus comme des cuistres, et, quelque temps après, trouvoient moyen de s'habiller en gentilhomme : mais ils retournoient incontinent à leur premier état, soit que leurs beaux vêtements eussent été empruntés ou qu'ils les eussent revendus pour avoir de quoi vivre. Quelques-uns ne montoient ni ne descendoient, et ne paroissoient point plus en un jour qu'en l'autre ; les uns vivoient de ce qu'on leur donnoit pour quelques copies, et les autres dépensoient le peu de bien qu'ils avoient, en attendant qu'ils eussent rencontré quelque seigneur qui les voulût prendre à son service, ou qui leur fît bailler pension du roi. »

L'écrivain, en effet, n'avait alors d'autre ressource que les pensions ou les gratifications du roi, du ministre, des grands et des financiers. Il tendait humblement la main dans des dédicaces auxquelles la fierté de Corneille lui-même dut se soumettre. Une pièce ne rapportait bien souvent que quelques pistoles, et n'était éditée que deux ou trois ans après la représentation pour que les comédiens en pussent tirer plus de profit. Il n'y avait point de réclame, point de journaux. L'auteur en était réduit à chanter ses propres louanges à qui voulait bien l'entendre ; tant pis pour ceux qui n'avaient point l'appui des salons ou de la cour ! Le plus habile fut Chapelain qui sut mettre trente années à son épopée de la *Pucelle*, en parler beaucoup dans le grand monde, se faire une réputation de génie inédit et transformer ainsi en une sorte de rente viagère les deux mille livres que le duc de Longueville avait promis de lui servir chaque année jusqu'au jour de l'impression.

Sorel a bien spirituellement peint ces cercles littéraires, ces étroites coteries, où de médiocres plumitifs échangent d'hyperboliques éloges sans parvenir à convaincre le public de leurs mérites. Ils se communiquent leurs vers ; ils se régalent de la lecture de leurs épîtres, et semblent sur le point de pâmer d'aise :

« On lut alors, non pas cette lettre, mais cette merveille, qui étoit la plus extravagante et la plus impertinente que l'on puisse trouver. Celui qui la lisoit, proféroit les mots avec un ton de comédie, et il sembloit qu'il mordît à la grappe. Les auditeurs étoient à l'entour, qui allongeoient un col de grue les uns par-dessus les autres; et à tous coups, avec une stupéfaction et un ravissement intrinsèque, rouloient les yeux en la tête comme un mouton qui est en colère; et le plus apparent d'eux, à chaque période, disoit d'un ton admiratif : que voilà qui est bien! Aussitôt un autre redisoit la même parole, et puis un autre, jusques à moi, qui étois contraint de faire le même, autant par moquerie que par complaisance; si bien que, n'entendant presque dire autre chose que ces mots : que voilà qui est bien! je m'imaginois être à cet écho de Charenton qui répète sept fois ce que l'on a dit. Après cela, il y eut un poète qui récita de ses vers, et je pris beaucoup de plaisir à voir sa contenance; car à la fin de chaque stance, il tournoit ses yeux à la dérobée vers les assistans pour connaître, par leur mine, quel jugement ils en faisoient en leur intérieur. »

Sorel a personnifié, pour ainsi dire, leur détresse en Musidore, qui représente, dit-on, Porchères l'Augier, logé dans une mansarde, se servant de ses jarretières pour accrocher son épée, et vivant aux gages des musiciens du Pont-Neuf qui payent six sous une chanson. Il n'a pour coiffure qu'un caleçon enroulé en turban, pour mobilier qu'une escabelle à trois pieds et un coffre à bois qui sert de table, de buffet, de siège; d'ailleurs, vaniteux comme s'il était le roi du monde.

Il ne serait pas bien malaisé de trouver des ressemblances entre de tels littérateurs et la bohème de Murger, voire même avec tel de nos poètes d'aujourd'hui. Le chapitre de Sorel — un des plus fins de son livre — prouve une fois de plus que les mœurs ne varient pas autant qu'il semble à première vue. L'homme de lettres était à peu près ce qu'il est resté de nos jours : capricieux, fantasque, parce qu'il vit d'une vie cérébrale et nerveuse; ami peu sûr, qu'un rien indispose; donneur de compliments hypocrites, qu'il tourne en raillerie, une fois que le visiteur s'est retiré; jaloux, défiant, et, par-dessus tout, malheureux. Son malheur est d'être un rêveur et de demander à la vie plus qu'elle ne peut donner. Du moins a-t-il en lui « quelque chose de meilleur que le vulgaire » : ce quelque chose qui le distingue, c'est sa sensibilité vive. S'il faut peu de chose pour le blesser, il est prompt aussi à l'enthousiasme, et capable de généreux coups de cœur.

Nous voyons en ce cinquième livre du *Francion*, défiler sous des pseudonymes Malherbe, Balzac, Racan, Théophile et combien d'autres! Nous y voyons quelle fièvre de réforme s'était emparée de tous les esprits. Cette réforme, à dire vrai, Sorel n'en a pas toujours compris la portée. Il n'approuve guère l'immense travail prosodique et grammatical qui s'accomplit sous la direction de Malherbe, et d'où va naître l'art classique. Il est de la vieille famille gauloise, comme Régnier qui disait avant lui :

> ... Leur savoir ne s'étend seulement
> Qu'à regratter un mot douteux au jugement.

« Ils émurent de grosses disputes pour beaucoup de choses de néant, où ils s'attachoient et laissoient en arrière celles d'importance. Leurs contentions étoient s'il falloit dire : il eût été mieux, ou il eût mieux été; de sçavans hommes, ou des sçavans hommes; s'il falloit mettre en rime main avec chemin, saint Cosme avec royaume, traits avec le mot près. »

Était-ce des discussions si stériles? Sorel raille ceux qui voulaient que l'on rimât pour les yeux comme pour les oreilles, qui proscrivaient les mots du vieux français, et retranchaient de l'orthographe les lettres superflues. Mais ce sont ces patients travailleurs, ces disciples de Malherbe, ce sont les Conrart, les Vaugelas, les Chapelain, et vingt grammairiens pédantesques, qui, à force d'exigences et de scrupules, ont façonné la langue parfaite du règne de Louis XIV. Sorel a assisté à la période un peu ingrate de l'élaboration. De là sortit une génération de puristes, une génération qui savait écrire et causer, comme aucune autre ne l'a su depuis. Quarante ans plus tard, la langue française était à son point de perfection. Ce qui différencie alors l'œuvre d'un Quinault, d'un Pradon et d'un Racine, ce sont les qualités d'observation morale, c'est l'analyse plus ou moins pénétrante des sentiments : le style est à peu près le même, la versification quasi identique.

⁂

Tels sont les principaux croquis de Sorel. Il y a bien d'autres traits épars. Il nous a entr'ouvert des intérieurs bourgeois, montré les femmes qui vivent sur leur porte, commérant et se querellant, dépensières, envieuses du luxe des grandes dames, promptes à les singer, à courir les boutiques de drapier et d'orfèvre, à gourmander leurs maris s'ils se refusent à des fantaisies coûteuses; promptes, selon le mot de Sorel, « à faire le pot à deux anses », c'est-à-dire à mettre les poings sur les hanches et à crier comme des harengères. Le mari se résigne, se tait, prend son manteau et s'en va dîner hors de chez lui. Sorel nous a fait voir la ménagère aux prises avec ses domestiques; car il y a en ce temps-là aussi une « question des domestiques ». Il nous l'a fait voir endimanchée, les cheveux bien tirés, une chaîne au cou, en robe de satin jaune un peu grasse, une robe « à l'ange », dont les manches larges s'arrêtent au coude, et dont le collet est très haut. Il l'a conduite à la promenade, ayant à ses côtés la nourrice qui tient son enfant, et qui porte « un beau bavolet à queue de morue », tant il est vrai qu'il n'y a rien de nouveau sous notre soleil, même le bonnet à grands rubans des nourrices!

Ce qu'il y a de plus incomplet dans son œuvre, c'est la description de la vie de cour. Il n'a guère peint que le gentilhomme déclassé, le gentilhomme pauvre que son indigence expose à mille affronts, qui sert de risée aux laquais, et se voit repoussé même à l'église où l'inégalité des conditions s'affirme en ce temps-là comme partout; le gentilhomme sans véritable noblesse qui a peur de se battre, tout en essayant de passer pour un duelliste de profession.. Ne jugeons pas d'après Sorel l'aristocratie qu'il n'avait point fréquentée; il n'en avait connu que le rebut, que les naufragés, gentilhommes devenus des brigands, grandes dames réduites à vivre d'intrigues, le demi-monde de 1620.

Au reste, son originalité vient précisément de ce qu'il ignorait la vie des « honnêtes gens » et avait observé de près les gens de moyenne ou de basse condition. Son *Francion* comble une lacune en évoquant, à côté du Louvre ou de l'Hôtel de Rambouillet, le tiers état laborieux, industrieux, opprimé, tourmenté par le collège, par le Palais, par la cour, mais gai, en dépit de tout, actif, ironique, comme s'il se souvenait de son passé et avait foi en son avenir.

LE ROMAN COMIQUE

I

Scarron appartient à la même famille intellectuelle que Sorel. S'il est plus célèbre, c'est surtout au contraste de ses souffrances et de sa persistante gaieté qu'il le doit; c'est aussi à son mariage. Il est resté pour nous le mari de sa veuve.

Il était né en 1610 ou 1611, d'un conseiller au Parlement qui avait environ vingt mille livres de rentes, et dont la famille, originaire d'Italie, était assez ancienne. La vie semblait lui sourire. Ni la santé, ni la fortune, ni les hautes protections ne lui manquaient. Mais son père se remaria, et sa belle-mère le fit exiler à quinze ans chez un parent qui habitait Charleville. Il en sortit pour prendre le petit collet. Il n'avait point, d'ailleurs, prononcé de vœux, et c'est dans le salon de Marion Delorme qu'il apprit à connaître le monde. Il y rencontra

Saint-Évremont, Bachaumont, Chapelle, tous les « libertins » de l'époque. Il y aurait une curieuse étude à faire sur ce petit groupe d'hommes d'esprit, froidement épicuriens, malicieusement athées qui sont si peu de leur siècle, du dévot et orthodoxe XVIIe siècle, qui vécurent entre les jansénistes et les jésuites sans prendre parti, philosophes en avance de cent ans dont la raillerie un peu pincée semble annoncer Grimm et Galiani. C'est à leur école que Scarron commença à ne plus croire à rien, à tourner tout en dérision.

Tel il vécut jusqu'à vingt-quatre ans; puis il fit un voyage en Italie. Est-ce là qu'il contracta le germe de sa maladie, dont l'origine reste mystérieuse, sans doute parce qu'elle était inavouable? Quoi qu'il en soit, à dater de 1638, son existence ne fut plus qu'une agonie, entrecoupée de bavardages qui savaient rester joyeux, et de travaux où l'esprit le plus sain se révèle. Personne n'a mieux supporté les douleurs du corps, plus tolérables à coup sûr que celles de l'âme, et néanmoins si lassantes, si décourageantes à la longue. — « Je ne hais personne, disait-il; Dieu veuille qu'on me traite de même. Je suis bien aise quand j'ai de l'argent, et serais encore plus aise si j'avais la santé. Je me réjouis assez en compagnie; je suis assez content quand je suis seul. Je supporte mes maux assez patiemment. » Le portrait qu'il trace ainsi de lui-même, ce portrait tout plein de résignation, exempt de révolte, d'amertume, ne fait-il pas plus d'honneur à la nature humaine que la prière extatique d'un Pascal offrant à Dieu ce qu'il souffre et se réjouissant de souffrir? La prière de Pascal est la généreuse folie du martyr et de l'ascète. Scarron n'avait point la consolation d'une foi exaltée qui anéantit la chair et en étouffe le cri : il n'est rien qu'un homme, soumis à la grande loi de la vie : à la nécessité du mal.

Il a dit ce que le mal avait fait de son corps : « J'ai trente-huit ans passés.... Si je vais jusqu'à quarante, j'ajouterai bien des maux à ceux que j'ai déjà soufferts depuis huit ou neuf ans. J'ai eu la taille bien faite, quoique petite. La maladie l'a raccourcie d'un bon pied. Ma tête est un peu grosse pour ma taille. J'ai le visage assez plein, pour avoir le corps décharné. Des cheveux assez pour ne porter point perruque. J'en ai beaucoup de blancs.... J'ai la vue assez bonne, quoique les yeux assez gros. Je les ai bleus. J'en ai un plus foncé que l'autre, du côté où je penche la tête. J'ai le nez d'assez bonne prise. Mes dents, autrefois perles carrées, sont maintenant de couleur de buis, et seront bientôt de couleur d'ardoise. J'en ai perdu une et demie du côté gauche, et deux et demie du côté droit, et deux un peu égrignées. Mes jambes et mes cuisses ont fait d'abord un angle obtus, et puis un angle égal, et enfin un aigu. Mes cuisses et mon corps en font un autre, et, ma tête se penchant sur mon estomac, je ressemble pas mal à un Z. J'ai les bras raccourcis aussi bien que les jambes, et les doigts aussi bien que les bras. Enfin, je suis un raccourci de la misère humaine. »

Il avait, en outre, des embarras de fortune. Depuis la mort de son père, il était engagé en un procès avec sa belle-mère, « la plus plaidoyante personne du monde ». Comme il aimait à s'entourer de gais convives, il se trouvait obligé de soutenir un train de maison convenable. Son hôtel de la rue de la Tixeranderie, qu'il avait surnommé l'Hôtel de l'Impécuniosité, était, au dire de Segrais, « fort propre », garni d'un ameublement de damas jaune « qui pouvait bien valoir cinq à six mille livres, avec ce qui l'accompagnait ». Il recevait là, tantôt couché comme une précieuse en son alcôve, tantôt dans un fauteuil; et pour suffire aux frais de quotidiennes réceptions il lui fallait de l'argent. Il avait son *marquisat Quinet*, c'est-à-dire le produit de la vente de ses ouvrages, son canonicat du Mans, ses pensions; mais il n'aurait pu se tirer d'affaire sans ses dédicaces qui lui étaient en général bien payées. « Personne, dit Segrais, n'en a fait plus que lui. » Puis il s'ingéniait, se faisait spéculateur. Il entreprit un jour d'enrégimenter les commissionnaires.

Dans ce corps condamné à l'inaction, la pensée ne restait jamais en repos. Sans cesse des projets chimériques traversaient sa cervelle. Comme les gens qui ont un mauvais estomac rêvent de repas fabuleux, l'impotent, en ses longues heures d'immobilité, projetait de lointains voyages. Il songea presque sérieusement à partir pour l'Amérique. « Ce qui avait donné lieu à Scarron, raconte Segrais, d'aller aux îles d'Amérique, c'était l'espérance d'y guérir ses infirmités.... A cette occasion, Scarron songeait à former une compagnie dont — voyant que j'étais plus sage qu'on n'a coutume de l'être à l'âge où j'étais alors (je n'avais que vingt-six ans) — il me proposait la direction .... » Il se mit en route, en effet, après avoir fait ses adieux à Paris, en octobre 1650. Il alla jusqu'à Tours, et revint le mois suivant.

La plus bizarre aventure de sa vie fut son mariage. L'abbé Giraud, le factotum de Ménage, lui amena un jour une jeune fille de quinze ans, en robe trop courte, laquelle se mit à pleurer d'aller en visite avec un si pauvre accoutrement : c'était Mlle Françoise d'Aubigné. Elle habitait, elle aussi, rue de la Tixeranderie, presque en face, chez une parente, Mme de Neuillant. Elle arrivait des îles, et avait reçu (comme plus tard la femme de Maurice de Guérin) le surnom de la « Jeune Indienne ». Petite-fille d'Agrippa d'Aubigné, elle était belle et aussi réservée que le milieu nouveau où elle entrait, était cynique. Tout de suite sa grâce enchanta le pauvre Scarron : « Je ne sais, lui écrivait-il, si je n'aurais point mieux fait de me défier de vous la première fois que je vous vis. Je le devais faire, à en juger par l'événement; mais aussi quelle apparence y avait-il qu'une jeune fille dût troubler l'esprit d'un vieux garçon? La malepeste! que je vous aime et que c'est une sottise de vous aimer tant! Comment! vertu de ma vie, il me prend à tout moment l'envie d'aller en Poitou et par le froid qu'il fait! Vous êtes aussi diablesse que vous êtes blanche! »

Singulier billet doux, où perce, ce me semble, sous les gros mots et les jurons, une tendresse dont il est honteux et qu'il n'ose pas s'avouer franchement à lui-même. Sa mère morte, Françoise d'Aubigné agréa la proposition de mariage que lui fit Scarron. Au jour du contrat, il déclara que sa femme apportait en dot quatre louis de rente, deux grands yeux fort mutins, une paire de belles mains et beaucoup d'esprit. Quant à lui-même, il lui apportait, disait-il, l'immortalité : « Le nom des femmes de rois meurent avec elles, celui de la femme de Scarron vivra éternellement ». Il ne prévoyait guère que la femme de Scarron dût être aussi la femme d'un roi. La jeune femme répondit aux curieux « qu'elle aimait mieux épouser Scarron que le couvent »; mot d'une si brutale ou si ingénue franchise qu'il étonne un peu sur les lèvres de cette grande comédienne.

Les anecdotiers ont prêté à Scarron bien des propos égrillards ou grossiers à l'occasion de ses noces. Il est possible que même à cette heure-là il ait persisté dans son rôle d'impertinent et impitoyable bouffon. Permis à nous, toutefois, de supposer que son cœur n'était point d'accord avec son langage, que ce cœur douloureux, au fond très sensible, mais habitué à dissimuler ses émotions vraies, avait senti tout le charme de la belle, sage et calme jeune femme. Est-il vrai qu'il lui ait « appris beaucoup de sottises »? Je croirais plutôt qu'elle adoucit et purifia un peu l'âme de ce pitre moribond, lui faisant comprendre qu'il y a plus de joie réelle à respecter quelque chose ou quelqu'un qu'à tourner tout en moquerie, même son propre cœur. Le fait est que Mme Scarron transforma peu à peu le ton du logis, et le maître du logis lui-même. L'honnêteté de sa parole, la décence de sa tenue effacèrent ce que le salon du poète avait gardé de trop libre et de trop gaulois. « Au bout de trois ans de mariage, dit Segrais, elle l'avait corrigé de bien des choses. » Le marquis de Beuvron ajoute : « Par ses manières honnêtes et modestes, elle inspirait tant de respect qu'aucun des jeunes gens qui l'environnaient n'osa jamais prononcer devant elle une parole à double entente ». Ces années-là doivent être comptées à l'illustre parvenue qui fut Mme de Maintenon. En répandant de la sorte autour d'elle l'influence de sa grâce et de sa pudeur, elle ne cédait qu'à l'instinct de son âme ; nous ne pouvons la soupçonner alors d'une hypocrisie, d'un calcul. Elle entra dans la maison de Scarron pour y porter un peu de paix et de vertu; et c'est chose touchante de voir les visiteurs ordinaires de l'hôtel d'Impécuniosité changer d'allure, baisser la voix, retenir leurs gestes, retenir leur langue, comme les chansons et les gros mots d'une cour de détenus s'arrêtent à l'approche de la cornette blanche de la sœur. Il est très sûr que Scarron la consultait sur ses ouvrages, et tenait compte de ses critiques. La seconde partie du *Roman comique* porte l'empreinte d'un goût plus délicat; la plaisanterie s'y affine; Mme Scarron tenait peut-être la plume, tandis que Scarron dictait.

Enfin, la mort arriva. Loin de la saluer comme une délivrance, Scarron la vit venir avec angoisse. Il s'affligeait — et ceci prouve encore quelle place la jeune épouse, la douce garde-malade avait prise dans son cœur — d'abandonner sa femme « sans avoir assuré son sort ». — « Le seul regret, écrivait-il, c'est de ne pas laisser de bien à ma femme qui a tant de mérite et de qui j'ai tous les sujets imaginables de me louer. » Voilà les citations qu'il faut opposer aux prétendues impertinences de Scarron sur le compte de Françoise d'Aubigné. Et vraiment, il y a de ces mots échappés à la plume ou aux lèvres du malheureux qui nous obligent bien à sentir les battements d'un cœur sous cette lamentable enveloppe, à rêver d'une affection profonde, chaste, reconnaissante, à peine cachée derrière un effort d'ironie, d'une affection allant de son lit de souffrance à sa très dévouée, très fine consolatrice. Il s'appliqua, toutefois, à mourir en riant comme il avait vécu; il narguait même le râle, ce hoquet qui l'étouffait, et contre lequel il voulait « faire une belle satire ». A peine une parole mélancolique : « S'il y a un enfer, je n'ai plus à le redouter, l'ayant subi sur cette terre ». Mais l'épitaphe qu'il s'était composée est d'un accent inoubliable; c'est sa seule plainte, elle est bien pénétrante. Mort, il pouvait poser le masque, avouer tout ce qu'il avait silencieusement souffert.

> Celui qui cy maintenant dort
> Fit plus de pitié que d'envie,
> Et souffrit mille fois la mort
> Avant que de perdre la vie.
> Passant, ne fais ici de bruit,
> Garde bien que tu ne l'éveille;
> Car voici la première nuit
> Que le pauvre Scarron sommeille.

Il mourut en octobre 1660. « Il mourut, écrit Segrais, pendant que j'étais au voyage du roi pour son mariage, et je n'en avais rien su. La première chose que je fis à mon retour, ce fut de l'aller voir. Mais quand j'arrivai devant sa porte, je vis qu'on emportait de chez lui la chaise sur laquelle il était toujours assis, que l'on venait de vendre à son inventaire. Cette chaise était à bras, avec d'autres bras de fer qui se tiraient en avant pour mettre devant lui une table sur laquelle il écrivait et mangeait. ».

Le corps caricatural de Scarron est l'image visible de son talent. Il avait beaucoup produit : des comédies imitées de l'Espagne, dont la plus connue est *Don Japhet d'Arménie*; des chansons contre Mazarin; le *Virgile travesti*, le *Typhon* ou *la Gigantomachie*, en cinq chants, etc. Tous ces écrits-là présentent le même caractère, appartiennent au genre burlesque. Il n'eût été que le Triboulet de la littérature monarchique, s'il n'avait publié son roman.

II

La Fronde littéraire que Sorel avait engagée contre l'école de d'Urfé, s'était continuée dans le *Roman satyrique*, de Lannel; dans le *Chevalier hypocondriaque*, de Du Verdier; dans le *Gascon extravagant*, de Clerville; dans le *Page disgracié*, de Tristan l'Hermite; dans l'*Histoire comique de la lune et du soleil*, de Cyrano de Bergerac. Mais n'était-ce pas rompre d'une façon plus éclatante encore avec les peintres de la vie mondaine, que d'écrire un roman dont les personnages sont des comédiens?

Les comédiens d'aujourd'hui sont des bourgeois assez semblables aux autres ; quelques-uns d'entre eux sont bacheliers, ont fait leur médecine ou leur droit. Ils sont bien rentés, décorés, propriétaires de jolis cottages à Boulogne ou à Passy, maires de petites communes de la banlieue. Quoiqu'il leur reste quelques gouttes de sang bohème dans les veines et que l'instinct du cabotinage se réveille de temps à autre en eux, ils ont la considération du public et se prennent surtout très au sérieux eux-mêmes. Au siècle de Scarron, ils étaient fort mal famés. Le théâtre passait pour « un lieu de damnation ». Les jeunes gentilshommes y venaient chercher des plaisirs faciles, et envahissaient les coulisses. Dans la *Comédie des comédiens*, où Scudéry, en 1634, nous introduit un instant, comme Molière dans l'*Impromptu de Versailles*, de l'autre côté de la rampe, derrière le rideau, la Beau-Soleil expose les ennuis et les périls de sa situation : « Il ne s'en trouve pas un qui ne croye avoir droit de nous faire souffrir l'importunité de ses demandes.... Comme nos chambres tiennent des temples en ce qu'elles sont ouvertes à chacun, pour un honnête homme qui y visite, il nous faut endurer les impertinences de mille qui ne le sont pas. L'un viendra branler les jambes toute une après dînée, sur un coffre, sans dire mot, seulement pour nous monstrer qu'il a des moustaches et qu'il les sçait relever ; l'autre, un peu moins reveur que celui-cy, mais non pas plus habile homme,... tranchant de l'officieux, voudra tenir le miroir, attacher un nœud, mettre de la poudre, et, prenant sujet de parler de toutes choses, il le faict avec des pointes aussi nouvelles que la Guimbarde ou Lanturlu.... Une erreur où tombe presque tout le monde pour ce qui regarde les femmes de notre profession, c'est de penser que la farce est l'image vivante de notre vie, et que nous ne faisons que représenter ce que nous pratiquons en effet. »

Rotrou nous a conservé, lui aussi, l'aspect d'une loge de comédienne vers 1645, dans un acte de son *Saint-Genest*, où Marcelle se plaint de se voir envahie par les désœuvrés et les galants. En vain, quelques hommes de bonne tenue, tels que Mondory qui était reçu chez les plus grands seigneurs, s'efforçaient de réhabiliter le métier. En vain, un édit du roi Louis XIII avait décidé qu'il ne « dérogeait » pas. Le préjugé restait plus fort que tous les édits; la corporation était méprisée, comme une troupe de bouffons et de courtisanes. L'heure n'était pas loin (le premier tome du *Roman comique* parut en 1651, le second en 1657) où le *Tartuffe* allait compromettre encore la position des acteurs, les brouiller avec l'Église qui avait abrité jadis les premiers essais de notre art dramatique, leur ôter jusqu'au droit de sépulture chrétienne, attirer sur eux l'excommunication et les mettre, pour ainsi dire, hors de la société. Certes, ils comptaient dans leur rang un homme qui leur fait un éternel honneur, ce Molière dont ils se parent et dont ils se disent, de nos jours encore, les héritiers. Mais si le génie de Molière est au-dessus de toute contestation, il n'en va pas tout à fait de même de sa vie privée. L'histoire de son union avec Armande Béjard n'a jamais été tirée absolument au clair, quoi qu'en disent les Moliéristes. En tout cas, sa jeunesse reste peu connue et semble avoir été assez aventureuse. Si nous la devinons à peu près, c'est surtout grâce au *Roman comique*, écrit au temps même où Molière courait la province de Pezenas à Rouen. Ce sont ses camarades, nous dirions aujourd'hui ses confrères, dont Scarron fait ici l'histoire ; et il y avait bien de la hardiesse à offrir la biographie de gais vagabonds aux ordinaires lecteurs de l'*Astrée* ou de *Polexandre*.

Si jamais sujet fut de nature à plaire à un romancier, pourtant, n'est-ce pas celui-là ? Il avait l'attrait d'une réalité. Il y a eu, il y avait, à la date de 1650, de ces existences en dehors de la loi commune, promenées aux quatre coins de la France sans but et sans contrainte, cahotées aux ornières de tous les chemins, égayées au feu de toutes les auberges, des existences libres, en plein vent, exposées à la pluie, aux mauvaises rencontres, aux embuscades de bandits, mais baignées aussi des premiers rayons du soleil, grisées de l'odeur des foins et des bois, entraînées joyeusement vers quelque perpétuel mirage de gloire et de fortune, abandonnées aux ironies et aussi aux faveurs du hasard. Oui, c'était là une réalité, mais une réalité si pleine d'imprévu et de fantaisie, une réalité si voisine du rêve !... Bien des gens ont souhaité d'errer ainsi, dans la maringote où le saltimbanque naît, vit, aime et meurt. A la voir passer, bizarrement peinte, au pas de quelque haridelle, dans la splendeur d'un coucher de soleil, Gautier a imaginé son *Capitaine Fracasse*, Edmond de Goncourt a écrit ses *Zemgano*. Mais aucun écrivain ne l'a peuplée de créatures plus vivantes que celles de Scarron ; aucun n'a mieux exprimé l'indépendance et le caprice de cette vie errante, avec ses déboires et ses heureuses surprises.

Il a rédigé son livre sans plan arrêté, ni idées préconçues. Son œuvre n'est pas plus combinée que la vie de ses héros. Il ne se doutait pas, en finissant un chapitre, de ce qu'il mettrait dans le suivant : « Un chapitre attire l'autre ». A la fin du premier, il ajoute : « L'auteur se reposa quelque temps, et se mit à songer à ce qu'il diroit dans le second chapitre ». De même ses héros, en se levant le matin, ne savent guère où ils coucheront le soir : sera-ce dans quelque château seigneurial, en prison, ou à la belle étoile ? Ils ne le savent guère et ne se soucient pas de le savoir, ni Scarron de le pressentir. « Je ne fais bien souvent ce que je donne à l'imprimeur, dit-il dans son Avis, que la veille du jour que l'on l'imprime. » N'est-ce pas le procédé de rédaction qui convenait au récit d'une de ces hasardeuses odyssées? Il faut suivre Scarron comme il nous mène, au petit bonheur, à la découverte à travers le pays de Bohème.

*
* *

Un soir, vers six heures, une charrette entre dans les halles du Mans. « Cette charette estoit attellée de quatre bœufs fort maigres, conduits par une jument poullinière dont le poulain alloit et venoit à l'entour de la charette, comme un petit fou qu'il estoit. La charette estoit pleine de coffres, de malles et de gros paquets de toiles peintes, qui faisoient comme une pyramide, au haut de laquelle paroissoit une demoiselle, habillée moitié ville, moitié campagne. Un jeune homme, aussi pauvre d'habits que riche de mine, marchoit à costé de la charette; il avoit un grand emplastre sur le visage, qui luy couvroit un œil et la moitié de la joue, et portoit un grand fuzil sur son épaule, dont il avoit assassiné plusieurs pies, geais et corneilles, qui luy faisoient comme une bandoüillière, au bas de laquelle pendoient par les pieds une poulle et un oison, qui avoient bien la mine d'avoir esté pris à la petite guerre. Au lieu de chapeau il n'avoit qu'un bonnet de nuit, entortillé de jarretières de différentes couleurs ; et cet habillement de teste estoit une manière de turban qui n'estoit encore qu'ébauché et auquel on n'avoit pas encore donné la dernière main. Son pourpoint estoit une casaque de grisette, ceinte avec une courroye, laquelle luy servoit aussi à soustenir une épée, qui estoit si longue qu'on ne s'en pouvoit aider adroitement sans fourchette. Il portoit des chausses troussées à bas d'attache, comme celles des comédiens quand ils représentent un héros de l'antiquité, et il avoit, au lieu de soulliers, des brodequins à l'antique que les boues avoient gastez jusqu'à la cheville du pied. Un vieillard, vestu plus régulièrement, quoy que très mal, marchoit à costé de luy. Il portoit sur ses épaules une basse de viole, et, parce qu'il se courboit un peu en marchant, on l'eust pris de loin pour une grosse tortue qui marchoit sur les jambes de derrière. »

La charrette fait halte devant le tripot de la Biche. Le lieutenant de prévôt, la Rappinière, qui se trouve là parmi les curieux, demande qui sont ces gens. « Français de naissance, comédiens de profession », répondent-ils. Le jeune homme s'appelle le Destin ; le vieux s'appelle la Rancune ; la demoiselle « juchée comme une poule au haut de leur bagage », la Caverne. Mais un grand bruit de jurons et de claques arrête l'entretien ; le charretier et le valet du tripot se sont pris de querelle.

Le chapitre finit ainsi, et ainsi finissent-ils presque tous. C'est, à travers tout le livre, un merveilleux bruit de soufflets, soufflets à poings fermés ou à mains ouvertes, de perpétuels pugilats, des bagarres dans les ténèbres. Or, le bruit d'un soufflet, de même que la vue de quelqu'un qui tombe, fait toujours rire; témoin les clowns dont tout l'esprit consiste en une succession de culbutes et en un échange de gifles retentissantes.

La Rappinière fait causer le Destin, et apprend que la troupe n'est pas là tout entière. A la suite d'une rixe, à Tours — rixe où le portier de la troupe a tué un valet de l'intendant de la province, — il a fallu se sauver « un pied chaussé et l'autre nu ». Voilà l'hôtelière, la tripotière, comme dit Scarron, désolée de la nouvelle; elle aurait bien voulu voir jouer la comédie, mais les acteurs ne sont plus que trois. N'importe, réplique la Rancune : « J'ay joüé une pièce moy seul, et ay fait en mesme temps le roy, la reyne et l'ambassadeur. Je parlois en fausset quand je faisois la reyne, je parlois du nez pour l'ambassadeur, et me tournois vers ma couronne, que je posois sur une chaise; et pour le roy, je reprenois mon siège, ma couronne et ma gravité, et grossissois ma voix. » — Ils joueront donc, à condition d'être hébergés gratis.

Ils s'habillent avec les vêtements de deux clients de l'hôtellerie qui sont allés jouer à la paume, et ils représentent la *Marianne* de Mairet. Mais cette fois encore tout finit par « mille coups de poings, autant de soufflets, un nombre incroyable de coups de pieds et des jurements qui ne se peuvent compter ». Les deux joueurs de paume surviennent, en caleçons, raquette à la main ; ils aperçoivent leurs habits sur les épaules d'Hérode et de Phérore. Leur fureur éclate en une fusée d'injures rabelaisiennes, et une belle bataille s'engage. La Rappinière reçoit sur l'oreille un premier et « démesuré » coup de raquette. « Il fut si surpris d'estre prévenu d'un coup, luy qui avoit accoutumé d'en user ainsi, qu'il demeura comme immobile, ou d'admiration, ou parce qu'il n'estoit pas encore assez en colère, et qu'il luy en falloit beaucoup pour se résoudre à se battre, ne fût-ce qu'à coups de poings ; et peut-estre que la chose en fust demeurée là si son valet, qui avoit plus de colère que luy, ne se fust jetté sur l'agresseur, en luy donnant dans le beau milieu du visage un coup de poing avec toutes ses circonstances, et en suitte une grande quantité d'autres, où ils purent aller. La Rappinière le prit en queue et se mit à travailler sur luy en coups de poings, comme un homme qui a esté offencé le premier ; un parent de son adversaire prit la Rappinière de la mesme façon ; ce parent fut investy par un amy de la Rappinière pour faire diversion ; celui-cy le fut d'un autre et celuy-là d'un autre. Enfin tout le monde prit parti dans la chambre : l'un juroit, l'autre injurioit, tous s'entrebattoient; la trippotière, qui voyoit rompre ses meubles, emplissoit l'air de cris pitoyables. Vray-semblablement ils devoient tous périr par coups d'escabeaux, de pieds et de poings, si quelques-uns des magistrats de la ville, qui se promenoient sous les halles avec le seneschal du Mayne, ne fussent accourus à la rumeur. Quelques-uns furent d'avis de jeter deux ou trois seaux d'eau sur les combattants, et le remède eust peut-estre réussi; mais ils se séparèrent de lassitude.... »

A la sortie, les deux joueurs de paume attendent la Rappinière, l'épée à la main. Le Destin met flamberge au vent, se bat comme un preux de la *Chanson de Roland*, ouvre deux ou trois têtes, et disperse les agresseurs. La Rappinière, touché de sa belle conduite, l'emmène, ainsi que ses compagnons, loger chez lui. Il le présente à sa femme « si maigre et si sèche qu'elle n'avoit jamais mouché de chandelle avec les doigts que le feu n'y prît ». On soupe; on se couche. La Rappinière, tout à fait gris, rencontre en traversant le corridor une chèvre qui était dans la maison pour allaiter des petits chiens; il se bat avec la chèvre, crie : au meurtre! et tout le monde accourt en simple costume. A la lueur des flambeaux, il reconnaît sa méprise; on se rendort; et l'auteur profite d'un moment de calme pour nous tracer le portrait de la Rancune.

La Rancune a quelque parenté avec le type que nous appelons actuellement un Delobelle ; c'est le vieux cabotin tout plein de lui-même, jaloux des succès d'autrui. « Il trouvoit Bellerose trop affecté ; Mondory rude, Floridor froid. » Il a joué jadis en fausset, sous le masque, les rôles de nourrice, puis il a joué les confidents, les valets, les recors ; il était « un de ceux qui accompagnent les rois.... C'est, ajoute Scarron, sur ces beaux talents là qu'il avoit fondé une vanité insupportable. » Il y a dans un roman de Ludovic Halévy un vieil acteur en retraite, devenu directeur d'agence théâtrale, le père Lemuche, qui me paraît ressembler beaucoup à la Rancune. Le père Lemuche dit volontiers en parlant de lui : « Quand on a créé trois rôles au Théâtre Français.... Quand on a donné la réplique à Talma.... » Il se vante d'avoir « joué avec Frédéric », parce que dans une pièce, il paraissait à ses côtés pour dire : « Madame est servie ». Il va de soi que Ludovic Halévy n'a pas copié Scarron ; il a assez d'esprit pour ne copier personne, et peindre tout simplement d'après nature. Mais les Delobelle et les père Lemuche ont sans doute existé de tous les temps. Ce n'est pas une des moindres bizarreries de la vie de théâtre qu'elle développe au plus haut point le moi de l'acteur en dehors de la scène, tandis qu'elle l'oblige à la scène à dépouiller sa personnalité pour entrer dans le rôle. Cette exubérance d'orgueil, ce besoin de parade et de réclame qui est commun à tous les comédiens, mais qui, à dire le vrai, ne leur est pas toujours exclusivement réservé, Scarron le premier l'a su peindre, et de main de maître.

La Rancune — qui mérite bien son nom et porte envie à tous ses camarades, railleur à froid et quelque peu fripon — raconte à la Rappinière ce qu'il sait du Destin ; c'est assez peu de chose. « Il y a fort peu de temps qu'il est comédien ; il est fier et fait l'entendu, sans dire d'où il est, ni qui il est, non plus qu'une certaine personne qui l'accompagne et qu'il appelle sa sœur. » Voilà tout ce que peut rapporter le vieil histrion médisant, et il enrage de n'avoir rien de plus net à dire.

A peu de jours de là, les trois comédiens apprennent que le reste de la troupe arrive, à l'exception de Mlle de l'Estoille — la prétendue sœur du Destin, — qui s'est démis un pied à trois lieues du Mans. Le Destin s'en va au-devant d'elle avec un brancard. En route, il apprend qu'elle a trouvé des secours et qu'elle est déjà en chemin vers le Mans. Il revient sur ses pas ; et voilà toute la troupe désormais réunie. Elle se compose du Destin, de la Rancune, de l'Olive, qui ont chacun un valet, apprenti et aspirant comédien ; de Mlle de l'Estoille, de la Caverne et de sa fille Angélique ; enfin, d'un poète. Celui-ci compose au fur et à mesure les pièces qui doivent être représentées ; il est auteur et metteur en scène ambulant, comme le furent

Hardy et Molière lui-même. Il est fou de son art, ne demande aucun salaire et, au besoin, remplace un acteur : il est amoureux d'une des jeunes comédiennes, mais « si discrètement qu'on ne sçavoit de laquelle ».

La chambre de Mlle de l'Estoille devient bien vite le rendez-vous de tous les élégants et de tous les beaux esprits de la ville; on y discute les comédies nouvelles, les romans, les poèmes en vogue. Le plus empressé est un petit homme « veuf, avocat de profession, qui avoit une petite charge dans une petite juridiction voisine. Depuis la mort de sa petite femme, il avoit menacé les femmes de la ville de se remarier et le clergé de la province de se faire prestre, et même de se faire prélat à beaux sermons comptans. C'estoit le plus grand petit fou qui ait couru les champs depuis Roland. » — Ce petit homme « menteur comme un valet, présomptueux et opiniastre comme un pédant », se nomme Ragotin. Il est le souffre-douleur de toute la compagnie, et ses mésaventures viennent sans cesse égayer la narration. Elles commencent dès le premier jour qu'il apparaît. Il vient de raconter une jolie histoire, et sollicite des compliments :

« Un jeune homme, dont j'ay oublié le nom, luy répondit qu'elle n'estoit pas à luy plustost qu'à un autre, puisqu'il l'avoit prise dans un livre; et, en disant cela, il en fit voir un qui sortoit à demy hors de la pochette de Ragotin, et s'en saisit brus-

quement. Ragotin luy égratigna toutes les mains
pour le ravoir; mais, malgré Ragotin, il le mit
entre les mains d'un autre, que Ragotin saisit aussi
vainement que le premier, le livre ayant desja
convolé en troisième main. Il passa de la mesme
façon en cinq ou six mains différentes, auxquelles
Ragotin ne put atteindre, parce qu'il estoit le plus
petit de la compagnie. Enfin, s'estant allongé cinq
ou six fois fort inutilement, ayant déchiré autant
de manchettes et égratigné autant de mains, et le
livre se promenant tousjours dans la moyenne
région de la chambre, le pauvre Ragotin, qui vit
que tout le monde s'éclatoit de rire à ses despens,
se jetta tout furieux sur le premier autheur de sa
confusion, et luy donna quelques coups de poing
dans le ventre et dans les cuisses, ne pouvant pas
aller plus haut. Les mains de l'autre, qui avoit
l'avantage du lieu, tombèrent à plomb cinq ou six
fois sur le haut de sa teste, et si pesamment qu'elle
entra dans son chapeau jusques au menton, dont
le pauvre petit homme eut le siège de la raison si
ébranlé qu'il ne sçavoit plus où il en estoit. Pour
dernier accablement, son adversaire, en le quittant,
luy donna un coup de pied en haut de la teste qui
le fit aller choir... aux pieds des comédiennes,
après une retrogradation fort précipitée. Repré-
sentez-vous, je vous prie, quelle doit estre la fureur
d'un petit homme, plus glorieux luy seul que tous
les barbiers du royaume, en un temps où il se fai-

soit tout blanc de son épée, c'est-à-dire de son histoire, et devant des comédiennes dont il vouloit devenir amoureux.... En vérité, son petit corps... témoigna si bien la fureur de son âme par les divers mouvements de ses bras et de ses jambes, qu'encore que l'on ne pust voir son visage à cause que sa teste estoit emboîtée dans son chapeau, tous ceux de la compagnie jugèrent à propos de se joindre ensemble et de faire comme une barrière entre Ragotin et celuy qui l'avoit offensé, que l'on fit sauver, tandis que les charitables comédiennes relevèrent le petit homme, qui hurloit cependant, comme un taureau, dans son chapeau, parcequ'il luy bouchoit les yeux et la bouche et luy empeschoit la respiration. La difficulté fut de le luy oster. Il estoit en forme de pot de beure, et, l'entrée en estant plus étroite que le ventre, Dieu sçait si une teste qui y estoit entrée de force, et dont le nez estoit très-grand, en pouvoit sortir comme elle y estoit entrée!... Il ne pria point qu'on le secourust, car il ne pouvoit parler; mais, quand on vit qu'il portoit vainement ses mains tremblantes à sa teste pour se la mettre en liberté, et qu'il frappoit des pieds contre le plancher, de rage qu'il avoit de se rompre inutilement les ongles, on ne songea plus qu'à le secourir. Les premiers efforts que l'on fit pour le descoiffer furent si violents qu'il crut qu'on luy vouloit arracher la teste. Enfin, n'en pouvant plus, il fit signe avec les doits que l'on coupast son habillement de teste avec des ciseaux. Mlle de la Caverne destacha ceux de sa ceinture, et la Rancune, qui fut l'opérateur de cette belle cure, après avoir fait semblant de lui faire l'incision vis-à-vis du visage (ce qui ne luy fit pas une petite peur) fendit le feustre par derrière la teste depuis le bas jusqu'en haut. »

La Rancune, qui aime les mystifications et qui est « homme à s'éborgner pour faire perdre un œil à un autre », fait du naïf Ragotin sa proie. Il le flatte, l'invite ou plutôt se fait inviter à dîner, et obtient de lui une confession complète dont il s'amuse *in petto*. Ragotin est amoureux; Ragotin avoue qu'une des comédiennes lui plaît infiniment. « Et laquelle? » lui demande la Rancune. « Le petit homme estoit si troublé d'en avoir tant dit qu'il répondit : « Je ne sçais. — Ny moi non plus », réplique la Rancune. Pourtant il vient à bout de lui persuader que c'est Mlle de l'Estoille. Gris tous les deux, ils s'endorment.

Tandis qu'ils buvaient, le reste de la troupe était demeuré à l'hôtellerie. Le Destin et Mlle de l'Estoille se sont retrouvés avec joie. Ils passent la soirée auprès de la Caverne et de sa fille. Quoiqu'ils se disent frère et sœur, leurs compagnons sentent bien qu'ils sont « plus grands amis que proches parents ». Mais il y a en eux un mystère que nul ne peut éclaircir. En retrouvant l'Estoille, le Destin lui annonce qu'il a quelque inquiétude; qu'il a cru reconnaître à Tours « leur persécuteur ». La Caverne le sollicite de ne pas taire plus longtemps son secret. Il commence son histoire et celle de l'Estoille.

*
* *

Ce n'est pas une destinée simple et banale que la sienne. Son vrai nom est Garigues ; il est né près de Paris, de deux villageois. Son père était prodigieusement avare : « Il a l'honneur d'avoir le premier retenu son haleine en se faisant prendre la mesure d'un habit, afin qu'il y entrast moins d'estoffe ». Le parrain de l'enfant l'a emmené loin du logis paternel. Remarqué du baron d'Arques, il a été élevé avec ses deux fils, Verville et Saint-Far. Le premier l'avait pris en amitié ; le second en haine. Tous trois sont partis pour guerroyer en Italie : le jeune Garigues, malade, a dû s'arrêter à Rome. Un jour, il aperçoit dans la rue deux femmes qu'un gentilhomme français, nommé Saldagne, veut contraindre à lever leur voile. Il intervient et se fait de la sorte un ennemi mortel, en même temps qu'il s'éprend d'une des deux inconnues, la jeune Léonore. Ayant à quelques jours de là rencontré de nouveau Saldagne, il reçoit de lui trois coups d'épée, mais est recueilli et soigné dans la maison où Léonore vit avec sa mère. Il apprend leur nom et leurs aventures : Mlle de la Boissière — la mère de Léonore, — venue à Rome avec l'ambassadeur de France, y avait épousé secrètement un homme de condition, et avait eu de ce mariage clandestin la belle Léonore. — Sur ces entrefaites, reviennent Verville et Saint-Far; nouvelles complications dans les amours du jeune homme. Saint-Far, jaloux de son beau roman, va chez Mlle de la Boissière, et raconte que Garigues est son valet. Mais s'il obtient par là que Mlle de la Boissière tienne un peu à distance le pauvre amoureux, il ne peut changer le cœur de Léonore.

Au reste, Garigues n'est pas au bout de ses épreuves. Il doit quitter Rome, faire campagne, retourner à Paris.... Il y retrouve Verville, épris d'une jeune fille de grande naissance, et veut le servir dans son intrigue. Cette jeune fille est la sœur de Saldagne. Après bien des péripéties, des rendez-vous nocturnes, de grands coups d'épée, après des déguisements sans nombre et des enlèvements sans succès où Garigues se trompe et enlève une femme au lieu d'une autre, Verville épouse l'aînée des sœurs de Saldagne et Saint-Far la cadette.

Garigues se remet en route pour l'Italie où il espère retrouver Léonore. En passant à Lyon, il la découvre, par hasard, avec sa mère. Elles ont été victimes d'un vol qui les a laissées sans ressources, comme elles revenaient en France chercher le père de Léonore. Garigues se met à leur service, les ramène à Paris, où il fait la connaissance de la Rancune. A Saint-Cloud il se retrouve en face de Saldagne, et échange avec lui de nouveaux coups d'épée. Il tombe dans une embuscade de tire-laine où il périrait sans l'intervention de la Rancune qui se bat en brave. Ils apprennent que le père de Léonore est à la Haye : ils repartent. Mais Mlle de la Boissière succombe de fatigue et de désespoir. En même temps, un voleur leur dérobe les quelques pistoles qui faisaient toute leur richesse....

C'est alors que Garigues a changé de nom, est devenu le Destin, tandis que Léonore devenait Mlle de l'Estoille; et ils se sont enrôlés dans la troupe des comédiens à laquelle appartenait la Rancune. Et si le Destin porte un bandeau qui lui cache à moitié la figure, c'est que Saldagne est encore à leur poursuite, essayant sans cesse de tuer le Destin, d'enlever Mlle de l'Estoille. A chaque pas, nouveau guet-apens; à chaque coin de bois, il y a des hommes masqués qui se jettent sur toute femme inconnue, dans l'espoir de s'emparer de la jeune comédienne. Ils ont même, croyant arrêter sa litière, arrêté celle où voyageait le curé de Domfront.

Telle est la vie du Destin, une vie d'alertes perpétuelles, l'épée au poing, avec l'obligation de jouer et de parader le soir sur une scène improvisée....

⁂
⁎ ⁎

A tant d'inquiétudes et de drames, Ragotin, devenu l'inséparable des comédiens, mêle la gaieté de ses infortunes. Il donne une sérénade à l'Estoille avec le concours d'un organiste qui vient chanter le *Magnificat* sous les fenêtres de la jeune fille, à minuit, en s'accompagnant sur son orgue. Il s'est fait le cavalier servant des comédiennes, et il ne s'acquitte pas de sa tâche sans essuyer bien des disgrâces :

« Ragotin, s'estant trouvé auprès de Mlle de la Caverne dans le temps qu'elle sortoit du jeu de peaume, où l'on avoit joué, luy presenta la main pour la ramener, quoy qu'il eust mieux aimé rendre ce service-là à sa chère l'Estoille. Il en fit autant à Mlle Angélique, tellement qu'il se trouva escuyer à droite et à gauche. Cette double civilité fut cause d'une incommodité triple : car la Caverne, qui avoit le haut de la rue, comme de raison, estoit pressée par Ragotin, afin qu'Angélique ne marchast point dans le ruisseau. De plus, le petit homme, qui ne leur venoit qu'à la ceinture, tiroit si fort leurs mains en bas qu'elles avoient bien de la peine à s'empescher de tomber sur luy.....Elles le prièrent cent fois de ne prendre pas tant de peine; il leur répondoit seulement : « Serviteur, serviteur » (c'estoit son compliment ordinaire), et leur serra les mains encore plus fort. Il fallut donc prendre patience jusqu'à l'escalier de leur chambre, où elles espererent d'estre remises en liberté; mais Ragotin n'estoit pas homme à cela. En disant toujours : « Serviteur, serviteur », à tout ce qu'elles luy purent dire, il essaya premièrement de monter de front avec les deux comédiennes, ce qui s'estant trouvé impossible parce que l'escalier estoit trop estroit, la Caverne se mit le dos contre la muraille, et monta la première, tirant après soy Ragotin, qui tiroit après soy Angélique, qui ne tiroit rien et qui rioit comme une folle. Pour nouvelle incommodité, à quatre ou cinq degrez de leur chambre, ils trouverent un vallet de l'hoste chargé d'un sac d'avoine d'une pesanteur excessive, qui leur dit à grand peine, tant il estoit accablé de son fardeau, qu'ils eussent à descendre, parce qu'il ne pouvoit remonter, chargé comme il estoit. Ragotin voulut répliquer; le valet jura tout net qu'il laisseroit tomber son sac sur eux. Ils défirent donc avec précipitation ce qu'ils avoient fait fort posément, sans que Ragotin voulût encore quitter les mains des comédiennes. Le valet chargé d'avoine les pressoit estrangement, ce qui fut cause que Ragotin fit un faux pas, qui ne l'eust pas pourtant fait tomber, se tenant comme il faisoit aux mains des comediennes; mais il s'attira sur le corps la Caverne, laquelle le soutenoit davantage que sa fille, à cause de l'avantage de lieu. Elle tomba donc sur luy, et lui marcha sur l'estomach et sur le ventre, se donnant de la teste contre celle de sa fille si rudement qu'elles en tomberent et l'une et l'autre. Le valet, qui crut que tant de monde ne se releveroit pas si tost, et qui ne pouvoit plus supporter la pesanteur de son sac d'avoine, le déchargea enfin sur les degrez, jurant comme un valet d'hostellerie. Le sac se délia ou se rompit par mal-heur.... »

Les comédiens sont conviés à jouer, hors de la ville, à une noce; et Ragotin est encore victime d'un nouvel accident. Il est parti en avant-garde, et se promet de recevoir la troupe en cavalcadant sur un cheval qu'il a loué :

« A peine se mettoit-il à table pour disner, qu'on l'advertit que les carosses approchoient. Il vola à son cheval sur les ailes de son amour, une grande épée à son costé, et une carabine en bandoüillière. Il n'a jamais voulu déclarer pourquoy il alloit à une nopce avec une si grande munition d'armes offensives.... Quand il eut détaché la bride de son cheval, les carosses se trouvèrent si près de luy qu'il n'eut pas le temps de chercher de l'avantage pour s'ériger en petit sainct George. Comme il n'estoit pas fort bon escuyer et qu'il ne s'estoit pas préparé à montrer sa disposition devant tant de monde, il s'en acquitta de fort mauvaise grâce, le cheval estant aussi haut de jambes qu'il en estoit court. Il se guinda pourtant vaillamment sur l'étrier, et porta la jambe droite de l'autre costé de la selle; mais les sangles, qui estoient un peu lasches, nuisirent beaucoup au petit homme : car la selle tourna sur le cheval quand il pensa monter dessus. Tout alloit pourtant assez bien jusques-là; mais la maudite carabine qu'il portoit en bandoüillière et qui luy pendoit au col comme un collier, s'estoit mise malheûreusement entre ses jambes sans qu'il s'en apperceust, tellement qu'il s'en falloit beaucoup qu'il ne touchast au siège de la selle, qui n'estoit pas fort raze, et que la carabine traversoit depuis le pommeau jusqu'à la croupière. Ainsi il ne se trouva pas à son aise et ne pût pas seulement toucher les étriers du bout des pieds. Là-dessus, les esperons qui armoient ses jambes courtes se firent sentir au cheval en un endroit où jamais esperon n'avoit touché. Cela le fit partir plus gayement qu'il n'estoit nécessaire à un petit homme qui ne posoit que sur une carabine. Il serra les jambes; le cheval leva le derrière, et Ragotin, suivant la pente naturelle des corps pesans, se trouva sur le col du cheval et s'y froissa le nez, le cheval ayant levé la teste pour une furieuse saccade que l'imprudent luy donna; mais, pensant réparer sa faute, il luy rendit la bride. Le cheval en sauta, ce qui fit franchir au... patient toute l'étendue de la selle et le mit sur la croupe, tousjours la carabine entre les jambes. Le cheval, qui n'estoit pas accoutumé d'y porter quelque chose, fit une croupade qui remit Ragotin en selle. Le méchant escuyer resserra les jambes, et le cheval releva la croupe encore plus fort, et alors le malheureux se trouva « à cheval » sur le pommeau, où nous le laisserons comme sur un pivot pour nous reposer un peu.... »

Au reste, la représentation n'a pas lieu. La Caverne survient, tout en larmes, annonçant que sa fille a été enlevée; elle accuse Léandre, valet du Destin, qui semblait amoureux d'Angélique et a disparu en même temps qu'elle. Le Destin part à sa recherche et le trouve blessé. Non seulement Léandre n'est pas coupable, mais c'est en poursuivant les ravisseurs qu'il a reçu un coup d'épée. Entre temps, il conte au Destin son histoire; il est lui-même gentilhomme et s'est fait comédien par amour. Il confie au Destin que les ravisseurs ont paru fort déçus en reconnaissant Angélique, et qu'en réalité c'est à l'Estoille qu'ils en veulent.

Le Destin est fort inquiet; il devine quelque nouvelle perfidie de Saldagne. La nuit se passe, fort orageuse. L'hôtelier vient de mourir. La Rancune fait une plaisanterie macabre; il s'installe dans le lit du mort pour y dormir à l'aise et porte le corps dans le lit où dormait Ragotin. Au réveil, épouvante de Ragotin qui jette les hauts cris; tout le personnel de l'hôtellerie accourt et il s'ensuit une belle mêlée dans l'obscurité. La Rancune s'y couvre de gloire : « Il donna tel soufflet qui, ne donnant pas à plomb sur la première joue qu'il rencontroit, et ne faisant que glisser, s'il faut ainsi dire, alloit jusqu'à la seconde, mesme troisième joue, parce qu'il donnoit la pluspart de ses coups en faisant la demie pirouette, et tel soufflet tira trois sons différens de trois différentes machoires. » La bataille finie, on découvre le mort sous un lit et Ragotin dans un coffre où l'a poussé une servante.

Après bien des peines, Léandre ramène Angélique, et presque aussitôt l'Estoille disparaît à son tour. Par bonheur, le Destin retrouve Verville, l'ami de sa jeunesse; à l'aide de leurs valets qui enivrent les valets de Saldagne, ils réussissent à reconquérir l'Estoille que Saldagne voulait conduire en Bretagne. Mais, dans cette poursuite, un nouveau malheur est survenu à Ragotin. Il a été, durant son sommeil, dépouillé de ses vêtements par un fou. Au réveil, il est stupéfait, cherche une maison hospitalière, tombe au milieu d'une troupe de religieuses que sa nudité scandalise fort, veut fuir, roule dans une mare en y entraînant le père Giflot, directeur de l'abbaye d'Estival, et son cocher avec lui; le cocher le poursuit à coups de fouet; Ragotin se jette dans un moulin, se heurte à un gros chien qui le mord en pleine chair, accroche des ruches, attire sur lui une nuée d'abeilles, et ne doit son salut qu'à l'intervention du meunier qui lui donne asile.

Cependant, le marquis d'Orsé retient les comédiens au Mans, pour assister à la représentation de *Nicomède* et de *Dom Japhet d'Arménie*. Ragotin se trouve placé derrière un gentilhomme, appelé la Baguenodière, si grand et si gros qu'il lui masque la scène. Ragotin croit que ce colosse est resté debout, et lui crie de s'asseoir. Les voisins éclatent de rire ; la Baguenodière se fâche, les traite de grands sots, reçoit un soufflet à droite, un soufflet à gauche, perd l'équilibre et tombe « à la renverse sur un homme qui estoit derrière luy, et le renversa, luy et son siège, sur le malheureux Ragotin, qui fut renversé sur un autre, qui fut renversé sur un autre, qui fut aussi renversé sur un autre, et ainsi de mesme jusqu'où finissoient les sièges, dont une file entière fut renversée comme des quilles ». Finalement, Ragotin se trouve dans un égout sur l'ouverture duquel sa chaise était placée.

Là se terminent les deux premières parties du *Roman comique*. La troisième n'est pas de Scarron : elle porte le nom de *Suite d'Offray*, bien qu'Offray en ait seulement été l'éditeur. Elle ne mérite pas une aussi longue analyse. Elle n'est que le dénouement de toutes les intrigues enchevêtrées dans les deux autres volumes. La troupe s'est transportée à Paris, suivie de Ragotin qui y a pris la place de poète. Saldagne meurt ; Léandre épouse Angélique, le Destin épouse l'Estoille. Mais n'est-ce pas un véritable contresens que nous avons le droit de reprocher au continuateur anonyme du *Roman comique*, d'avoir fait mourir à la fin du récit ce Ragotin dont la falote personne ne devrait point, ce me semble, disparaître ainsi dans quelque tragique aventure? Scarron n'eût pas, sans doute, tué le petit homme à la dernière page de son livre, s'il avait eu le temps et la force d'écrire cette dernière page.

* * *

Scarron a ce qui ne s'imite pas : la gaieté, qu'il ne faudrait point confondre avec l'esprit. L'esprit voit juste, et par suite est souvent amer ou triste. Scarron est gai comme Rabelais et Regnard. Les mésaventures de Ragotin prouvent qu'il lui faut peu de chose pour provoquer le rire. Il sait évoquer d'un mot des figures, des attitudes irrésistiblement plaisantes. Il y a, certes, du comique plus fin dans son livre que celui qui naît à la vue d'un homme tombé les jambes en l'air, coiffé jusqu'aux yeux dans son chapeau, ou souffleté d'une gifle sonore. Mais encore ne faut-il point dédaigner ses jovialités et ses gaillardises. Une telle bonne humeur chez un malheureux qui souffrait tout le jour et ne dormait qu'avec le secours de l'opium, est quelque chose d'assez prodigieux. C'est là un don de la nature, comme si elle avait voulu le préserver du désespoir, en lui mettant au cœur cette source jaillissante de gaieté.

Et pourtant, quelle sensibilité délicate, tendre,

dans quelques-unes des historiettes espagnoles qui suspendent de temps en temps le récit, et que débitent Ragotin, Inésille ou Roquebrune ! Ce romanesque de l'Espagne avait enchanté le XVIIe siècle ; il me paraît avoir encore pour nous quelque charme, lorsque nous le rencontrons servi de la sorte, à petites doses. Des péripéties étranges, qui n'étaient point alors dépourvues de toute réalité, s'y mêlent à de très mystérieuses, très chastes amours. Les romantiques en ont si bien senti l'attrait, qu'ils ont essayé, eux aussi, de ressusciter la vieille Espagne de Cervantès, de Calderon, de Lesage. Le joli conte de Mérimée, les *Ames du Purgatoire*, vaut-il l'histoire de l'*Amante invisible* qu'a si discrètement narrée Scarron entre deux chapitres de son roman drôlatique ?

Don Carlos d'Aragon est venu à Naples, prendre part à des tournois où il s'est montré dans toute la grâce de sa jeunesse et de sa beauté robuste ; une dame voilée l'aborde à l'église et lui laisse entendre qu'elle l'aime, puis s'échappe. A peu de temps de là, comme il passe un soir dans une rue, une voix l'appelle à travers une fenêtre grillée : c'est elle ! En vain Carlos la supplie de se démasquer, de se nommer ; il se prend au charme de son esprit, à la douceur de sa voix, à la délicatesse de son langage, sans savoir qui elle est. Il revient toutes les nuits s'accouder devant le fâcheux grillage ; et voici que des hommes inconnus, embusqués dans l'ombre, le saisissent, le portent dans un carrosse. Il fait noir; le carrosse roule vite. Carlos est introduit dans un merveilleux palais, où vont et viennent d'innombrables valets, le visage couvert d'un loup de velours; enfin paraît la princesse de céans, plus belle qu'une reine. Elle se nomme; elle est la princesse Porcia ; elle déclare à Carlos qu'elle s'est éprise de lui…. Mais, malgré son trouble, Carlos se souvient de sa chère et invisible amante; il refuse l'amour de Porcia, et Porcia le congédie avec hauteur. Qu'importe à Carlos? Il retourne à cette croisée où une voix si douce lui a pris le cœur; et sa fidélité trouve bien vite sa récompense. Son enlèvement au palais de Porcia n'était qu'une épreuve. L'amante invisible et Porcia ne sont qu'une seule et même femme, belle en effet « comme le jour », et Carlos épouse celle qu'il a si fidèlement aimée sans la connaître. — Ainsi résumé, le récit de Scarron perd sa grâce; il faut le lire pour goûter cette fantaisie aimable qui a la chasteté d'une idylle et l'agrément d'un conte de fées.

*
* *

Il y a bien de la souplesse et de la variété dans son talent de romancier. Sans revenir sur la vérité générale de sa peinture, sur l'évocation si réelle de destinées qui furent effectivement celles de toute une catégorie d'individus, que de traits curieux notés çà et là! C'est ce juge qui dîne aux frais d'un accusé, et qui habille ses amis avec les vêtements des voleurs roués la veille; ce sont ces rixes continuelles en pleine rue, ces bastonnades par des laquais, ces coups d'épée qui s'échangent sur les grandes routes ou sur les places du vieux Paris coupe-gorge de 1650; c'est cette résurrection d'un temps où il y avait encore des corsaires et de maudites galères emmenant les captifs « en Alger ».

Certes, nous sommes loin, avec Scarron, du roman à la Balzac. Sa psychologie est rudimentaire, et il n'a pas senti ou pas daigné rendre tout le pittoresque de son époque. Ses héros vivent néanmoins, quoique informes et contrefaits comme lui-même. Il avait ce que peu d'écrivains possèdent : la faculté créatrice. Gautier a cru nécessaire de compléter son œuvre en publiant le *Capitaine Fracasse*, où il a, pour ainsi dire, illustré le *Roman comique* et qui est un recueil de merveilleuses gravures. Il est très vrai que le sens du beau objectif, le sens artiste, a manqué à presque tous les écrivains du XVIIe siècle, et ne s'est guère éveillé chez nous qu'avec le romantisme qui fut surtout la révolution des ateliers. Mais l'âme fait défaut aux personnages de Gautier qui a si bien su peindre leur personne, leur costume, « avec le fond obligé de paysage et d'architecture ». Il nous produit l'impression d'un amateur qui nous promènerait à travers ses collections d'antiques étoffes, d'antiques bijoux, nous arrêtant à chaque vitrine, nous faisant tâter chaque pièce de velours, admirer chaque collier, grain à grain; nos yeux se troublent, nos jambes se lassent, et nous nous prenons à regretter Scarron qui nous montrait des vivants, au lieu de leur défroque sur des mannequins.

LE ROMAN BOURGEOIS

La vie de Furetière est moins connue et semble moins attachante que celle de Scarron. Il est né à Paris en 1620; mais nous ne connaissons guère l'homme, son existence privée, qu'à travers les pamphlets de ses ennemis. Quelques-uns ont prétendu qu'il était fils de la veuve d'un apothicaire, mariée en secondes noces à un ancien laquais devenu clerc de conseiller. Certaines anecdotes que Tallemant a recueillies, prouvent au moins qu'il était de petite extraction. Sa jeunesse fut aussi laborieuse que son âge mûr; il étudia le droit, il étudia surtout les langues, celles même de l'Orient, assez pour laisser bien loin derrière lui tous les faux érudits d'alors. Puis il acheta la charge de procureur fiscal de Saint-Germain des Prés qu'il paya six mille livres. Les calomniateurs ont encore brodé là-dessus, insinuant qu'il avait volé les six mille livres à sa mère, et « vendu la justice aux demoiselles et aux filous ». Il obtint plus tard un bénéfice, l'abbaye de Chalivoy. Admis à l'Académie en 1662, il était le commensal de Racine, Boileau, Molière et La Fontaine au dîner du *Mouton Blanc*, ce dîner de Magny du classicisme, et collabora, en causant après boire, aux *Plaideurs* comme au *Chapelain décoiffé*.

Le grand évènement de sa vie — et c'en est un aussi dans l'histoire des lettres, — ce fut la publication de son *Dictionnaire*, dictionnaire universel où il avait adopté l'ordre alphabétique. Depuis 1633 les quarante préparaient le leur où les mots sont disposés d'après leur étymologie, qui fait une place énorme à la langue du blason, et reste fermé aux langues spéciales des industries, des métiers. Ils avaient perdu leur temps à discuter « si la lettre A devait être qualifiée simplement voyelle, ou si c'était un substantif féminin »; à examiner « ce que c'était qu'avoir la puce à l'oreille », et déjà Boisrobert s'était moqué de leurs lenteurs :

> Depuis six mois, dessus l'F on travaille
> Et le destin m'aurait fort obligé,
> S'il m'avait dit : Tu vivras jusqu'au G.

A peine Furetière eut-il publié, en 1684, la première partie de son travail, que ses confrères le traduisirent devant le conseil privé du roi, pour leur avoir fait concurrence et avoir ainsi contrevenu à leurs prérogatives. Il se défendit, et ses *Factums* ont comme un avant-goût des *Mémoires* de Beaumarchais; sa verve s'y échauffe, et l'éloquence lui vient. Mais une telle défense n'était point de nature à calmer les ressentiments, et il fut exclu le 22 janvier 1685. Il mourut à trois ans de là, usé de travail et paralytique, à l'archevêché de Paris, chez François de Harlay.

De même que Beaumarchais — dont il a l'humeur batailleuse sans avoir sa légèreté de main — a composé, dans les entr'actes de ses polémiques, le *Barbier de Séville* et le *Mariage de Figaro*, Furetière a eu son heure de détente. Il a fait paraître, tout en compulsant de gros in-folio, son *Roman bourgeois*, en 1666; et il faut bien avouer que si les pièces de Beaumarchais, conçues entre deux batailles, sentent la poudre, le roman du lexicographe sent un peu la poussière des bibliothèques.

I

« Je vous raconteroi sincèrement et avec fidélité, dit-il à la première page du livre, plusieurs historiettes ou galanteries arrivées entre des personnes qui ne seront ni héros ni héroïnes, qui ne dresseront point d'armées, ni ne renverseront point de royaumes, mais qui seront de ces bonnes gens de médiocre condition qui vont tout doucement leur grand chemin, dont les uns seront beaux et les autres laids, les uns sages et les autres sots ; et ceux-ci ont bien la mine de composer le plus grand nombre. Cela n'empêchera pas que quelques gens de la plus haute volée ne s'y puissent reconnaître, et ne profitent de l'exemple de plusieurs ridicules dont ils pensent être fort éloignés. Pour éviter encore davantage le chemin battu des autres, je veux que la scène de mon roman soit mobile, c'est-à-dire tantôt en un quartier et tantôt en un autre de la ville ; et je commenceroi par celui qui est le plus bourgeois, qu'on appelle communément la place Maubert. »

Là se rencontrent les « demoiselles à fleur de corde », les quasi-demoiselles, filles de notables qui contrefont les gentilshommes ; là viennent aussi les « muguets », qui les suivent jusque dans l'église des Carmes. Le jour où le récit commence, l'église leur offrait le double attrait d'un concert que donnaient vingt-quatre violons, et d'un sermon que prononçait un abbé à la mode :

« C'étoit un jeune abbé sans abbaye, c'est-à-dire un tonsuré de bonne famille, où l'un des enfants est toujours abbé de son nom. Il avoit un surplis ou rochet bordé de dentelle, bien plissé et bien empesé ; il avoit la barbe bien retroussée, ses cheveux étoient fort frisés, afin qu'ils parussent plus courts, et il affectoit de parler un peu gras, pour avoir le langage plus mignard. Il vouloit que l'on jugeât de l'excellence de son sermon par les chaises, qui y étoient louées deux sous marqués. Aussi avoit-il fait tout son possible pour mendier des auditeurs, et particulièrement des gens à carrosse. »

En outre, une belle fille devait quêter, une tasse à la main, et tous « les polis » étaient venus pour la voir. « Elle étoit de la riche taille, avoit les yeux bleus et bien fendus, les cheveux blonds. » Elle avait emprunté des diamants et un laquais qui lui portait la queue de sa robe; elle n'était que la fille d'un procureur, et le jeune homme qui lui donnait la main, son « meneur », était le maître clerc de son père. Comme les quêteuses de tous les temps se ressemblent et que l'amour-propre se glisse jusque dans les œuvres de charité, la grande préoccupation de Javotte était de recueillir une aussi riche offrande que son amie, Mlle Henriette, qui « avoit fait dernièrement quatre-vingt-dix livres, en quêtant, il est vrai, tout le long des prières des quarante heures ».

Parmi les assistants se trouve « un homme amphibie », avocat le matin, courtisan le soir, un de ces jeunes bourgeois qui veulent passer pour gens de condition. Au premier coup d'œil, il s'éprend de Javotte. Son nom : Nicodème. Il l'aborde à la sortie, et lui débite un madrigal auquel, étant un peu niaise, elle ne comprend d'abord pas grand'chose. Elle n'a point d'amoureux, et déclare que sa mère « lui a bien défendu d'en avoir ». Enfin, elle répond : « Si vous voulez m'épouser, adressez-vous à mon papa ».

Son papa, Vollichon, est « un petit homme trapu, grisonnant,... du même âge que sa calotte. Il avoit vieilli avec elle sous un bonnet gras et enfoncé qui avoit plus couvert de méchancetés qu'il n'en auroit pu tenir dans cent autres têtes et sous cent autres bonnets ; car la chicane s'étoit emparée du corps de ce petit homme, de la même manière que le démon se saisit du corps d'un possédé.... Il avoit la bouche bien fendue, ce qui n'est pas un petit avantage pour un homme qui gagne sa vie à clabauder, et dont une des bonnes qualités, c'est d'être fort en gueule. Ses yeux étoient fins et éveillés, son oreille étoit excellente, car elle entendoit le son d'un quart d'écu de cinq cents pas, et son esprit prompt pourvu qu'il ne le fallût pas appliquer à faire du bien. Jamais il n'y eut ardeur pareille à la sienne, je ne dis pas tant à servir ses parties comme à les voler. Il regardoit le bien d'autrui comme les chats regardent un oiseau dans une cage, à qui ils tâchent, en sautant autour, de donner quelque coup de griffe.... On peut juger qu'avec ces belles qualités il n'avoit pas manqué de devenir riche, et en même temps d'être tout à fait décrié : ce qui avoit fait dire à un galant homme fort à propos, en parlant de ce chicaneur, que c'étoit un homme dont tout le bien étoit mal acquis, à la réserve de sa réputation. »

Nicodème, qui le connait de vue, lui porte un exploit chez lui, puis lui envoie deux lapins en annonçant qu'il viendra les manger à sa table. Mais Javotte reste invisible. Il imagine de jouer à la boule avec le bonhomme ; le jeu de boule était fort en faveur ; Boileau y excellait. Les deux joueurs deviennent amis, Nicodème ayant eu soin de perdre plusieurs parties. L'enjeu est un chapon : quand le jeune homme gagne, il dîne chez Vollichon. Au cinquième chapon, il aperçoit un instant sa belle ; mais elle se retire au dessert, en jeune fille sévèrement élevée.

Après s'être appliqué à séduire le procureur, soit en plaidant pour lui, soit en lui donnant à dîner, il se décide à lui demander la main de Javotte, et obtient le droit de la voir en présence de sa mère. Les bans sont publiés, il touche au bonheur, quand survient une catastrophe imprévue.

La catastrophe s'appelle Lucrèce, fille d'un référendaire à la chancellerie. Elle a été élevée chez un oncle, avocat de troisième ordre, dans un milieu pauvre et vicieux. L'avocate était très joueuse, et les cartes occupaient tous les après-dînées. Quand la chance la favorisait, elle faisait venir une tourte et un gâteau, un « poupelain », et donnait collation. De nombreux jeunes gens accouraient. La position devenait dangereuse pour Lucrèce. Elle aspirait au mariage, et aurait voulu épouser un auditeur des comptes, en vertu du tarif que Furetière a dressé pour l'assortiment des partis :

Pour une fille qui a deux mille livres en mariage ou environ, jusqu'à six mille livres.	Il lui faut un marchand du Palais, ou un petit commis, sergent ou solliciteur de procès.
Pour celle qui a six mille livres et au-dessus, jusqu'à douze mille livres.	Un marchand de soie, drapier, mouleur de bois, procureur du Châtelet, maître d'hôtel, et secrétaire de grand seigneur.
Pour celle qui a douze mille livres et au-dessus, jusqu'à vingt mille livres.	Un procureur au parlement, huissier, notaire ou greffier.
Pour celle qui a vingt mille livres et au-dessus, jusqu'à trente mille livres.	Un avocat, conseiller du trésor ou des eaux et forêts, substitut du parquet et général des monnaies.
Pour celle qui a depuis trente mille livres jusqu'à quarante-cinq mille livres.	Un auditeur des comptes, trésorier de France ou payeur des rentes.
Pour celle qui a depuis quinze mille jusqu'à vingt-cinq mille écus.	Un conseiller de la cour des aides ou conseiller du grand conseil.
Pour celle qui a depuis vingt-cinq jusqu'à cinquante mille écus.	Un conseiller au parlement ou un maître des comptes.
Pour celle qui a depuis cinquante jusqu'à cent mille écus.	Un maître des requêtes, intendant des finances, greffier et secrétaire du conseil, président aux enquêtes.
Pour celle qui a depuis cent mille écus jusqu'à deux cent mille écus.	Un président au mortier, vrai marquis, surintendant, duc et pair.

En attendant qu'elle eût rencontré l'auditeur des comptes auquel elle avait droit, Lucrèce vivait des bénéfices du jeu, et s'habillait des « discrétions » qu'elle gagnait à ses amoureux. L'un d'eux était un jeune marquis fort riche. Elle lui avait fait signer une promesse de mariage, et, pour plus de sûreté, en avait obtenu une autre du jeune Nicodème. Un de ses amis, le procureur Villeflatin, se trouve lire ce papier. Il en parle à Vollichon qui s'indigne, et voilà les projets d'union rompus entre Nicodème et Javotte. Enchanté de rencontrer une si belle cause, Villeflatin conseille à Lucrèce d'intenter un procès à Nicodème pour le contraindre à l'hyménée; et le marquis ayant battu en retraite, force est à Lucrèce de se rattacher à Nicodème comme à une dernière chance de salut.

Celui-ci ne sait rien du complot qui se trame contre lui. Il arrive le soir chez Javotte, en chaise, avec des canons blancs, les cheveux frisés et poudrés, fort gai, retroussant sa moustache et « gringottant » un air nouveau, appelant déjà Mme Vollichon : bonne maman. Le réveil est si brusque qu'il reste stupéfait et fait une sortie des plus malheureuses :

« Il ne fut pas assez hardi pour saluer, en sortant, sa maîtresse de la manière qu'il est permis aux amants déclarés. Pour Javotte, elle se contenta de lui faire une révérence muette; mais en se levant elle laissa tomber un peloton de fil et ses ciseaux qui étoient sur sa jupe. Nicodème se jette aussitôt avec précipitation à ses pieds pour les relever; Javotte se baisse de son côté pour le prévenir; et, se relevant tous deux en même temps, leurs deux fronts se heurtèrent avec telle violence, qu'ils se firent chacun une bosse. Nicodème, au désespoir de ce malheur, voulut se retirer promptement; mais il ne prit pas garde à un buffet boiteux qui étoit derrière lui, qu'il choqua si rudement qu'il en fit tomber une belle porcelaine, qui étoit une fille unique fort estimée dans la maison. Là-dessus, la mère éclate en injures contre lui. Il fait mille excuses, et en veut ramasser les morceaux pour en renvoyer une pareille; mais en marchant brusquement avec des souliers neufs sur un plancher bien frotté et tel qu'il devoit être pour les fiançailles, le pied lui glissa, et comme en ces occasions on tâche à se retenir à ce qu'on trouve, il se prit aux houppes des cordons qui tenoient le miroir attaché; or, le poids de son corps les ayant rompus, Nicodème et le miroir tombèrent en même temps. Le plus blessé des deux, néanmoins, ce fut le miroir, car il se cassa en mille pièces. Nicodème en fut quitte pour deux contusions assez légères. La procureuse, s'écriant plus fort qu'auparavant, lui dit : « Qui m'amène ici « ce ruine-maison, ce brise-tout? »... et se met en état de le chasser avec le manche à balai. Nicodème, tout honteux, gagne la porte de la salle; mais, étant en colère, il l'ouvrit avec tant de violence, qu'elle alla donner contre un théorbe qu'un voisin avoit laissé contre la muraille, qui fut entièrement brisé. Bien lui en prit qu'il étoit tard, car en plein jour, au bruit que faisoit la procureuse, la huée auroit fait courir les petits enfants après lui. Il s'en alla donc également rouge de honte et de colère. »

Tout semble s'arranger avec de l'argent. Nicodème paye deux mille écus de dommages-intérêts à l'oncle de Lucrèce pour l'avoir compromise, et se croit de nouveau à la veille d'épouser Javotte. Mais Vollichon hésite. Un autre candidat à la main de sa fille s'est déclaré; un avocat sans causes, fils d'un bonnetier « qui étoit devenu riche à force d'épargner ses écus et fort barbu à force d'épargner sa barbe ». L'avocat s'appelle Jean Bedout, « gros et trapu, un peu camus et fort large des épaules »; c'est le premier type du collectionneur passionné d'antiquailles, d'armes qui se rouillent, de vieux meubles qui boitent; au demeurant, très honnête, plus chaste qu'une vierge, rougissant à la vue d'une femme : « Ses habits étoient aussi ridicules que sa mine; c'étoient des mémorians ou répertoires des anciennes modes qui avoient régné en France ».

Le voilà présenté aux parents de Javotte, comme un mari qui ne mangerait pas la dot de sa femme. Mais il est si timide qu'il refuse toutes les occasions de voir la jeune fille, disant « qu'il ne prenoit pas une femme pour sa beauté, et qu'il seroit assez temps de la voir quand l'affaire seroit conclue ». Un jour pourtant, ils se rencontrent; il lui pèle une poire qui tombe par terre; il la ramasse, souffle dessus, la ratisse un peu et la lui offre avec un million d'excuses. Jean Bedout est amoureux, et il s'applique à écrire à la jeune fille une lettre d'amour :

« Mademoiselle, comme j'agis sous l'aveu et l'autorisation de messieurs vos parents, qui m'ont permis d'espérer d'entrer en leur alliance, je ne crois pas qu'il soit hors des limites de la bienséance de vous tracer ces lignes et vous faire là-dessus ma déclaration qui est que je vous offre un cœur tout neuf, tout pur et tout net, et qui est comme un parchemin vierge où votre image se pourra peindre à son aise, n'ayant jamais été brouillé par aucun autre crayon ou portrait qu'il ait reçu. Mais que dis-je? c'est plutôt une planche d'airain sur laquelle, par le burin et les pointes de vos regards, votre belle figure a été desseignée; et puis, y ayant versé l'eau forte de vos rigueurs, elle y a été gravée si profondément, que vous pouvez désormais en tirer autant d'épreuves qu'il vous plaira. Je voudrois, en revanche, que je me pusse voir sur le vôtre gravé en taille-douce; et pour ne pas pousser plus loin mon allégorie, je voudrois que nos deux cœurs, passant sous la presse du mariage, reçûssent de si belles impressions, qu'ils pussent être après reliés ensemble avec des nerfs indissolubles, pour venir tous deux habiter dans une étude où nous apprendrions à jouir des bonheurs d'une vie privée et tranquille; bonheurs que vous souhaite dès aujourd'hui et pour toujours votre très humble et très affectionné futur époux. »

Vollichon se décide à marier sa fille à Bedout. Mais il veut achever l'éducation de Javotte, lui donne un maître à danser, et l'envoie dans le monde, chez des précieuses. Pancrace, gentilhomme de leur société, lui prête des romans. Elle sent s'éveiller son cœur; elle s'éprend de Pancrace. Nicodème est congédié. Lorsqu'arrive le jour du contrat entre Bedout et Javotte, elle refuse de signer. Grand scandale; scène de famille. Javotte est mise au couvent. Pancrace s'y introduit, lui propose un enlèvement : elle accepte et ils se sauvent hors de France.

L'auteur nous ramène à Lucrèce. Elle a pris des allures de dévote et fait grand étalage de sa piété. Laurence, cousine de Bedout, désireux de s'établir à tout prix, entend parler de Lucrèce et la lui fait épouser. Quant à Nicodème, il n'en est plus question....

⁂

Il n'y a aucune liaison entre le premier et le second livre du *Roman bourgeois*. L'unique désir du romancier est de « peindre l'esprit bourgeois » en une succession de tableaux ou de saynètes.

Le second livre expose les amours de Charles Sorel, devenu Charroselles, avec la fille d'un sergent. Ils sont tous les deux des plaideurs enragés. Le hasard veut qu'ils fassent connaissance. Charroselles, qui ne trouve point d'éditeur et va promenant en tout lieu ses innombrables manuscrits, invite Collantine à souper au cabaret de *la Pissote*, près de Vincennes. A peine assis, il sort de sa poche un de ses ouvrages; sans l'écouter, elle lui raconte les procès qu'elle a. Ils en viennent à se quereller. Leur amour, c'est le roman de Chicaneau et de la comtesse Pimbêche. Ils s'aiment et plaident l'un contre l'autre; Charroselles gagne, et l'amour de Collantine s'en accroît : elle se croyait invincible et elle a trouvé son maître. Charroselles a un rival, l'inepte magistrat Belâtre, qui a jadis connu Collantine au tribunal. Il parvient néanmoins à épouser Collantine; et, dès le lendemain des noces, ils recommencent à s'envoyer des exploits.

« Dans le pays des fées, il y avoit deux animaux privilégiés : l'un étoit un chien-fée, qui avoit obtenu le don qu'il attraperoit toutes les bêtes sur lesquelles on le lâcheroit; l'autre étoit un lièvre-fée, qui de son côté avoit eu le don de n'être jamais pris par quelque chien qui le poursuivît. Le hasard voulut qu'un jour le chien-fée fut lâché sur le lièvre-fée. On demanda là-dessus quel seroit le don qui prévaudroit, si le chien prendroit le lièvre ou si le lièvre échapperoit du chien, comme il étoit écrit dans la destinée de chacun. La résolution de cette difficulté est qu'ils courent encore. Il en est de même du procès de Collantine et de Charroselles : ils ont toujours plaidé et plaident encore, et plaideront tant qu'il plaira à Dieu de les laisser vivre. »

Furetière avait toute qualité pour dépeindre ce monde de la chicane dans lequel il avait vécu et qu'il avait attaqué déjà, en 1658, dans son *Histoire des derniers troubles arrivés au royaume d'Éloquence.* Sa satire a le défaut d'être longue et de trop s'attacher au petit côté des choses. Belâtre est bien loin de Bridoie et de Brid'oison; ses pataquès nous ennuient. Il y avait plus et mieux à dire que les niaiseries des juges, ou les bourdes des procureurs; il y avait mieux à faire qu'un recueil de sottises, à la façon de *Bouvard et Pécuchet.*

Parmi les chicaneurs, Furetière a mêlé plusieurs écrivains, et il prend texte de leurs aventures pour dauber sur l'école de d'Urfé. En une page assez plaisante, il a dressé l'inventaire des œuvres de l'un d'eux, Mythophilacte. J'y relève ce titre : « La Vis sans fin, ou le projet et dessein d'un roman universel, divisé en autant de volumes que le libraire en voudra payer ». Puis vient un « État et Rôle des sommes auxquelles ont été modérément taxées les places d'illustres et de demi-illustres dans tous les ouvrages de vers ou de prose », c'est-à-dire une critique des poèmes et des romans où figuraient, sous des noms d'emprunt, et sous des couleurs flatteuses, les gens de cour ou les beaux esprits. C'est un malicieux commentaire des procédés de fabrication du *Grand Cyrus* et de la *Clélie*.

« Pour un principal héros d'un roman de dix volumes : 000 liv. parisis.

« Pour une héroïne et maîtresse du héros : 00 liv. parisis.

« Pour une place de son premier écuyer ou confident : 0 liv. parisis.

« Pour une place de demoiselle suivante et confidente : 3 liv. parisis.

« Pour ceux de cinq volumes et au-dessous, ils seront taxés à proportion.

« Pour un rival malheureux et qui est prince ou héros....

« Pour le héros d'un épisode ou d'une histoire incidente....

« Pour la commémoration d'une autre personne faite d'une manière incidente....

« Pour un portrait ou caractère d'un personnage introduit : 20 liv. tournois.

« *Nota* : Que selon qu'on y met de beauté, de valeur et d'esprit, il faut augmenter la taxe.

« Pour la description d'une maison de campagne qu'on déguise en palais enchanté, pour la façon seulement sera payé....

« Pour la louange qu'on donne par occasion à des poèmes et à des ouvrages d'autrui : *néant*.... Et n'est ici couché que pour mémoire, attendu qu'on les donne à charge d'autant.

« Pour l'anagramme du nom du personnage dépeint : 40 sous.

« Pour le fard dont on l'aura embelli : à discrétion.

« Pour faire qu'un amant ait avantage sur son rival et qu'il soit heureux dans les combats et intrigues : à discrétion.. »

De toutes ces sommes, de tous ces impôts prélevés sur la vanité humaine, Mythophilacte propose de « faire un fonds pour la subsistance des pauvres auteurs ». L'idée est originale : le *Grand Cyrus* à lui seul, si tous les Illustres qui s'y reconnaissaient avaient payé le prix de leur place, leur droit d'entrée, eût pu suffire à fonder la caisse d'une Société des gens de lettres.

II

La seconde partie du *Roman bourgeois* ne vaut pas la première. L'intérêt vient surtout de l'imitation qu'en a faite Racine : *les Plaideurs* sont postérieurs de deux ans. Il s'y est souvenu de Charroselles, de Collantine, de tous les monomanes du Palais que Furetière avait mis en scène. Il lui doit bien des traits heureux. Au IIIe acte de sa comédie, Dandin que la vue d'Isabelle rend tout guilleret, lui dit :

> N'avez-vous jamais vu donner la question?...
> Venez, je vous en veux faire passer l'envie.

De même, Belâtre avait soin de « bailler place commode à Collantine dans les lieux publics pour voir les pendus et les roués qu'il faisoit exécuter ». Il ne serait pas difficile de trouver dans le *Roman bourgeois* d'autres preuves de l'estime où les grands écrivains classiques tenaient Furetière. S'il a lui-même fait plus d'un emprunt aux rôles de Cathos et de Madelon pour peindre la ruelle d'Angélique et d'Hippolyte; si Javotte, avant de s'être déniaisée, semble bien souvent sœur d'Agnès, en revanche, en 1672, l'auteur des *Femmes savantes*, lorsqu'il nous parle du vieux Plutarque où Chrysale serre ses rabats, n'avait point oublié cette jolie scène du roman de son ami :

« Belâtre étoit au Palais avec quelques officiers d'armée qui achetoient des livres à la boutique de Rocolet; par vanité, il en voulut aussi acheter, et en effet il en demanda un au marchand. Rocolet lui demanda quel livre il cherchoit, et s'il en vouloit un in-folio ou un in-quarto. Belâtre, ignorant de ces termes, n'auroit pas compris ce que cela vouloit dire, si ce n'est qu'en même temps on lui montroit du doigt le volume. Il répondit donc qu'il vouloit un grand livre. Rocolet lui demanda encore s'il vouloit un livre d'histoire, de philosophie ou de quelque autre science. Belâtre lui répondit qu'il ne s'en soucioit pas, et qu'il vouloit seulement qu'il lui vendît un livre. Mais encore, insista le marchand, afin que je vous en donne un qui puisse vous être plus utile, dites-moi à quoi vous vous en voulez servir. Belâtre lui répondit brusquement : C'est à mettre en presse mes rabats. »

Sans s'arrêter à des analogies de détail, il est curieux de constater la communauté d'idées et de principes qui existent entre tous les convives du *Mouton Blanc*. Boileau a écrit son *Art poétique* pour détourner de la poésie les amateurs à la façon de Mascarille et d'Oronte; c'est un métier, disait-il, que d'être poète, un métier dont il faut faire patiemment l'apprentissage, auquel il faut consacrer toute sa vie : sinon « soyez plutôt maçon »…. Charroselles avait, avant lui et presque dans les mêmes termes, exprimé la même doctrine : « Qu'entendez-vous par ces vers à la cavalière?... Belâtre se hasarda de répondre que c'étoient des vers faits par des gentilshommes qui n'en savoient point les règles, qui les faisoient par pure galanterie, sans avoir lu de livres et sans que ce fût leur métier. — Hé! par la mort, non pas de ma vie, reprit chaudement Charroselles, pourquoi diable s'en mêlent-ils, si ce n'est pas leur métier? *Un maçon* seroit-il excusé d'avoir fait une méchante marmite, ou un forgeron une pantoufle mal faite, en disant que ce n'est pas son métier d'en faire? Ne se moqueroit-on pas d'un bon bourgeois qui ne feroit point profession de valeur, si, pour faire le galant, il alloit monter à la brèche et montrer là sa poltronnerie?... Cependant il se coule mille millions de méchants vers sous ce titre spécieux de vers à la cavalière, qui effacent tous les bons, et qui prennent leur place. Combien voyons-nous de femmes bien faites mépriser des vers tendres et excellents qu'aura faits pour elles un honnête homme avec tout le soin imaginable, pour admirer deux méchants quatrains que leur aura donnés un plumet, aussi polis que ceux de Nostradamus? O Muses! si tant est que votre secours soit nécessaire aux amants, pourquoi souffrez-vous que ceux qui vous barbouillent et qui vous défigurent soient favorisés par votre entremise, et que vos plus chers nourrissons soient d'ordinaire si mal reçus? »

De même, Furetière se rencontre avec Molière

dans la leçon qu'il donne aux bourgeoises de son temps. S'il souhaite que l'homme de cour ne se mêle plus de singer l'homme de lettres, il souhaite aussi vivement que le tiers état n'essaye point de contrefaire la cour; telle est la véritable signification de son livre. En ce livre ironique, dont il a dit : « on ne joue pas ici la grande pièce des machines », où l'auteur se moque sans cesse de lui-même et dont il est le premier à railler les défauts, l'absence de composition, le décousu de l'intrigue, il a voulu peindre les deux aspects de la bourgeoisie, montrer ce qu'elle avait été jusqu'alors, et ce qu'elle risquait de devenir.

***

Aux premiers chapitres, la maison de Vollichon est une de celles où le « mauvais air » n'a pas encore pénétré. Javotte y vit aux côtés de sa mère, à peu près comme vivent les jeunes filles d'aujourd'hui. Y a-t-il un étranger invité à dîner? Durant tout le repas, elle ne profère pas un mot, ne lève presque pas les yeux; puis retourne à sa dentelle ou à sa tapisserie. Mme Vollichon n'a que du mépris pour les filles « qui ont toujours un livre à la main, et ne savent pas ficher un point d'aiguille ». Elle n'a donné aucune instruction à Javotte, et se réjouit de ses réparties d'innocente. Elle l'accom=

pagne toujours dans la rue. Qu'un désœuvré s'avise de remarquer la beauté de Javotte et de la suivre jusqu'à son logis, Mme Vollichon, qui a bon bec, se retourne et demande : « Qu'est-ce que vous avez à dire à ma fille? » Un visiteur qui survient les trouve « toutes deux occupées à ourler quelque linge ». Les bébés vivent auprès d'elles : « c'est la coutume de ces bons bourgeois d'avoir toujours leurs enfants devant leurs yeux, d'en faire le principal sujet de leur entretien, d'en admirer les sottises.... Ils quittent la meilleure compagnie du monde pour jouer et badiner avec eux. — Mme Vollichon ne parla plus que des belles qualités de son fils, de ses mièvretés et postiqueries (gambades).... Elle ne se contenta pas de parler de celui-là : elle en loua encore un autre, qui étoit encore à la mamelle, disant de lui qu'il parloit tout seul, qu'il avoit la plus belle éloquence du monde, et qu'il savoit déjà huit ou dix mots. Toinon rentra peu de temps après dans la salle en équipage de cavalier, c'est-à-dire avec un bâton entre les jambes, qu'il appeloit son dada. Vollichon prit aussitôt un manche de balai qu'il mit entre les siennes, et, courant après son fils, ils firent ensemble trois tours autour de la table. » J'aime assez à voir le terrible procureur redevenir ainsi par instants un bon homme de père. Ailleurs, nous voyons apparaître cinq marmots « qui, étant rangés au bout de la table, comme les tuyaux d'un sifflet de chaudronnier, vinrent crier de toutes leurs forces : *Laus Deo! Pax vivis!* et firent un piaillement semblable à celui des canes ou des oisons qu'on effarouche.... La mère prit le plus petit sur ses genoux pour l'amignoter (le caresser). » Il n'est pas habituel à l'art classique de nous offrir de ces esquisses de la vie familiale, de représenter une ménagère qui appelle son mari : « mouton », que son mari appelle : « moutonne », et qui, le soir, met la clé de la maison sous son chevet.

Ah! les bonnes commères! Elles sont fort occupées des petites nouvelles du quartier, se fâchent si une voisine manque à leur envoyer du « cousin », qui est une pâtisserie délicate, quand elle « fait le pain bénit », ou bien oublie de les visiter au jour de leurs couches. Comme la maternité tient la grande place dans leur existence, elles attachent beaucoup de prix à ces visites où s'échangeaient de joyeux devis, conservés dans le « Recueil général des caquets de l'accouchée ». Mais la médisance ne les absorbe pas; elles causent surtout de leur intérieur, de leurs tracas domestiques : « Elle lui avoit déjà fait des plaintes de l'embarras et des soins que donnent les enfants; de la difficulté d'avoir de bonnes servantes; et elle lui avoit demandé si elle n'en savoit point quelqu'une parce qu'elle vouloit chasser la sienne, non sans lui raconter tous les défauts de celle-ci et sans regretter les bonnes qualités de celles qu'elle avoit eues auparavant. Elle lui avoit aussi fait plainte de la dépense de la maison et de la cherté des vivres, disant toujours pour refrain qu'un ménage avoit la gueule bien grande.... »

Elles avaient leurs plaisirs : les voisins soupaient ensemble les fêtes et les dimanches, « à condition que chacun feroit apporter son souper de son logis », ou bien ils s'invitaient à tour de rôle, « se rendoient le bouquet ». Il y avait beaucoup de gaieté en ces réunions de greffiers et de marchands qui avaient tous quelque peu d'esprit gaulois; le moindre incident provoquait un mot drôle : « Un barbier étuviste qui étoit de la fête, se piquant de faire des sauces, se mit en devoir de faire un salmigondis; mais, ayant mis chauffer le plat sur les cendres auprès du feu qui étoit trop ardent, un des bords du plat se fendit, et il s'y fit une échancrure pareille à celle des bassins à faire la barbe. Comme il le servit chaudement sur la table, un galant homme, qui se trouva par hasard dans la troupe, dit assez plaisamment : « Je savois bien que ce barbier maladroit nous donneroit ici un plat de son métier. »

Le mari est d'ordinaire tout occupé à sa besogne et ne prend que de rares distractions. Parfois, s'il est assez heureux pour gagner le procès de son client, celui-ci l'emmène au cabaret et de là à la comédie. Il n'y entend pas grand'chose, n'ayant jamais lu que ses grimoires, et voici comme il rend compte, au retour, à sa femme, d'une représentation de *Cinna* : « Un particulier, nommé Cinna, s'avise de vouloir tuer un empereur; il fait ligue offensive et défensive avec un autre appelé Maxime. Mais il arrive qu'un certain quidam va découvrir le pot aux roses. Il y a là une demoiselle qui est cause de toute cette manigance, et qui dit les plus belles pointes du monde.... Et la pièce est toute pleine d'accidents qui vous ravissent. Pour conclusions, l'empereur leur donne des lettres de rémission, et ils se trouvent à la fin camarades comme cochons. » Il aime à rire quand il en a le temps. Dans sa bouche, ces pointes qui lui plaisent si fort au théâtre, ces *concetti* dont est faite la conversation du grand monde, sont devenus des calembours, en général égrillards. Il joue avec les mots ; il dit : « Je n'entends pas le latin ; mais du grès (du grec) je vous en casse ». Il dit d'un époux trompé « qu'il a sa provision de *bois* sans aller la chercher sur le port », et ainsi de suite. S'il est intelligent ou rentier, il va, l'après-dinée, aux conférences du bureau d'adresse, où se racontent les nouvelles du jour, où se parle, en quelque sorte, la gazette quotidienne, aux harangues qui se font par les professeurs dans les collèges, aux sermons, aux musiques des églises, et sur le Pont-Neuf où sont les tréteaux des charlatans. Il aime les bibelots, les vieilleries, et court les boutiques d'antiquaires; ou bien, il se fait admettre dans des cercles composés d'hommes « où, comme on discute de plusieurs matières, il y a à faire un grand profit », dont le droit d'entrée n'est que d'un quart d'écu « pour quelques menues nécessités, et pour donner à un pauvre homme qui a soin de nettoyer la salle ». Là se réunissent les gens qui portent « du linge uni et des vêtements de moire lisse », les gens du tiers.

Parmi ceux-là, que la contagion des belles manières n'a pas atteints, le mariage n'est pas un chapitre de roman, et l'amour ne badine pas. « Les filles de cette condition veulent qu'un homme soit amoureux d'elles, sitôt qu'il leur a dit une petite douceur, et que, sitôt qu'il en est amoureux, il aille chez des notaires ou devant un curé pour rendre les témoignages de sa passion plus assurés. Elles ne savent ce que c'est que de lier de ces douces amitiés et intelligences qui font passer si agréablement une partie de la jeunesse.... Elles ne se soucient point de connaitre pleinement les bonnes ou les mauvaises qualités de ceux qui leur font des offres de service, ni de commencer par l'estime pour aller ensuite à l'amitié ou à l'amour. La peur qu'elles ont de demeurer filles, les fait aussitôt aller au solide, et prendre aveuglément celui qui a le premier conclu.... Les gens du commun... ne font jamais l'amour qu'en passant et dans une posture forcée, n'ayant autre but que de se mettre vitement en ménage. » — « J'avois dessein de me marier de la façon que je vois faire à quantité de bons bourgeois, qui se contentent qu'on leur fasse voir leur maîtresse à certain banc ou à certain pilier d'une église, et qui lui rendent là une visite muette, pour voir si elle n'est ni tortue ni bossue : encore n'est-ce qu'après être d'accord avec les parents de tous les articles du contrat; toutes les autres cérémonies sont purement inutiles. »

Telle était la bourgeoisie française, jusqu'à la venue de Philaminthe et de M. Jourdain. Mais les temps sont changés : « Le monde est bien perverti », s'écrie Mme Vollichon. Il s'est perverti le jour où les habitants de la place Maubert et du Marais ont voulu frayer avec « les gens poudrés et à grands canons ».

*
* *

Voici que des femmes qui « vont le matin au marché avec une écharpe (nous dirions : en négligé) et des souliers de vache retournée », ayant mis dans l'après-midi « leurs souliers brodés et leur belle jupe », ne veulent plus recevoir un homme qui apporterait « la moindre irrégularité en l'ajustement ». Elles ne se réunissent plus pour causer de leur ménage, mais pour parler chiffons; elles déclarent que le rabat est « la première marque à laquelle on connoit si un homme est bien mis et qu'on n'y peut employer trop de temps et de soins,... que Mme la présidente est une heure entière à mettre ses manchettes.... Ensuite on vint à parler du bas de soie, et alors on traita une question fort grande et fort nouvelle, n'étant encore décidée par aucun auteur : si le bas de soie est mieux mis quand on le tire tout droit que quand il est plié sur le gras de la jambe. »

Les journaux de modes n'existaient pas encore, et elles en sont inconsolables ; en province, elles sont réduites à se régler d'après la grande et la petite Pandore, ces deux poupées sur lesquelles les hôtes de Mlle Scudéry essayaient les modes nouvelles, et qui étaient ensuite expédiées aux quatre coins de la France ou à l'étranger. Toute leur ambition est d'avoir rang d'illustres, de précieuses. Par malheur, outre qu'elles ne peuvent jamais être que de maladroites copies des femmes du bel air, elles ne sont pas assez riches pour rivaliser avec elles. Leur pauvreté, dont elles enragent, leur est vite mauvaise conseillère. Elles jouent, elles jouent avec l'espoir d'amener au trictrac un « sonnez » qui leur permette d'acheter quelques dentelles ; leur maison s'ouvre à des marquis en quête de bonnes fortunes, et qui se laissent gagner quelques écus en échange d'une promesse de rendez-vous. Elles consentent à souper à Saint-Cloud, chez la Durier, ou au Petit-Maure, à Vaugirard, s'y font régaler de petits pois et de fraises, toutes fières d'être en la compagnie d'un homme de qualité qu'elles comptent bien retenir en leurs filets. Mais l'homme de qualité capable de se risquer en de tels milieux, n'est qu'un fripon ou un débauché qui ne se fait nul scrupule de promettre le mariage, et disparaît après avoir déshonoré sa dupe. C'en est fait; la pecque est à jamais perdue, à moins qu'elle ne trouve à épouser quelque naïf rentier de la ville.

Ah! la tentation chimérique d'avoir un grand seigneur pour gendre ou pour mari, comme elle a tourné les têtes les plus sages! Il a suffi à la fille de Vollichon de passer quelques heures dans le salon d'Angélique, parmi des filles ou des femmes de receveur et d'avocat qui miment les grandes dames, pour qu'elle rêve d'avoir « un carrosse, des laquais et robe de velours ». Ne peut-elle pas citer, en effet, jusqu'à trois ou quatre filles « qui ont fait fortune par leur beauté et épousé des personnes de condition »? Ses nouvelles amies lui ont donné à lire les billevesées dont elles nourrissent leur esprit. Elle dévore en cachette l'*Astrée* qu'elle cache, quand elle entend venir sa mère, dans la paillasse de son lit. Elle en perd le boire et le manger, refuse de travailler à sa besogne ordinaire; c'est un « poison » qu'elle a pris.

En vain ses parents essayent de réparer la faute qu'ils ont faite, le jour où ils l'ont mise en contact avec ces « glorieux et glorieuses »; ils l'enferment au couvent : le beau remède! « Elle tomba, comme on dit, de fièvre en chaud-mal : car, quoique ces bonnes sœurs vécussent entre elles avec toute la vertu imaginable, elles avoient ce malheur de ne pouvoir subsister que par les grosses pensions qu'on leur donnoit pour entrer chez elles. C'est ce qui leur faisoit recevoir indifféremment toutes sortes de pensionnaires. Toutes les femmes qui vouloient plaider contre leurs maris ou cacher le désordre de leur vie ou leurs escapades, y étoient reçues, de même que toutes les filles qui vouloient éviter les poursuites d'un galant, ou en attendre et en attraper quelqu'un. Celles-là, qui étoient expérimentées, et qui savoient toutes les ruses et les adresses de la galanterie, enseignoient les jeunes innocentes que leur malheur y avoit fait entrer, qui y faisoient un noviciat de coquetterie, en même temps qu'on croyoit leur en faire faire un de religion.... Douze parloirs qu'il y avoit au couvent, étoient pleins tout le jour : encore il les falloit retenir de bonne heure pour y avoir place, comme on auroit fait les chaises au sermon d'un prédicateur épiscopisant. » — A la porte, stationnent les chaises des amoureux; la sœur tourière laisse entrer les livres qu'ils envoient à leur belle et sortir les billets qu'elle leur écrit. Puis un jour vient où une échelle, appliquée aux murs du jardin qui sont fort bas, permet à la belle elle-même de fuir sous galante escorte. Ainsi l'honneur bourgeois « va à Versaillles », ce qui signifie dans le vocabulaire d'alors courir à sa perte.

* **

Ce qui manque à Furetière, il faut bien le dire, c'est le charme; il n'a pas, comme Molière ou Scarron, le don de faire vivant, bien qu'il soit vrai, vrai jusqu'au cynisme, et que, par exemple, en la première partie de son livre, certaine conversation chez une blanchisseuse, autour du linge sale des clientes, fasse penser à une scène toute semblable d'un roman d'Émile Zola. Quelle liberté de langage en ce grand siècle que nous nous figurons volontiers comme un siècle de bégueules! Mais, en dépit de ses hardiesses, et quoiqu'il appelle un chat un chat, Furetière garde les habitudes d'esprit que lui ont données ses savants travaux et son emploi de procureur fiscal. Il se sert des termes techniques, cite Vitruve, s'attarde à noter des expressions d'argot, à proposer des étymologies. Ce railleur du Palais de Justice en a encore les routines, et ses discussions n'en finissent plus. A tout propos, qu'il s'agisse de la pluie ou du beau temps, de la boue dans les rues de Paris et des avantages de la chaise, il bavarde comme un érudit et comme un avocat. Son ou-

vrage n'est pas de ceux dont le xviie siècle disait :
« Cela ne sent point son pédant ».

Il a de l'esprit, beaucoup d'esprit, mais sans gaieté communicative et sans bonté ; ses antipathies dégénèrent en haine, et son sarcasme est trop souvent diffamatoire. La lecture finie, nous sommes moins étonnés, moins choqués, qu'en ses démêlés avec l'Académie, vingt ans plus tard, il ait trouvé de si rares défenseurs : il avait eu les premiers torts ; il avait frappé le premier et quelquefois plus fort que juste. Faut-il dire que la vie lui avait été difficile, que des injustices avaient aigri son caractère? Il ne semble pas qu'il eût en 1666 à se plaindre du sort ni des hommes. La vérité est qu'il avait la langue mauvaise, et il le fit bien voir. Le portrait qu'il a tracé de Sorel, sous un indiscret pseudonyme, est purement odieux. Sorel, qui avait le droit de ne pas se sentir atteint, ne lui opposa qu'un tranquille mépris, en insérant l'année suivante dans sa *Bibliothèque française* ce simple Avis au lecteur : « Voilà qu'on nous donne un livre appelé le *Roman bourgeois*, dont il y a déjà quelque temps qu'on a ouï parler et qui doit être fort divertissant selon l'opinion de diverses personnes ».

Il y a tout un épisode du volume où Furetière donne libre cours à sa bile : c'est l'historiette de l'Amour égaré. Le même homme qui reprochait à Sorel d'écrire des romans à clés, a écrit là une page de chronique scandaleuse où il n'est que trop aisé de reconnaître Benserade, le surintendant Fouquet, Mlle de Scudéry, Ninon de Lenclos. Que lui avait-elle fait, la très charmante Ninon, pour qu'il prît ainsi plaisir à répéter les propos les plus grossiers qui eussent couru sur son compte? Il est probable qu'il n'avait aucun grief particulier contre elle, ni contre Fouquet, ni contre beaucoup d'autres qu'il a singulièrement drapés. Mais il fallait que son humeur médisante s'épanchât; et par là encore, par cet esprit de commérage, son roman est bien un roman bourgeois.

Il est naturel que les contemporains aient témoigné peu de sympathie à un satirique qui avait la dent si dure. Son livre n'a eu que cinq éditions jusqu'au XIXe siècle. Il en a eu trois de nos jours. Il nous est précieux, en effet, malgré certaines vilenies que nous en voudrions retrancher. Plus dégagé encore que les ouvrages de Scarron et de Sorel des imbroglios dans le goût espagnol, il reste égaré au milieu de la littérature classique, comme un franc bourgeois au château de Versailles.

LE GRAND CYRUS

La famille des Scudéry était originaire de Provence. Georges, né en 1601, au Havre, avait pris le métier des armes, et servi sur terre comme sur mer. Quand il eut quitté le service, en 1630, pour se consacrer aux lettres, il conserva dans sa nouvelle profession le ton d'un capitan toujours prêt à mettre l'épée au clair. Son père lui avait légué toutes les ardeurs et toutes les intempérances du sang gascon. On connaît ses préfaces pareilles à des cartels, où il jette le défi à quiconque douterait de son génie. Doué d'une facilité désolante, il avait fait jouer un grand nombre de pièces qui ne lui ont pas survécu, et dédié en 1653 à Christine de Suède le poème d'*Alaric* en onze mille vers, dont une raillerie de Boileau a sauvé le souvenir. Il mourut à soixante-six ans; c'avait été une des personnalités les plus bruyantes de son siècle. Il n'est plus pour nous que le matamore du classicisme.

Sa sœur Madeleine était, au contraire, modeste, calme et réfléchie. Très instruite, elle avait été associée à quelques-uns de ses travaux. Tallemant lui attribue l'entière responsabilité d'*Ibrahim ou l'illustre Bassa*, roman en quatre gros volumes que Scudéry signa et qui parut en 1641. Elle y contait l'histoire d'un certain Justinian, contemporain de Charles-Quint, qui, épris d'une noble Italienne, Isabelle, tombe au pouvoir des Turcs, est vendu à Constantinople, devient le favori du sultan, prend le nom d'Ibrahim et le turban, tout en continuant de pratiquer en secret la religion chrétienne, et après avoir remporté cent victoires, déjoué cent ténébreux complots de sérail, réussit à retrouver, à épouser Isabelle.

Le *Cyrus* et la *Clélie* furent également publiés sous le nom de Georges de Scudéry. Mais il ne passait que pour avoir fourni la fabulation des deux œuvres, c'est-à-dire ce qu'elles ont de plus mauvais. Le public fit honneur de tout le reste à sa sœur. Elle avait beaucoup d'amis qui prenaient soin de sa gloire; ses ennemis mêmes ont toujours gardé avec elle quelques ménagements. Tant qu'elle vécut, et elle n'est morte qu'en 1701, presque centenaire, Boileau ne laissa point imprimer le fameux Dialogue où il avait parodié ses héros. Ceux qui goûtaient le moins son style, ren=

daient justice à sa vertu et à sa bonté. Quoiqu'elle nous apparaisse aujourd'hui sous les traits revêches d'une femme savante, d'un bas-bleu, il y avait en elle un cœur aimant, un cœur féminin. Elle inspira même une passion au docte Pellisson, qu'elle aima de son côté, à la façon des héroïnes de ses livres, d'une affection exaltée, quoique très chaste. Ils étaient aussi laids l'un que l'aure, laids, selon le mot de Guilleragues, jusqu'à l'abus. « Chacun aime son semblable », chantonnait Sarrazin. N'y a-t-il pas, au fond, quelque chose de touchant en l'amour de ces deux disgraciés? Mis à la Bastille, le célèbre charmeur d'araignées conserva toute l'amitié de Mlle de Scudéry.

Le *Cyrus* même atteste qu'elle était capable de dévouement. Il est dédié à Mme de Longueville dont le portrait orne la première page du tome I : assez joli portrait, entouré d'une couronne de fleurs que soutiennent deux Amours, et gravé par Regnesson, beau-frère de Santeuil. La duchesse y est représentée en belle blonde grasse, avec des yeux très doux, peut-être un peu niais, une bouche toute petite, des cheveux plats et bien lisses sur le haut de la tête, qui retombent en boucles le long des joues. La dédicace est vraisemblablement de la plume de Georges, qui n'y emploie pas moins de trente pages à comparer Mme de Longueville au soleil.

« Il ne me sera pas difficile de faire voir que ma

comparaison est juste : que le mesme éclat que ce grand Astre a dans les cieux, vous l'avez dans cette cour, et que vous estes comme luy toute couverte de rayons et toute brillante de lumière. En effect, si l'on regarde la haute naissance de Votre Altesse »... et la démonstration continue de la sorte avec des en effect, des de mesme que, tout l'attirail pédantesque d'un compliment à la Diafoirus.

Mais oublions la rhétorique de Scudéry et rappelons-nous à quelles dates parurent les volumes du *Cyrus* : les tomes I et II en 1649; III et IV en 1650; V, VI et VII en 1651; VIII en 1652; IX et X en 1653. Dans l'intervalle, la situation de Mme de Longueville et de Condé avait bien changé; ils étaient des vaincus. Néanmoins, chaque volume s'ouvre sur un hommage de dévoué respect; chaque volume leur était envoyé dans leur prison ou dans leur exil. Mazarin se vengea : il ôta à Scudéry son gouvernement de Notre-Dame de la Garde, qui lui fut, il est vrai, bientôt rendu, grâce à l'entremise de Montausier. Mais Georges dut quitter Paris, et sa sœur s'y trouva seule, un moment même réduite à la gêne. Voilà un exemple de fidélité assez chevaleresque. Les auteurs du *Cyrus* auraient eu, du reste, mauvaise grâce à trahir leurs amitiés, en même temps qu'ils donnaient dans leur livre de si belles leçons de constance.

I

Le premier chapitre d'*Artamène ou le Grand Cyrus* nous montre Sinope en flammes. Le prince d'Assyrie y a conduit Mandane, la fille de Cyaxare, roi des Mèdes, qu'il aime et qu'il a récemment enlevée. Artamène, mystérieux héros qui commande l'armée médique, survient pour délivrer Mandane qu'il adore, lui aussi, et dont il est aimé, à l'insu de Cyaxare. Il écarte ou tue les ennemis qui essayent de lui tenir tête; il éteint l'incendie à l'aide de son bouclier rempli d'eau; enfin, il arrive jusqu'à une tour où il espère trouver la captive. Il n'y trouve que son rival, en proie au désespoir. Mazare, autre prince amoureux de Mandane, l'a ravie à son premier ravisseur, et l'emmène sur un vaisseau qui déjà disparaît à l'horizon. Artamène se sent si triste qu'il n'a plus la force de châtier le prince d'Assyrie et se borne à garder son prisonnier. Le prisonnier s'évade, et lui écrit une lettre où il lui propose de faire trêve à leur haine jalouse et d'unir leurs efforts pour arracher Mandane à Mazare : s'ils y réussissent, ils redeviendront rivaux, et un combat singulier décidera de leur destin. Artamène répond qu'il accepte et qu'il « observera inviolablement les choses dont ils sont convenus ».

Le lendemain, errant au bord de la mer, il y voit les débris d'un naufrage. La tempête a brisé la galère de Mazare qu'Artamène trouve à demi mort sur le sable. Le naufragé raconte que Mandane a roulé dans les flots et qu'il n'a pu saisir d'elle que son écharpe. Artamène éperdu parcourt le rivage, interroge les pêcheurs : personne ne peut lui dire ce qu'est devenue Mandane; personne n'a retrouvé ses malheureux restes.

Telle est la nouvelle qu'il rapporte à Cyaxare. En même temps celui-ci reçoit d'un traître le billet qu'Artamène a envoyé au prince d'Assyrie, et où il est parlé d'une convention passée entre eux. Cyaxare accuse Artamène de trahison. Artamène pourrait se justifier, en avouant qu'il aime Mandane ; mais ce serait manquer de respect à Mandane elle-même, et peut-être irriter le roi d'une autre manière. Il se laisse emprisonner comme conspirateur.

C'est alors que ses deux écuyers, Chrisante et Féraulas, après avoir rassemblé quelques rois qui lui sont dévoués, leur révèlent son secret pour les intéresser davantage à son salut. Artamène n'est autre que Cyrus, petit-fils d'Astyage. Astyage, roi de Médie, effrayé par des oracles qui annonçaient la venue prochaine d'un conquérant issu de sa propre maison, a jadis écarté de lui son fils Cyaxare, et sa fille qu'il a mariée à Cambyse, roi des Perses. Celle-ci est devenue mère. Astyage lui a pris son enfant, et a ordonné qu'il fût exposé dans une forêt peuplée de bêtes féroces. Le serviteur, chargé d'exécuter ses ordres, mais touché de compassion, a confié le nouveau-né à un berger ; et c'est ainsi que Cyrus a vécu, malgré la volonté de son aïeul. Devenu grand, il s'est réfugié auprès de sa mère; puis, las de mener une vie sans gloire, il est parti à dix-neuf ans en quête de glorieuses aventures, sous le pseudonyme d'Artamène, n'emmenant avec lui que Chrisante et Féraulas. Le bruit de sa mort s'est bientôt répandu ; et Cyaxare, qui a succédé à Astyage, croit n'avoir plus à craindre l'apparition de ce vainqueur de toute l'Asie dont les devins ont jadis menacé le royaume des Mèdes.

Cependant, Artamène a couru le monde. Il a visité l'Asie, la Grèce, brave et invincible déjà comme un demi-dieu. Son vaisseau a erré sur les mers et lutté contre toute la flotte du pirate Thrasybule, osant même rechercher l'abordage.

« Il arriva, en cette occasion, ce qui n'arrivera peut-être jamais. Car, comme nous ne songions qu'à suivre Artamène, tout se lança avec lui, tout se pressa pour le suivre, et tout passa dans le Vaisseau du Corsaire, excepté quelques-uns qui tombèrent dans la Mer ou qui furent tuez par ceux qui d'abord les repoussèrent. D'autre part, les soldats du Corsaire ayant fait même chose que nous, et ayant suivy leur Capitaine, avec mesme impétuosité que nous avions suivy le nostre, dans ce désordre et dans cette confusion, il se trouva qu'Artamène fut Maistre du Vaisseau du fameux Corsaire et que le fameux Corsaire aussi fut Maistre du Vaisseau d'Artamène. D'abord, ils eurent tous deux de la joye; mais venant à considérer qu'ils n'avoient fait que changer de Navire, et que comme Artamène par des menaces faisoit obéir les Mariniers de l'illustre Pyrate, l'illustre Pyrate aussi faisoit suivre ses ordres à ceux d'Artamène, ils recommencèrent le combat, et chacun, voulant rentrer dans son Vaisseau, combattit avec une ardeur qui n'est pas imaginable. »

Voilà un mouvement aussi bien réglé qu'en une pantomime. Le *Cyrus* est rempli de ces gasconnades qui révèlent l'intervention de Scudéry. Voyez la suite du combat naval; Artamène y continue ses prouesses.

« Estant venu aux prises avec un vaillant Grec qui s'estoit signalé en ce combat, ils tombèrent tous deux dans la Mer, sans que d'abord l'on n'y prit garde. Un moment après, l'absence d'Artamène ayant fait quitter les armes au petit nombre des siens qui ne les avoient pas abandonnées, tant qu'ils l'avoient veu combattre, le fameux Corsaire n'ayant plus d'Ennemis qui luy résistassent, vit à trente pas de son Vaisseau l'invincible Artamène qui, nageant d'une main et tenant son espée de l'autre, combattoit encore ce généreux Grec qu'il avoit entraîné dans la Mer, lorsqu'il y estoit tombé, qui, estant en mesme posture que luy, faisoit voir une chose qui n'avoit jamais été veue. Artamène s'élançoit toujours vers son Ennemy avec un courage incroyable : mais comme ce Grec estoit plus avancé en âge que luy, beaucoup plus fort et moins blessé, il résistoit mieux à la violence des vagues, qui tantost les séparant, tantost les rejoignant, et tantost semblant les engloutir, et terminer leurs différents, en triomphant de tous les deux, faisoient voir un spectacle au milieu des flots qui n'avoit jamais eu de pareil sur la terre. »

Enfin, les hasards de ses pérégrinations ont conduit Artamène en Cappadoce. Il est entré dans le temple de Mars : Cyaxare y venait avec toute la cour remercier les dieux de la mort de Cyrus. Artamène aperçoit Mandane; c'en est fait, il l'aime et l'aimera toujours. Mais que d'obstacles entre eux! S'il reprend son vrai nom, il risque d'attirer sur lui la haine de Cyaxare; sous le nom d'Artamène, il n'est qu'un aventurier et ne doit pas aspirer à la main de Mandane. Peut-être toutefois pourrait-il assez illustrer ce nom d'emprunt pour mériter son estime : telle est dès lors son ambition. Il met son épée au service de Cyaxare, lui sauve la vie, lui conquiert des provinces, lui gagne cent batailles. A lui seul, il tient tête à quarante chevaliers ligués contre lui. Il lui faut vaincre à la fois les ennemis du père, et les adorateurs, plus nombreux encore, de la fille. Il bat le roi de Pont qui voulait épouser Mandane; il blesse en duel un inconnu qui semble épris d'elle et qui se fait appeler Philidaspe.

Là s'arrête la narration de Chrisante qui a parlé durant six cents pages sans reprendre haleine. Féraulas prend la parole à son tour.

Jusqu'alors, Artamène n'avait osé se déclarer à Mandane. Il apprend qu'une nouvelle guerre va éclater; il lui en coûte de retourner au combat, de mourir peut-être, sans que Mandane ait lu dans son cœur. Il lui écrit une lettre qui lui sera remise, s'il succombe, et où il lui apprend, d'abord, qu'il l'aime, ensuite, qu'il est le fils d'un grand roi. La bataille s'engage; après avoir capturé le roi de Pont, Artamène disparaît. Ses serviteurs ne retrouvent que son casque et le cadavre de son cheval au bord d'une rivière où sans doute il s'est noyé. Trop certain de sa mort, Féraulas porte sa lettre à Mandane. Mais non, Artamène n'a point péri. Il en est, il est vrai, à sa dix-huitième blessure, au commencement du tome II. Il s'est traîné jusqu'à un château, où une noble dame a cru reconnaître en lui son fils Spitridate, prince dépossédé de Bithynie, et l'a soigné de son mieux. Il parvient à lui démontrer qu'il n'est pas son fils et s'en revient à Sinope. Mandane, qui a pleuré sa mort, le revoit avec joie, mais cache autant qu'elle le peut une émotion indigne d'elle : son scrupuleux honneur exige même qu'elle n'entende point d'Artamène un seul mot d'amour. Artamène admire tant de vertu et ne sait plus de quels termes se servir auprès d'elle. Il croit la fléchir en lui confessant qu'il est Cyrus. Elle lui accorde trois mois pour déclarer à Cyaxare son titre et aussi la tendresse qu'il nourrit en son cœur : si Cyaxare persiste à haïr Cyrus, en dépit des services qu'il a reçus d'Artamène, celui-ci devra s'éloigner sans espoir de retour.

Avant qu'il ait trouvé l'occasion d'un si périlleux entretien, il reçoit l'ordre d'aller en ambassade auprès de Thomiris, reine des Massagètes, que Cyaxare songe à épouser, bien qu'elle ait un fils de quinze ans. Il part; mais tel est son prestige que Thomiris s'éprend de lui, au lieu d'écouter la demande qu'il lui fait au nom de son roi. Il est forcé tout à la fois de résister aux déclarations brûlantes de Thomiris, et de se battre contre deux princes, amoureux d'elle, c'est-à-dire jaloux de l'amour qu'elle lui témoigne. Fidèle à Cyaxare, fidèle à Mandane, Artamène prend le meilleur parti, qui est de s'enfuir.... Hélas! A peine revenu à Sinope, il apprend que Mandane a disparu. L'inconnu, caché sous le nom de Philidaspe, était le prince d'Assyrie qui l'a enlevée en l'absence d'Artamène. Cyaxare rassemble son armée, et la confie au héros. Celui-ci met le siège devant Babylone;

il y pénètre : Mandane en est déjà sortie. Le prince d'Assyrie l'a entraînée à travers la campagne couverte de neige, après avoir revêtu et fait revêtir à sa suite des casaques toutes blanches qui se confondent avec la couleur de la plaine. Elle est à Ptérie; Artamène y vole. Elle est à Sinope; il y accourt. Sinope s'embrase et Mandane disparaît encore.

Nous voici ramenés aux événements que nous ont appris les premiers chapitres. Artamène, soupçonné de conspirer avec le prince d'Assyrie contre Cyaxare, et arrêté sur l'ordre de celui-ci, croit que Mandane est morte dans le naufrage du vaisseau de Mazare et s'abandonne à sa douleur. Tout à coup, la nouvelle se répand que Mandane est vivante; un soldat a trouvé des tablettes où elle annonce qu'elle est au pouvoir du roi de Pont et qu'il la conduit en Arménie. Mais en même temps l'infâme Métrobate révèle à Cyaxare l'amour qui unit Artamène à Mandane. La confusion devient inextricable et Cyaxare n'y comprend plus rien.

Là-dessus, les amis d'Artamène s'en vont trouver le roi et lui disent : Artamène est Cyrus. Étrange moyen de sauver l'accusé!... Cyaxare ordonne la mort du prisonnier. Aussitôt l'armée se soulève, force les portes du château et délivre Artamène qui, toujours généreux, arrête la fureur des soldats et protège Cyaxare. Le roi, charmé de tant de magnanimité, chasse l'infâme Métrobate, et, confiant désormais dans la loyauté d'Artamène-Cyrus, le charge de nouveau de rattraper Mandane.

J'abrège. Nous n'en finirions pas s'il fallait, comme Cyrus, poursuivre de ville en ville l'infortunée princesse que se disputent et se dérobent les uns aux autres d'innombrables amants, d'ailleurs tous aussi respectueux. Batailles, assauts, combats singuliers se renouvellent avec une désespérante régularité. Toujours Cyrus est sur le point d'atteindre sa princesse, et toujours elle lui est soustraite. Il soumet l'Arménie, s'attaque à Crésus qu'il bat à Thybarra, prend Sardis, fait fuir le roi de Pont, et met le siège devant Cumes. Cette fois, il retrouve Mandane, mais que son bonheur est de courte durée! La voilà de nouveau captive, et captive de Thomiris dont Cyrus a jadis repoussé l'amour. Le héros recommence la poursuite, plus inquiet que jamais, puisque la vie même de Mandane est en péril. Les Massagètes se sont retranchés dans leur camp au milieu des forêts. Un « ingénieur » lui propose de « jetter en divers endroits contre les troncs des Arbres une certaine composition faite avec un tel artifice, qu'elle s'attachoit à toutes les choses qu'elle touchoit : et qui avoit une telle disposition à s'embraser et à faire brusler le Corps où elle estoit attachée, qu'une seule étincelle suffiroit pour mettre le feu au premier Arbre dont le tronc en auroit esté froté et pour embraser après toute la forest ». La forêt s'embrase, en effet; Cyrus s'élance contre les ennemis stupéfaits. Mais son épée se brise, il est pris et enfermé dans une tente assez éloignée de celle où languit Mandane.

Son vainqueur se trouve être un généreux prince qui consent à le garder incognito et à ne pas le livrer à la vindicative Thomiris. Le même jour est mort Spitridate, ce jeune roi de Bithynie dont la ressemblance avec Cyrus était si parfaite. Les deux armées croient que Cyrus a péri; et Thomiris a fait plonger en un vase plein de sang, en présence de Mandane, la tête de Spitridate en qui elle a reconnu Cyrus. Celui-ci, cependant, travaille à soulever le camp tout entier contre la reine; et, après avoir vingt fois risqué sa vie, il parvient à délivrer Mandane, en même temps qu'il met Thomiris en fuite. Il obtient de Cyaxare la pleine possession de tous les royaumes qu'il a conquis, et Mandane consent à lui avouer qu'elle l'aime. Tous ses rivaux sont morts, sauf Mazare qui s'en retourne en son pays. En cinq jours se célèbrent cinq mariages, ceux de Cyrus, de Myrsile, d'Intapherne, d'Atergatis et d'Hidaspe. « Après avoir esté le plus malheureux de tous les Amans, Cyrus se vit le plus heureux de tous les Hommes; car il se vit possesseur de la plus grande beauté de l'Asie, de la plus vertueuse Personne de la terre, qui respondit si tendrement à sa passion, dès que la vertu le luy permit, qu'il eut lieu de croire qu'il estoit autant aimé qu'il aimoit. »

***

Le plan général du *Cyrus*, si tant est qu'un pareil dédale ait un plan, est à la fois laborieux et enfantin. Rien n'en dissimule la monotonie et les maladresses. Il y a de l'invention dans le *Gil Blas*; il n'y a pas même trace d'ingéniosité dans le *Cyrus*. Les incidents, dépourvus de toute vraisemblance, s'y lient à grand'peine, se répètent, de volume en volume, toujours à peu près identiques sur des scènes différentes, et la trame laisse sans cesse apparaître le fil. Les héros eux-mêmes semblent confondus des complications où leur destin s'égare : « J'avoue, dit Artamène à l'un d'eux, que ce n'est pas un événement fort ordinaire que celuy qui vous a rendu malheureux. — En vérité, dit de son côté Mandane, quand je repasse dans ma mémoire tout ce qui nous est arrivé, et qu'après tant d'enlèvements, tant de persécutions, tant de guerres, tant de naufrages et tant de malheurs, je songe que Mandane est captive en Arménie, et qu'Artamène est prisonnier à Sinope, j'avoue que mon esprit se confond. » Le *Cyrus* est plein de ces réflexions naïves qui désarment la critique.

Encore, ai-je seulement résumé l'intrigue principale. Cent autres enroulent et embrouillent leur écheveau autour de celle-là. Il y a cent, peut-être deux cents autres personnes dont l'histoire est une réduction de celle d'Artamène et de Mandane, qui ont la même existence agitée et le même cœur inébranlable. Combien de gens perdus qui se retrouvent, de morts qui ressuscitent, de rivaux qui se pourchassent! Si du moins ils allaient vite en besogne! Mais non, ils s'attardent à écouter d'interminables biographies, ils racontent la leur, et, au moment même d'agir, s'adressent des discours qui n'en finissent plus. « Que feroy-je, se disoit Artamène, contre ce dangereux Rival? Iroy-je avertir le Roy,... ou iroy-je à la Princesse auparavant que d'aller au Roy?... Allons donc, allons lui découvrir la vérité de la chose.... Mais que dis-je? reprenoit-il tout à coup, suis-je bien assuré que je veux faire ce que je dis?... Va donc, malheureux Amant; va où ta destinée te conduit.... » Le monologue dure cinq ou six pages; nous aussi, nous avons envie de faire chorus et de lui crier : Eh! oui, va donc!... Il nous fait penser à ces choristes d'opéra qui répètent dix fois : « Marchons! Marchons!... » sans bouger de leur place.

Faut-il en conclure que les contemporains, ainsi que l'estimait Victor Cousin, ne lisaient pas ou ne goûtaient pas plus que nous les aventures du *Cyrus*? Comment expliquer alors l'impatience avec laquelle ils en attendaient la suite et la conclusion? En tête du tome III, un avis de l'imprimeur Courbé, à qui le *Cyrus* fit gagner cent mille écus, nous apprend que la troisième partie n'aurait dû paraître qu'avec la quatrième; mais qu'il a obtenu de l'auteur « de laisser voir celle-cy durant qu'on imprime l'autre », pour satisfaire la curiosité fiévreuse du public. — Le public s'intéressait à l'action fabuleuse du *Cyrus*, comme il s'était attaché à celle de l'*Astrée*, et allait s'attacher encore, en 1660, à celle des romans de La Calprenède que Mme de Sévigné lisait avec tant de plaisir. Elle s'y prenait « comme à de la glu », quoiqu'il eût « un mauvais style ». On connaît sa phrase : « La beauté des sentiments, la violence des passions, la grandeur des événements et le succès miraculeux de leurs redoutables épées, tout cela m'entraine comme une petite fille ». Tout cela entraînait, à plus forte raison, d'autres lectrices de goût moins sûr. Notre siècle qu'a si longtemps amusé Dumas père, peut-il s'étonner que le XVIIe siècle ait aimé, lui aussi, les péripéties? Y a-t-il plus de vérité dans *Monte-Christo*? Le *Cyrus*, à vrai dire, a le tort de compter quinze mille pages; mais les liseurs d'autrefois avaient plus de loisir que nous, les nerfs moins tendus, et ne se plaignaient pas que le festin offert à leur imagination se prolongeât indéfiniment.

Puis, il ne faut pas oublier que le *Cyrus* a paru

en pleine Fronde, c'est-à-dire à une époque où la réalité même avait je ne sais quel charme aventureux; où la politique et la galanterie se mêlaient comme en une tragi-comédie de Corneille; où le canon de la Bastille tonnait au commandement de la grande Mademoiselle; où les épées ne savaient plus rester au fourreau; où un souffle héroïque avait transporté toutes les cervelles, et où l'aristocratie française faisait ses folies de jeunesse avant de devenir la cour si disciplinée de Louis XIV. Ces disparitions, ces complots, ces duels, que nous sommes si vite las de rencontrer à chaque volume du *Cyrus*, ne pouvaient que plaire à une société dont la vie était également faite d'imprévu.

II

Il lui plut aussi pour une autre raison. Il est très certain que Mlle de Scudéry s'est souvent proposé d'y portraicturer les gentilshommes, les grandes dames ou les beaux esprits à la mode. Les portraits étaient fort en faveur depuis la fin du règne de Louis XIII. Il y en avait d'imprimés; il y en avait de manuscrits qui circulaient de main en main : c'était un divertissement de salon dont La Bruyère a dégagé, quarante ans plus tard, une œuvre d'art merveilleuse. Chacun s'y exerçait, à ces samedis dont Mlle de Scudéry était devenue la reine. Il était tout naturel que le *Cyrus* voulût être l'annuaire de son règne, l'almanach de son petit empire, un album des célébrités actuelles; qu'il fût, en un mot, un roman à clé.

Dès qu'il commença à paraître, quelques personnes s'y reconnurent, et les autres attendirent avec impatience que leur tour fût venu de prendre la pose. Les lecteurs goûtaient, à tourner les pages, le même plaisir qu'à se promener dans les appartements de Versailles un soir de mascarade; ils s'amusaient de deviner, à la démarche, à la tournure, à l'accent de la voix, tel duc ou telle marquise de leur connaissance. S'ils hésitaient, s'ils n'étaient pas d'accord, s'il arrivait qu'un chapitre les intriguât comme un domino de bal d'opéra, l'incertitude même, en ce jeu de devinette, avait du charme. Les femmes se regardaient aux descriptions du *Cyrus* comme en un miroir flatteur. Il avait pour elles l'attrait d'un journal qui relate les fêtes du grand monde en énumérant les invités de la « toute gracieuse » comtesse ou baronne. Le grand monde est une petite ville qui ne parle guère et n'aime à entendre parler que de ses habitants.

Des clés coururent, destinées surtout aux provinciaux qui risquaient de ne point s'orienter en ce d'Hozier travesti. Victor Cousin en a découvert une à l'Arsenal, une qui date de 1657, et qui, bien qu'incomplète, éclaire un peu pour nous la lecture du *Cyrus.* Il en a comblé quelques lacunes. Nous savons qu'Artamène représentait Condé; Mandane, Mme de Longueville; Cléobuline, reine de Corinthe, Christine, reine de Suède; Onésile, la comtesse de Maure; Pisistrate, le comte de Fiesque; Alcionide, la marquise de Courbon; Cléomire, Mme de Rambouillet; Philonide, Julie de Rambouillet; Elise, Mlle Paulet; Sapho, Mlle de Scudéry; Parthénie, Mme de Sablé; Callicrate, Voiture; Mégabate, Montausier, etc. Bref, il n'y avait presque aucun personnage connu de son époque que Mlle de Scudéry n'eût introduit dans le *Cyrus,* sous le nom d'un Assyrien, d'un Grec ou d'un Scythe.

Mais que valent ces notices individuelles dont il est le recueil? Si elles étaient assez indiscrètes pour amuser un public d'initiés, étaient-elles assez vraies pour fixer la physionomie des gens et la conserver vivante aux yeux de la postérité? Si nous n'avions vu ailleurs, dans les œuvres, nettes comme des eaux-fortes, d'un Tallemant ou d'un Retz, les hommes et les femmes que le *Cyrus* met en scène, les connaîtrions-nous? Cousin n'était-il pas trop modeste quand il croyait avoir, en ses deux agréables volumes, reconstitué leur biographie d'après des documents empruntés à Mlle de Scudéry?

Voici, par exemple, Condé. Cousin rapproche les témoignages que Mlle de Montpensier et Mme de Motteville nous ont laissés sur son compte de certains morceaux du *Cyrus*, et il constate que l'analogie est frappante. Comme le duc d'Enghien, Artamène a le nez aquilin, des yeux pleins de feu ; comme lui, il abandonne le butin à ses soldats, est dévoué à ses amis ; comme lui, il a aimé. Cousin part de là pour nous dessiner à nouveau, non sans charme, la silhouette du jeune vainqueur de Rocroi, nous raconte sa liaison avec Mlle du Vigean, l'histoire aussi de Mlle du Vigean. C'est un des jolis chapitres de son livre. Mais il s'en faut bien que le *Cyrus* lui en ait fourni les matériaux ; le *Cyrus* ne lui en a fourni que le prétexte.

Le duc d'Enghien était-il pareil à ce fanfaron qui défie à lui seul des armées entières ? Averti que quarante chevaliers ont projeté de l'envelopper au prochain combat et de l'assassiner, Artamène, pour bien prouver qu'il ne les craint pas, fait publier qu'il portera le jour de la bataille une armure dorée. Lorsqu'il apprend, en revanche, que le roi de Pont a défendu à ses soldats de lui lancer des flèches et de l'attaquer autrement que l'un après l'autre, il quitte ses belles armes voyantes, il se dissimule sous un uniforme banal, pour avoir la joie de s'exposer à tous les périls que lui voulait épargner son adversaire. Dès qu'il a fait des prisonniers, il leur rend leur épée et la liberté. Quelles harangues il adresse à ses troupes!... Que m'importe ensuite qu'il ait le nez et les yeux de Condé? Je me refuse à confondre le grand capitaine avec cet Achille de Gascogne. Mais le siège de Cumes est la relation très scrupuleusement vraie du siège de Dunkerque; la bataille de Thybarra est la bataille de Lens; voici ailleurs Rocroi, Charenton, toutes les célèbres journées de Condé.... Tant mieux si Mlle de Scudéry touche çà et là la réalité de son temps. Il n'en est pas moins sûr que la fiction intervient sans cesse et gâte tout.

Il en va de même de tous les acteurs du *Cyrus* et en particulier de Mandane. Oui, Mandane est blonde, belle, douce, comme Mme de Longueville; oui, Mlle de Scudéry prête à son héroïne quelques-unes des qualités et des attitudes de sa chère protectrice. Qu'elle est loin, malgré tout, de la peindre au naturel! A voir Mandane, tant de fois enlevée, promenée de royaume en royaume, parvenir intacte et pure à la fin du livre, Mme de Longueville, dont les passions avaient été des égarements et de si douloureux scandales, devait faire un mélancolique retour sur elle-même. Peut-être pensait-elle : Voilà quelle j'aurais voulu être. Elle ne pouvait, certes, pas dire : Voilà quelle j'ai été. Il est vrai qu'elle était languissante et bonne, comme Mandane; qu'elle faisait des retraites assez longues aux Carmélites, comme Mandane se retire parfois chez les vierges voilées qui demeurent au temple de Diane. La belle avance! Rappelons-nous où l'a entraînée son amour pour La Rochefoucauld, puis voyons ce qu'est l'amour entre Artamène et Mandane. Le héros ne doit jamais prononcer le mot : je vous aime, s'il ne veut la mettre en fuite. « Je ne pourrois pas, déclare-t-elle, me résoudre de souffrir une déclaration d'amour du plus grand Prince de la terre, après dix ans de services, de respects et de soumissions. » Artamène qui ose à peine risquer un aveu à mots couverts, peut encore moins lui en arracher un. Elle l'aime, et le dit à tous ceux qui l'interrogent, sauf à lui-même. Elle juge que « sa gloire » consiste à ne rien lui révéler de sa faiblesse, et s'entend si bien, lorsqu'elle lui parle, à rester dans le vague, à ne s'exprimer qu'en phrases alambiquées, qu'Artamène se trouve à juste titre « le plus malheureux des Amants ». Est-ce là l'image de la trop charmante femme qui ne pouvait se passer d'être adorée, qui, au moment même où elle se compromettait auprès de Marcillac, essayait le pouvoir de sa beauté sur le duc de Nemours, et qui n'eut pas trop de la seconde moitié de sa vie pour expier au couvent les brillantes erreurs de la première?

Il est trop clair que l'agrément des légers pastels, épars dans le *Cyrus*, n'existe plus pour nous. « Le *Cyrus*, dit Tallemant, n'indique que le caractère des gens; leurs actions n'y sont pas. » C'est avouer que la peinture est singulièrement incohérente, et que leur caractère même y est sans cesse dénaturé. Mlle de Scudéry en effaçait les laideurs, les détails caractéristiques, dans la crainte de froisser les amours-propres. Vingt lignes se rapportent bien à un de ses contemporains ; puis tout se brouille, le héros fait un geste, prononce une parole qui n'est plus d'accord avec les paroles et les gestes de l'original, et nous renonçons à chercher en lui même l'ombre d'un vivant. Les traits restent à l'état d'allusions ; s'il n'en fallait pas plus pour piquer la curiosité des mondains de 1650, ce n'est pas assez pour constituer une galerie de portraits historiques. Nous savons quel nom il faut lire au bas de chaque cadre ; mais, en vérité, le cadre est à peu près vide. Le *Cyrus* a pu sembler aux yeux de la génération précieuse quelque chose comme un Musée de Versailles ; il n'en est plus à présent que le livret.

*
* *

Mlle de Scudéry réussit mieux lorsqu'elle sort du particulier. Voici un passage, entre autres, où elle nous peint la femme médisante. Il ne s'agit plus là de telle ou telle ; c'est un type qu'elle essaye, et, il me semble, avec quelque finesse, d'observer et de peindre.

« Je ne pense pas que depuis qu'on a commencé

de mesdire, il y ait jamais eu personne qui s'en soit si bien acquittée que celle-là ; et veu la haine universelle qu'elle a pour tout ce qu'elle connoist, on diroit qu'elle se veut vanger sur tout ce qu'il y a de gens au monde, de ce que les Dieux ne l'ont pas faite plus belle qu'elle est. Cependant elle parle aussi hardiment des deffauts d'autruy, que si elle n'en avoit point ; il est pourtant certain qu'elle a à peu près tout ce qu'il faut pour estre laide et désagréable. Néanmoins elle a une certaine hardiesse qui fait qu'on n'oseroit presque penser d'elle ce qu'elle mérite qu'on en pense. Il se trouve mesme des gens, et des gens qui paroissent raisonnables en toute autre chose, qui la voyent, et qui la cherchent : bien est-il vray que je suis persuadée qu'il faut qu'ils ayent quelque secrette malignité dans l'esprit, qui leur fait prendre plaisir aux médisances continuelles qu'elle fait. Au reste, tout ce qu'il y a de gens malicieux dans Alfène, s'empressent tellement à luy aller conter toutes les nouvelles qui peuvent estre une matière de médisance, que personne n'en est si bien adverty qu'elle. En effet, comme il y a beaucoup de gens qui pour leur propre honneur, ne voudroient pas parler aussi mal d'autruy qu'elle en parle, et qui ne sont pourtant pas marris que l'on n'en dise point de bien ; parce qu'ils n'ont qu'une vertu apparente ; ils arrivent à leur fin en allant faire confidence à cette Personne qui s'appelle Alcianipe, de ce qu'ils veulent publier.... Pour moy, je ne sçay comment elle peut avoir mis dans sa mémoire toutes les choses qu'elle y a. Car enfin, s'il y a une maison dans Alfène qui prétende passer pour ancienne, elle en fait une généalogie à sa mode qui vous fait croire que ceux qui en sont ne sont pas ce qu'ils disent. De plus, s'il y a eu quelqu'un dans une race, il y a deux ou trois siècles, qui ait fait une mauvaise action, elle en noircit le sang de tous les successeurs de celuy qui l'a faite, et elle va même chercher dans les familles des maux et des vices qu'elle assure qui sont héréditaires. Pour la beauté des Femmes, elle ne la loue jamais, que lorsque cela peut servir à faire croire plus facilement qu'elles font galanterie ou que leurs Maris en sont jaloux. Si on l'en croit, il n'y a personne riche à Alfène; il n'y a personne noble; il n'y a pas un homme qui n'ait trahi son Amy, ou qui n'ait fait quelque lascheté; et il n'y a pas une Femme qui n'ait eu quelque commerce criminel, ou du moins quelque intelligence un peu trop particulière. Au reste, elle ne néglige pas mesme les petites médisances : car je suis assurée qu'il n'y a pas une belle Femme de vingt-cinq ans à Alfène, à qui elle n'en donne libéralement cinq ou six de plus qu'elle n'en a. Cependant il est certain qu'elle a l'esprit si propre à dire toutes ces sortes de choses qu'à moins que d'estre né avec des inclinations tout à fait opposées à la médisance, on a peine à n'adjouster pas foy à tout ce qu'elle assure : car elle circonstancie tellement ses mensonges, qu'on ne peut s'imaginer qu'elle ait pû se donner la peine d'inventer tout ce qu'elle dit.... De plus, comme elle se fait craindre, les Femmes ne laissent pas de la voir, quoy qu'elles sachent bien que dès qu'elles seront hors de chez elle, elle les déchirera devant celles qui y seront demeurées. Néanmoins, comme elles s'imaginent qu'elle diroit encore pis si elles ne la voyoient pas, elles la visitent sans l'estimer et sans l'aimer : joint que comme il y a cent Femmes qui ont presque plus de joye d'ouïr dire du mal de celles qu'elles n'aiment pas, qu'elles n'ont de douleur qu'on en die d'elles-mêmes, elles vont se donner cette satisfaction chez Alcianipe, au hazard de s'exposer à son humeur satirique. »

N'y a-t-il pas une étrange analogie entre la scène des portraits, au second acte du *Misanthrope*, et cette scène du *Cyrus*, où Alcianipe, assise en un coin du salon, passe en revue tous les invités et en fait les honneurs à ses deux voisins, Pélinthe et Méliante, qui la questionnent, comme les jeunes marquis de Molière provoquent la malice de Célimène?

« De grâce, luy dit alors Pélinthe, voyant une Femme d'assez bonne condition, qui avoit la mine fort haute, dites moy qui est cette Personne? — Si vous en jugez par l'air de grandeur qu'elle a sur le visage, répliqua-t-elle, vous la croirez du sang des Dieux : et à dire vray, ajousta Alcianipe pour le dire plus finement, cette Personne est admirable : car il est vray qu'elle a tellement le procédé d'une Femme de la plus grande condition, qu'elle ne fait pas une action, ny ne dit pas une parole, qui ne persuade qu'il y a eu des Rois dans sa race. Cependant il est certain que son Ayeul estoit un Étranger sans aucune naissance ; et il y en a mesme qui disent que ceux qui la connoissent fort particulièrement, remarquent quelque chose dans ses inclinations qui sent la bassesse de sa première origine ; mais pour tout ce qu'on voit de cette Personne, il faut advouer qu'il sent plus la Reine que la Sujette. Il n'en est pas de mesme, adjousta-t-elle, d'une Femme de la plus grande qualité d'Alfène, que vous voyez auprès de Gobrias : car imaginez-vous qu'elle parle comme si elle estoit née parmy le peuple le plus bas et le plus grossier : mais si elle parle mal, elle agit de mesme : et elle a une certaine civilité contrainte qui fait que toutes ses actions desplaisent. Elle ne fait pas seulement la révérence comme les autres ; elle s'habille autrement ; et elle a mesme une façon de marcher que les personnes du monde n'ont pas : mais à cela près c'est une assez bonne Femme. — Eh ! de grâce, interrompit Meliante, en luy montrant un homme qui estoit en un coin de la Sale et qui paroissoit assez resveur, dittes moy qui est cet homme si triste et pourquoy il vient à une Feste de joye, puisqu'il est si mélancolique? — En vérité, luy dit-elle, il ne faut pas s'estonner si celuy que vous me montrez est triste : puisqu'à n'en mentir pas, il ne se trouve guère d'hommes qui aiment que leurs Femmes aiment tant le monde : et que tout galant que vous estes, je suis assurée que si vous estiez à la place de celuy dont vous parlez, vous seriez aussi embarrassé que luy. Car enfin, cette jeune Personne guaye et enjouée que vous voyez à l'autre costé de la Sale et que tant de gens environnent est sa Femme. Je croy bien qu'elle est vertueuse, adjousta-t-elle, mais elle vit presques comme si elle ne l'estoit pas. En effet elle ne se soucie point de son Mary, et se soucie trop des autres; elle est éternellement hors de chez elle, ou si elle y est, c'est pour y estre accablée de tant de gens que le pauvre Mary, pour son propre honneur, ne s'y oseroit montrer; et bien souvent encore après avoir esté les journées entières sans la voir, il la trouve le soir si accablée des divertissements du jour, ou si occupée des soins de la parure du lendemain, qu'elle n'a pas le loisir de luy dire un mot : si bien qu'il est contraint de la laisser dormir, sans pouvoir avoir un quart d'heure de conversation et sans qu'il puisse mesme espérer qu'il aura quelque part à ses songes : car comme ils ne sont faits pour l'ordinaire que des pensées des choses qu'on a veues pendant le jour, il auroit tort d'y prétendre. Cependant, poursuivit Alcianipe, c'est luy qui faut qui donne les Ameublements magnifiques, et qui paye les Sièges sur quoy les Galans sont assis : c'est luy, dis-je, qui donne les Habillemens qui parent sa Femme pour plaire à autruy ; et je ne sçay si ce n'est point luy encore qui paye les Peintres qui font ses Portraits qu'elle donne à ses Adorateurs. C'est toutes fois fort grand dommage que cela soit ainsi, adjousta cette malicieuse Personne, car c'est la plus jolie Femme qu'il est possible de voir, pour ceux qui ne font que la visiter, sans prendre intérest à sa conduite et au malheur de son Mari. — Je m'assure, répliqua Pélinthe en luy montrant une autre Dame, qui paroissoit assez chagrine, que celle que je voy ne donne pas tant de peine à son Mary que celle que vous dittes : du moins n'a-t-elle pas la mine d'aimer la galanterie. — Il est vray, dit-elle, qu'elle ne luy donne point de jalousie, mais elle le tourmente d'une autre manière : car parce qu'elle est honneste Femme, elle croit qu'il doit luy en avoir la plus grande obligation du monde : si bien qu'il n'est sorte de persécution qu'elle ne luy face souffrir : car elle est jalouse jusques à haïr toutes les Femmes qu'il voit et à leur faire mille incivilités : cependant je ne pense pas qu'il luy doive être si obligé de ce qu'elle ne fait pas galanterie : puisqu'à mon advis on n'a pas mis sa vertu à une bien difficile espreuve. »

Certes, Célimène sait mieux encore accommoder les gens et mettre d'un mot leurs travers ou leurs ridicules en saillie. N'empêche que voilà un assez joli crayon de la vie mondaine; premiers tâtonnements, premières promesses d'un art qui a, quelques années après, atteint la perfection. Si, au lieu de consulter les clés du *Cyrus*, et d'y chercher des individus, nous y cherchions un tableau des mœurs de l'époque, peut-être ne nous semblerait-il ni sans intérêt ni sans mérite. Les figures qu'il nous présente et dont aucune n'est calquée trait pour trait sur un modèle, ont une vérité générale. Il y a entre elles toutes un air de famille qu'il faut saisir. Dans leur manière de penser et de s'exprimer, dans leurs habitudes d'esprit et de langage, se révèle la parenté des héros du livre avec les vivants de 1650.

III

Artamène, Mandane, et tous les rois, toutes les princesses qui forment leur entourage, expriment l'idéal que la préciosité vieillissante se faisait de l'amour. Dans les multiples histoires qui interrompent le récit, il n'y a guère que les noms qui changent. C'est toujours un amant qui a perdu le sommeil et l'appétit dès la première entrevue, qui soupire sans oser se déclarer à sa belle, ne parvient pas à savoir s'il est aimé, se bat en duel avec tous ceux qui la regardent tendrement, est exilé, revient, et, qu'il la perde ou qu'il l'épouse, n'obtient jamais d'elle que des réponses évasives, décentes, énigmatiques où elle parle de sa gloire et des bienséances. Voici, entre autres, Aglatidas qui s'est épris d'Amestris. Malheur à lui s'il ne se contente pas de l'aimer silencieusement! « Je pense, lui dirait-elle, que vous ne me connaissez plus. » A celui qui lui dit qu'il mourra plutôt que de vivre sans être aimé d'elle : « Vous n'avez donc, répond-elle, qu'à vous préparer à la mort; car Amestris ne donnera ny son estime, ny son amitié à ceux qui perdent le respect qu'on luy doit. — Est-ce manquer de respect que de vous adorer? — C'est en manquer que de me le dire. » — Un moment vient où elle supporte qu'il l'entretienne de sa passion : leur mariage est décidé depuis la veille, et il semble bien qu'Aglatidas, en effet, ait le droit de rompre le silence. Qu'elle a de peine encore à l'écouter! « Croyez-vous que ce soit avoir fait peu de chose pour vous que de souffrir que vous me parliez en particulier, et que d'endurer que vous m'entreteniez d'une passion qui, quelque légitime qu'elle puisse être, ne laisse pas d'avoir quelque chose de dangereux quand elle est trop forte, et qui après tout ne peut estre soufferte par une fille, sans faire beaucoup de violence à sa modestie, si elle est effectivement raisonnable? — Quoi, madame, lui dis-je, une passion que vos parents n'ont pas désapprouvée, laisseroit quelque scrupule dans l'esprit d'Amestris?

Et Aglatidas qui n'a pas eu une seule pensée qui vous puisse offenser, seroit criminel de vous parler de son amour? Ha, madame, s'il est ainsi, je suis bien plus malheureux que je ne pensois. — Non, me dit-elle, Aglatidas, je ne veux pas estre si sévère, et je veux bien vous advouer, poursuivit-elle, en baissant les yeux, que je vous estime assez pour n'estre pas faschée que vous m'aimiez, et pour souhaiter mesme que cela soit éternellement. Mais je ne sçay, Aglatidas, si, quand il seroit vray que je vous aimerois autant que vous voulez que je croye que vous m'aimez; je ne sçay, dis-je, s'il seroit dans l'ordre de vous le dire. » O pimbêche!...

Regardez au fond de cette âme pudibonde, vous y trouverez un sens pratique qui aurait de quoi inquiéter Aglatidas : « S'il arrivoit, lui dit-elle, que vous changeassiez, Amestris ne se consoleroit jamais si elle vous avoit advoué qu'elle se fust trouvée sensible à votre amour ». Voilà un cœur bien éduqué, sûr de n'être point victime d'un entraînement; il n'est pas étonnant que de pareilles femmes puissent faire le tour de l'Asie sans accroc à leur vertu. Le pauvre Aglatidas, désespéré de tant de scrupules et de tant de réticences, s'écrie à la fin : « Eh! bons Dieux, madame, que ne vous déterminez-vous! » Mouvement d'impatience qui paraît ici bien excusable. Au reste, ses plus grands désespoirs ne dérangent pas un ruban de son pourpoint; ses pâmoisons ne froissent pas une plume de son chapeau. Il n'a guère la mine, lui qui emploie si volontiers le mot de passion, d'un homme passionné. Voyez-le à son tour, lorsqu'il vient s'excuser de je ne sais quelle faute : « Vous voyez à vos pieds, madame, le plus criminel, le plus innocent et le plus malheureux de tous les hommes : qui, comme criminel, vient vous demander punition : qui, comme innocent, vient pour se justifier devant vous; et qui, comme malheureux, vient du moins chercher en vostre compassion quelque soulagement à ses maux ».

C'est assez dire que les amoureux du *Cyrus* sont bien près d'être des pédants, et que les amoureuses y sont, pour employer un mot de Furetière, des « prudo-coquettes ». Il y a plus d'un souvenir de l'Hôtel de Rambouillet dans le *Cyrus*; mais les traditions de la Chambre Bleue y sont déjà fort altérées. L'air d'Astrée n'est point pincé, comme celui d'Amestris et de Mandane. Elle écoute les tendres propos de Céladon, sans « baisser les yeux ». Les femmes que nous dépeint Mlle de Scudéry, sont les sœurs aînées d'Armande et de Bélise; elles font peu de cas des « dames qui ne savent rien faire autre chose qu'estre Femmes de leurs Marys, Mères de leurs enfans et Maîtresses de leur famille. Je n'ay encore jamais esté, dit l'une d'elles, à nulle Feste de Nopces sans chagrin. — Il faut donc sans doute, répliqua Tisandre, que vous ne regardiez pas le mariage comme un bien. — Il est vrai, répondit-elle, que je le regarde comme un long esclavage.... A moins que d'aimer jusques à perdre la raison, je ne perdroi jamais la liberté, et je ne me résoudroi jamais à faire de mon Esclave, mon Tiran. » Le moment approche où Cathos déclarera le mariage « une chose tout à fait choquante ». Telles n'étaient point les idées de la Chambre Bleue; mais telles étaient celles des précieuses des samedis et ce sont leurs doctrines que Mlle de Scudéry nous a transmises. En sa qualité de vieille fille, elle était toute portée à renchérir sur leur pruderie naissante; elle l'encouragea dans son salon et la consacra dans son œuvre.

Non, nous n'y entendons pas causer comme causèrent les hôtes d'Arthénice; leur esprit avait moins de raideur, leur politesse avait l'air autrement simple, l'élégance leur était aisée et toute naturelle. Les conversations du *Cyrus*, à l'endroit desquelles Cousin disait « avoir l'âme un peu faible », ne sont pas dépourvues de toute délicatesse; mais elles trahissent trop fréquemment l'effort. Il y a excès de grandeur, excès de raffinement, excès de courtoisie, comme dans le ton d'un provincial nouveau-venu à la cour. Le *Cyrus* nous transporte au Marais, dans un milieu composite où la bourgeoisie se rencontre avec la vraie noblesse. Les occupations y sont à peu près les mêmes qu'en 1630. Les chasses, les promenades à cheval ou en voitures découvertes, les collations, les visites aux cabinets de curiosités, les ballets, les concerts, les parties de campagne, les séjours aux villes d'eau sont encore les passe-temps favoris des héros du *Cyrus,* ainsi que les dissertations de métaphysique galante dont le goût n'avait fait que croître depuis vingt ans. Nous voyons leurs après-midi employés à étudier qui est le plus digne de compassion d'un amant qui vit loin de celle qu'il aime, d'un qui n'est pas aimé, d'un qui est trompé, d'un qui voit mourir sa maîtresse. Seulement la dissertation devient de plus en plus subtile, quintessenciée. Les traces de jargon, de ce jargon qu'a ridiculisé Molière, y sont rares; mais déjà la sensibilité semble factice, et les beaux discoureurs ont l'air de comédiens qui récitent.

C'est cet aspect momentané de la société française que reflète le *Cyrus.* Mais la vérité y est si souvent mêlée de fables sans intérêt, qu'on ne sait s'il faut se réjouir d'y rencontrer une part de réel, ou regretter qu'elle soit si petite.

LA CLÉLIE

I

Clélie, histoire romaine, compte aussi dix volumes dont la publication dura de 1654 à 1660. Le premier est dédié à Mlle de Longueville et orné de son portrait, au bas duquel se lit un emphatique quatrain de Scudéry :

> Elle est du sang des Rois, cette illustre personne
> Qui fait voir sous ses pieds les vices abattus ;
> Et le pompeux éclat de leur riche couronne
> Brille moins que l'éclat de ses rares vertus.

Mézence, roi de Pérouse, avait fait prisonnier Porsenna, roi de Clusium. Le captif, épris de Galerite, fille de son vainqueur, l'avait épousée secrètement. Il avait eu d'elle un fils qu'une nourrice, nommée Marcia, avait reçu l'ordre d'emporter à Syracuse pour le soustraire aux fureurs de Mézence.

Sur le même vaisseau qu'elle, s'est trouvé un noble Romain, l'exilé Clélius, dont la femme, Sulpicie, venait d'être mère. Le vaisseau a fait naufrage, et en croyant sauver le berceau de son propre fils, Clélius a sauvé celui du fils de Porsenna. Aux pierreries qui ornaient les langes du nouveau-né, il a reconnu, mais trop tard, son erreur. Il a élevé de son mieux l'enfant que lui adressait la providence, l'a nommé Aronce et emmené à Carthage. Là, une fille lui est née, Clélie, auprès de laquelle Aronce a grandi, mais qu'il sait n'être pas sa sœur.

Vers la vingtième année de leur âge, les deux jeunes gens s'adoraient. Ils ont suivi en Italie Clélius et Sulpicie qui se sont installés à Capoue. Clélie est si belle qu'Aronce a plus d'un rival. Le plus redoutable est un jeune patricien de Rome, Horace, qui ne la quitte plus. Aronce se bat en duel avec lui et le blesse. Presque en même temps, il sauve la vie à Clélius, qu'avaient assailli des assassins. Le hasard lui fait rencontrer Marcia; elle reconnaît les pierres précieuses dont Galerite avait jadis paré son fils et qu'Aronce avait données à Clélie. L'illustre naissance du héros se découvre; Clélius, à la fois sensible à sa bravoure et à sa noblesse, lui accorde la main de Clélie.

La veille de leur mariage, ils se promènent dans la campagne de Capoue, en compagnie de leurs parents et de leurs invités. Ils parviennent à se séparer de dix à douze pas du reste de la troupe, et vont enfin causer librement de leur amour, quand Aronce aperçoit Horace. Clélie craint qu'ils ne se prennent encore de querelle, retourne vers son père et lui demande de s'interposer entre eux. A la même seconde, se produit un effroyable tremblement de terre, accompagné de fumée et de flammes. Aronce est aveuglé ; une nuit de cendres s'étend, comme au dernier jour de Pompéi. Le lendemain, quand l'obscurité se dissipe, il se trouve sur un grand monceau de cailloux, et ne voit plus ni la maison où il avait couché, ni le bourg dont elle faisait partie ; les bois ont été engloutis, la plaine est couverte de gens et de troupeaux morts. Il voit sortir d'un tombeau où ils s'étaient abrités, Sulpicie et Clélius, qui se mettent avec lui à la recherche de sa fiancée.

Il se doute qu'Horace est pour quelque chose dans sa disparition. Arrivé en vue du lac Trasimène, il la reconnaît, en effet, dans une barque, que dirige Horace. Tandis qu'il cherche un bateau pour les poursuivre, il rencontre un vieillard aux prises avec dix hommes qui vont l'accabler. Il s'élance et met les assaillants en fuite, après avoir reçu une blessure. Ce vieillard se trouve être Mézence, qui, sans connaître son sauveur, le fait transporter au château de l'île des Saules, située au milieu du lac.

Le blessé, bientôt guéri grâce aux soins de la

princesse de Pérouse, apprend que Porsenna est toujours prisonnier, et que Mézence lui ordonne de renoncer à Galerite. Bien plus, Mézence voudrait unir Galerite à Aronce lui-même, c'est-à-dire la mère au fils. Aronce se décide alors à déclarer qui il est. Tandis qu'il parle, Porsenna sort de sa prison, et, avec l'aide de quelques amis, s'empare du palais; mais bien qu'il soit en situation de se venger de Mézence, il se borne à réclamer sa femme, son fils et ses États de Clusium. Le roi de Pérouse, touché de tant de magnanimité, se réconcilie avec lui.

Aronce est libre alors de songer à Clélie. Elle est à Ardée, ville du Latium où l'a conduite Horace et qu'assiège Tarquin. Comme il en approche, Aronce voit des soldats de Tarquin qui essayent d'enlever « des dames »; Clélie est parmi elles! Il s'élance, mais se trouve en face de son rival qui l'attaque. Il lui tient tête, et le blesse encore une fois. Cependant, les ravisseurs ont entraîné Clélie à Rome.

Aronce l'y suit, sous un déguisement, parvient à la voir et va peut-être la délivrer. Mais voici que la mort de Lucrèce provoque une révolution. La femme de Tarquin, Tullie, obligée de fuir, mène la captive à la ville de Tarquinie où s'est retranchée l'armée royale. Clélie lui échappe; hélas! c'est le tour d'Aronce d'être prisonnier, et les deux amants sont de nouveau séparés. Tandis que les troupes du roi et celles de Brutus combattent, Aronce réussit à briser ses entraves et, accourant sur le champ de bataille, fait triompher la cause républicaine.

Qu'il est encore éloigné d'obtenir la récompense de tant d'héroïsme et d'un amour si fidèle! Son père Porsenna, devenu l'allié de Tarquin, le rappelle à lui et le contraint à combattre sous ses drapeaux contre Rome. Les deux partis concluent une trêve et échangent des otages; Clélie est, à ce titre, envoyée au camp de Tarquin et Aronce a la douceur de la revoir. Mais les entreprises hardies de Sextus, fils de Tarquin, révoltent Clélie qui s'enfuit, franchissant le Tibre à cheval. Rome l'admire, et cependant la renvoie à Tarquin. Aussitôt, Sextus, aidé de quelques complices, l'enlève et fait route vers Cumes. Cette fois, Porsenna comprend que les Tarquins sont des traîtres, indignes de son appui. Il se détache d'eux, et permet à son fils de reprendre Clélie à Sextus. Aronce vole sur ses traces, le rejoint et le tue. Dès lors, Rome, forte de son alliance avec le roi de Clusium, est assurée de jouir en paix de sa jeune liberté, et un oracle, rendu au temple de Préneste, commande à Porsenna d'unir Aronce à Clélie.

***

Le procédé de fabrication est ici le même que dans le *Cyrus*; les aventures d'Aronce, assez semblables à celles d'Artamène, sont également coupées d'histoires, de portraits, de digressions telles que le songe d'Hésiode qui est, sous la forme d'une vision prophétique, tout un cours de littérature depuis Homère jusqu'à Corneille. Ainsi que dans le *Cyrus*, ce sont ses amis que Mlle de Scudéry a peints sous un travestissement. — Mais le travestissement est aussi malencontreux que possible. Leurs noms d'emprunt, qui sont des noms historiques et bien célèbres, leur vont comme une armure du Moyen Age à un dandy. Nous avons beau nous répéter que c'est là pur artifice de romancier; notre esprit ne peut s'y faire, et Trissotin costumé en Horatius Coclès nous est aussi risible que Cléonte en fils du Grand Turc.

Encore, si d'aimables figures se cachaient sous le masque! Il y aurait quelque plaisir à regarder au travers. Mais non, ces carêmes-prenants, comme disait le XVIIe siècle, étaient en réalité de pauvres sires. A l'époque du *Cyrus*, la préciosité commençait seulement à teindre ses premiers cheveux gris, à farder ses premières rides; elle en était, quand parut la *Clélie*, à l'heure de l'irréparable décrépitude. Les samedis étaient bien dégénérés : « Chapelain et quelques autres, dit Tallemant, y avaient mené des gens ramassés de tout côté ». Il ajoute que « la cabale est fort démanchée ». Elle avait élu un nouveau domicile; après s'être réunie jusqu'en 1665 chez Mlle de Scudéry et chez Mme Arragonnais, elle se retrouvait chez Mlle Boquet. A une élite succédait une cohue prétentieuse. C'est l'histoire de cette décadence que nous trouvons dans la *Clélie*, et, vraiment, nous aimons mieux la chercher chez Molière qui l'a, lui aussi, racontée.

Il est vrai que Mlle de Scudéry a encore introduit dans son œuvre quelques personnages illustres, Louis XIV-Alcandre, Arnaud-Timante, Ninon de Lenclos-Damo, Fouquet-Cléonime, Scarron-Scaurus, Mme Scarron-Liriane. Mais outre qu'elle ne nous apprend rien de précis sur leur compte, et nous laisse seulement voir, en citant, par exemple, le *quo non ascendam* de Fouquet, qui elle a l'intention de mettre sur la sellette, les noms qui se cachent sous les autres pseudonymes sont ou des noms indignes de nous arrêter ou des noms inconnus aujourd'hui. Dès 1731, lorsqu'une troisième édition de la *Clélie* fut mise en vente, le public les avait presque tous oubliés; ces faux grands hommes n'avaient point survécu aux bureaux d'esprit hors desquels ils n'étaient rien.

II

Un seul passage du livre demeure une quasi-curiosité, quelque chose de bien XVIIe siècle, à la façon d'une perruque Louis XIV ou d'un ruban à la Fontange : c'est la carte du Tendre.

Cette carte, qui a charmé les uns, qui a fait rire les autres, et qui reste, en tout cas, fameuse, quoique les reproductions exactes en soient assez rares, n'est pas une invention de Mlle de Scudéry.

Elle était l'œuvre d'une collaboration entre les habitués des samedis, et y avait été fort goûtée.

Chapelain conseilla, dit-on, à Mlle de Scudéry, de l'intercaler dans son livre. Au cours de sa narration, à la fin du tome I, elle conte donc que Clélie, fort accoutumée à discourir avec ses adorateurs sur l'amour, leur a dessiné en s'amusant le plan du pays du Tendre avec les divers chemins qui peuvent y conduire, et les diverses stations qui s'y trouvent.

Ici, fermons le volume, ou, du moins, oublions-en le titre, le sous-titre, le nom des héros et des héroïnes : nous sommes en une ruelle du Marais.

N'est-ce là qu'un petit jeu de salon, une sorte de nouveau jeu d'oie, où un lac remplace le puits, où un château isolé sur un roc tient lieu de la prison? Il y a bien quelque analogie, et les beaux esprits qui s'amusaient à mesurer « les lieues d'amitié » d'un point de la carte à l'autre, nous apparaissent comme de grands désœuvrés. Essayons néanmoins de pénétrer le très innocent symbole — c'en est un — dont le sens les ravissait d'aise.

Il s'agit de savoir quelle route il faut suivre pour aller de *Nouvelle Amitié,* ville située en bas de la carte, jusqu'à *Tendre*; autrement dit, par quelle série d'épreuves il faut passer avant d'être aimé. « On peut avoir de la tendresse par trois causes différentes : ou par grande estime, ou par reconnaissance, ou par inclination. » Il y a donc trois villes distinctes, trois villes de *Tendre*, sur trois cours d'eau : *Tendre sur Estime, Tendre sur Reconnaissance* et *Tendre sur Inclination,* « de même que l'on dit Cumes sur la mer d'Ionie et Cumes sur la mer Tyrrenne ». Par suite aussi, il y a trois chemins, qui, tous partis de *Nouvelle Amitié* — c'est la tête de ligne, — bifurquent vers les trois villes de *Tendre*.

⁎⁎⁎

Le chemin qui mène à *Tendre sur Estime* passe par *Grand Esprit, Jolis Vers, Billet Galant, Billet Doux, Sincérité, Grand Cœur, Probité, Générosité, Exactitude, Respect* et *Bonté*. N'était-ce pas la marche ordinaire de la sympathie entre les « honnêtes gens » de l'époque ? Voici, je suppose, Lycidas qui vient d'être présenté à Dorimène dont la ruelle est des plus à la mode. Il en est à ses premières visites, aux premiers entretiens, à la nouvelle amitié. S'il n'était qu'un sot, il essuyerait des froideurs qui le rebuteraient bien vite, et se verrait poliment éconduit. Mais non, il a donné, soit en commandant les troupes du roi, soit en s'acquittant de quelque mission diplomatique, soit en pérorant au coin de la cheminée *de omni re scibili*, maintes preuves de haute intelligence ; il peut faire honneur au salon de Dorimène.... Ce n'est rien d'avoir l'esprit grand, il faut encore, en une vie de salon, avoir l'esprit aimable et cultivé, il faut savoir badiner avec grâce et s'entendre en matière de belles-lettres sans tomber dans le pédantisme. Lycidas est un bel esprit, rime à merveille de jolis vers ; il possède l'art de tourner un billet galant que Dorimène lit à haute voix le soir devant quelques amis de choix, au milieu d'un flatteur murmure, et de rédiger un billet doux qu'elle goûte assez pour ne point le lire en public, pour le glisser en un coin parfumé de son corsage en grondant d'une voix très douce le téméraire amoureux. L'amoureux, du reste, n'est pas au terme de son stage. Il ne gagnerait guère le cœur de Dorimène, s'il ne lui prouvait que le sien mérite de n'être pas méprisé, qu'il a du savoir-vivre autant que du savoir; qu'il n'est ni un comédien, ni un roué, ni un vulgaire don Juan; capable de se dévouer, corps et biens, à celle qu'il aime; qu'il n'est fripon ni aux jeux de l'amour ni aux jeux du hasard; qu'il sait pardonner une offense, une injustice même, à son amie. Lycidas, qui a de l'usage, n'a garde de rien espérer; qu'un geste trop passionné, un mot trop vif lui échappent, tout serait perdu. Il se souvient que Voiture fut congédié et assez longtemps exilé de la Chambre Bleue pour avoir osé baiser le bras de Julie. Il joue avec une patience désintéressée son rôle de soupirant; qu'il soit à courre un cerf chez le duc ou à souper chez le prince, rien ne lui ferait oublier l'heure à laquelle Dorimène lui a permis de la venir voir. Enfin, il a bon caractère, ne se fâche de rien, lui passe ses lubies, ses humeurs fantasques, est très indulgent à ses migraines et à ses vapeurs auxquelles il affecte sérieusement de croire.... Cette fois, l'épreuve est terminée; il est en passe d'obtenir de la belle cet aveu qui, nous dit

Madelon, fait tant de peine. Est-ce à dire qu'elle va rompre son veuvage? Va-t-elle devenir la maîtresse de Lycidas? Fi, l'horreur!... Va-t-elle devenir sa femme? Le dénouement serait bien prosaïque. Non, ils habitent ensemble *Tendre sur Estime*, ou, si vous voulez, ils vont s'adorer noblement, s'entretenir au bal, à la comédie, jusqu'au jour où ils s'apercevront que l'ennui vient et qu'il faut chercher autre chose.

⁂

Ce premier chemin n'est accessible qu'aux gens qui ont des qualités brillantes. Il en est un autre plus spécialement ouvert aux âmes sensibles, et qui mène à *Tendre sur Reconnaissance*. Il parcourt les villages de *Complaisance, Soumission, Petits Soins, Assiduité, Empressement, Grands Services, Sensibilité, Obéissance* et *Constante Amitié*. Figurez-vous un homme de naissance et de fortune modestes, un homme vêtu de noir, auteur ou abbé, Chapelain, Pellisson ou Corbinelli, dont le maintien est disgracieux, la figure laide, et qui n'a nuls brillants dans l'esprit. Abbé ou auteur, Vadius est reçu, lui aussi, au salon; peut-être a-t-il été le précepteur d'Arsinoé que visite toute la cour. Comment arrivera-t-il de *Nouvelle Amitié* jusqu'à *Tendre*, lui qui ne sait point caqueter, plaisanter, divertir, et qui argumente à tout propos comme un docteur en Sorbonne? Il se sent bien gauche devant Arsinoé, bien incapable de plaire. Mais qui sait?... Complaisant, soumis à tous ses caprices, maladroit peut-être à glisser un coussin sous ses pieds, prompt en revanche à retoucher les vers qu'elle compose, à lui souffler l'érudition dont elle se pare, il n'y a point de soins qu'il n'ait pour elle. Timide, embarrassé de lui-même, il vit dans son ombre, est perpétuellement planté derrière son fauteuil; peu à peu, son assiduité la touche, il s'en aperçoit, redouble de zèle, fait l'empressé. Qu'il voudrait avoir l'occasion de l'obliger! Il souhaiterait presque qu'elle tombât à l'eau ou que son carrosse vînt à verser, afin d'avoir la joie de la sauver; faute de quoi, il tourne une belle épigramme contre ceux qu'elle nomme ses ennemis, et les menace d'une satire dans le goût de Juvénal. A-t-elle quelque chagrin? Pleure-t-elle la mort de son mari ou d'un petit chien qu'elle aimait? Il en perd l'appétit; il ne paraît plus qu'avec des yeux pleins de larmes; un visage défait, et il lui dédie un gros livre où il a mis le *Moineau de Lesbie* en poème épique. Qu'elle lui impose les plus ennuyeuses corvées; qu'elle l'envoie porter de ses nouvelles à un plus heureux rival, ou l'expédie en Bretagne pour mettre ordre à ses affaires et vérifier les comptes de ses intendants, il part, il est docile, rien ne le lasse. Après un an d'absence, il reprendrait sa déclaration à la phrase même où elle s'est trouvée interrompue. Et pour lui s'ouvre enfin la porte de Tendre, de *Tendre sur Reconnaissance*. Mmes de Sévigné et de la Fayette y accueillirent bonnement le pauvre Ménage, qui se serait bien passé de leur reconnaissance.

*
* *

Mais qu'un faux pas entrainerait de malheurs! Le premier chemin présente un embranchement qui va par *Négligence, Inégalité, Tiédeur, Légèreté, Oubli*, jusqu'au *Lac d'Indifférence*. Plus d'un voyageur s'y est noyé. Que Lycidas, au lendemain de sa présentation, manque à rendre visite à Dorimène; qu'il se laisse conduire dans quelque ruelle rivale de la sienne : c'en est fait et il va bientôt en venir à l'entier oubli d'une émotion qui n'a duré qu'un jour. Il ne fait plus à Dorimène qu'une cour intermittente dont elle ne saurait s'accommoder; ses compliments se glacent, son culte a des distractions;... et le jour n'est pas loin où rencontrant Dorimène chez des amis communs, il n'obtiendra plus d'elle, dont la vue le laisse indifférent, qu'un salut de banale courtoisie.

Plus malheureux encore, celui qui, cheminant vers *Tendre sur Reconnaissance*, mettrait un pied au village d'*Indiscrétion*! Il n'y a pas loin de là à *Perfidie*, *Orgueil*, *Médisance*, *Méchanceté*; après quoi commence la mer d'*Inimitié*. Beaucoup d'hommes ont suivi ce fâcheux itinéraire; assez indélicats pour publier les faveurs qu'ils avaient reçues, et en exagérer l'importance, leur orgueil les a conduits à trahir les plus chers secrets, à raconter en riant ce qui ne leur avait pas été confié sans quelques soupirs, et pour amuser la galerie de badauds qui les écoutaient, ils ont poussé la méchanceté jusqu'à la calomnie. Au fond, ils en ont quelques remords; ils en veulent, à celle dont le souvenir leur est un vivant reproche, de tout le mal qu'ils lui ont fait; et s'ils publient quelque *Histoire amoureuse des Gaules*, ils traceront d'elle un portrait qui est pure insulte. Pourra-t-elle le leur pardonner? Oui, si elle a le cœur d'une Sévigné. Mais les Sévigné sont rares, et pour un Bussy qu'une jolie main a consenti à repêcher dans la *Mer d'Inimitié*, il y en a beaucoup qui s'y sont engloutis.

*

* *

Est-ce tout? La géographie de l'amour est-elle contenue là tout entière? Non certes, il y a une troisième ville de Tendre, *Tendre sur Inclination*....
« Comme elle a présupposé que la tendresse qui naît par inclination n'a besoin de rien autre pour

estre ce qu'elle est, Clélie, comme vous le voyez, madame, n'a mis nul village le long des bords de cette rivière, qui va si viste qu'on n'a que faire de logement le long de ses rives pour aller de *Nouvelle Amitié* à *Tendre*. » La « tendresse par inclination » dont parle Mlle de Scudéry, c'est tout simplement l'amour vrai, qui ne se prête guère, celui-là, aux spirituels ergotages. Dès qu'il naît en un cœur, il l'absorbe; il va « très viste », il est le coup de foudre dont parlent si souvent nos romanciers. Voyez La Fontaine et Mlle de Beaulieu; il avait soixante-cinq ans, elle en avait quinze; il l'aperçut et fut si troublé qu'en revenant le soir il s'égara, se retrouva, s'égara encore. L'âme vive du poète qui resta toujours jeune, avait pris feu au premier éclair de ces beaux yeux d'ingénue. La passion ignore les nuances, les lents progrès; elle confond et brouille toutes les facultés de l'être, elle est un envahissement. Le cœur et les sens nous emportent; le *Fleuve d'Inclination* roule comme un torrent, les rives fuient, disparaissent,... navigation éperdue, course à l'abîme, peut-être? Le fleuve se jette dans la *Mer Dangereuse*; au delà tout est énigme et sombre mystère, au delà s'étendent les *Terres Inconnues*.

Faut-il dire que Mlle de Scudéry a tourné la difficulté, que la « tendresse par inclination » est la seule qui compte, la seule dont il eût été intéressant de faire l'histoire? Mais d'abord, cette histoire, d'autres l'ont écrite; d'autres, depuis Virgile jusqu'à Racine, ont étudié l'amour profond et fort, « fort comme la mort », éternel comme l'humanité. Ils ont parcouru son calvaire dont les stations ne ressemblent guère aux gentils hameaux du pays de Tendre; ils ont traîné Didon, Phèdre, Hermione, sur ce chemin de croix dont les haltes, pour reprendre le style de *Clélie*, s'appellent angoisses, remords, doutes, jalousie, expiation ou sacrifice. Sur ce chemin-là, dites-moi, je vous prie, si vous apercevez beaucoup d'alcôvistes? Eh! grand dieu, qu'y feraient-ils, et que penseraient-ils, s'ils lisaient des mots si funèbres sur la carte du Tendre?

Toutes les âmes ne sont point susceptibles de passion; dans les salons du XVIIe siècle surtout, la passion n'existe qu'à titre d'accident. Nous n'en trouvons que bien peu de traces à travers les correspondances et les mémoires de l'époque. Des rêveurs, des poètes, comme l'amant de la Champmeslé, ou le mari d'Armande Béjart, l'ont ressentie, en ont souffert. Mais parmi la société brillante, à la cour, quel homme, quelle femme citer qui ait aimé de la sorte? Il y a La Rochefoucauld peut-être, Mme de Longueville et certainement Mlle de la Vallière. Et puis...? La passion étonnait comme un phénomène; elle plaisait au théâtre à titre de curiosité; elle eût fort déplu dans la vie réelle, n'étant point de bonne compagnie, faisant déraisonner ceux qu'elle possède, ôtant la présence d'esprit, c'est-à-dire désarmant l'homme du monde. Les hommes du monde étaient frivoles et secs, légers et pourtant très pratiques, soucieux d'éviter les éclats et les scandales, les brouilles et les ruptures, toutes les situations dramatiques qu'entraine un violent et sincère amour. A la place de cœur, selon le joli mot appliqué un peu plus tard à l'un d'eux, ils n'avaient que de la cervelle.

Voilà pourquoi Mlle de Scudéry n'insiste pas davantage sur « l'inclination ». Elle se borne à quelques mots, qui ne manquent pas de finesse. J'aime assez cette *Mer Dangereuse*, ainsi nommée parce qu'une femme risque beaucoup à s'aventurer « au-delà des dernières bornes de l'amitié ». J'aime assez ces *Terres Inconnues* qu'elle signale à l'horizon d'une vie passionnée. Qui peut savoir où mène la passion? A une suprême félicité ou à quelque effroyable désastre? Dans le doute, le plus prudent serait de n'y pas aller voir, et les gens du xviie siècle étaient prudents.

L'art d'aimer était surtout pour eux l'art de faire sa cour. Mlle de Scudéry décrit l'amour à fleur d'âme qui s'appelait, au temps d'Honoré d'Urfé, l'Honnête Amitié, et qui seul était de mise au salon. Cet amour-là ne voyageait pas à tire-d'aile; il cheminait à petits pas, en curieux et en flâneur; il s'attardait aux détours de la route, poursuivant un papillon, cueillant une fleurette, évitant les sentiers de traverse, se complaisant aux longues causeries, aux paisibles attentes sans espoir. Il était l'école buissonnière du sentiment. Il s'ingéniait à prolonger le plus possible, à force d'attention et d'égards, de rondeaux et de quatrains, à force d'enjouement et de politesse, une vie très factice qui naissait d'un sourire et serait morte d'un bâillement.

Nous sommes assez tentés de nous en moquer. En avons-nous bien le droit? Est-il quelque chose de si différent du « flirt » auquel nous trouvons tant d'attraits? C'est le même plaisir de « faire l'amour » en tout bien tout honneur; la même prétention de jouer avec le feu sans s'y brûler les doigts. Le nom a changé en même temps que le vocabulaire, et, à tout prendre, le ton de l'ancienne galanterie valait beaucoup mieux que les équivoques où les sous-entendus de la nôtre. Est-ce à dire que « l'Honnête Amitié » n'ait jamais franchi la dernière limite et que le flirt la dépasse presque toujours? Je n'en sais trop rien, et croirais volontiers que de pareils jeux, à toute époque de la société, ont eu leur casse-cou. Mais le jeu d'antan, plus joli sans conteste, avait aussi plus de chances de rester innocent, parce qu'il se bornait à charmer l'esprit, à caresser les oreilles, à bercer doucement le cœur sur une insignifiante musique de madrigal. Le flirt, avec la hardiesse de ses propos et de sa pantomime, avec son allure yankee, les libertés du tête-à-tête, l'énervement de la valse, sollicite la sensualité qui vient tout gâter.

Il se peut qu'en tout temps l'amour platonique ait été une illusion. Au moins est-ce une illusion à laquelle les femmes tiennent fort, et s'il fut si longtemps en faveur au xviiᵉ siècle, c'est que l'influence féminine y était souveraine. Quelle femme n'a fait ce rêve d'une tendresse dépourvue de toute matérialité, pure de tout mélange des sens? Les sens! Il y a tant de femmes en qui ils dorment et ne s'éveilleront jamais! Il y en a tant que la brutalité masculine attriste, et, plus encore, étonne, qui se contenteraient si bien d'un délicat commerce des âmes! Se croire aimée, être plus que reine, être idole, se sentir admirée dans ses fantaisies, dans ses imperfections même, recevoir des épîtres fleuries, écouter de flatteurs discours, n'avoir à craindre nulle exigence indiscrète, puisque l'adorateur n'espère rien, nul fâcheux commentaire, puisque la mode autorise et encourage de telles intimités, n'était-ce pas un bonheur enviable? Elles l'ont goûté, savouré avec délices; et c'est pourquoi la carte du Tendre n'est point si sotte.

*
* *

Cet indicateur à l'usage des novices, cette représentation figurée de l'amour selon la formule de la préciosité, est, en somme, un effort pour décomposer le sentiment le plus complexe de tous. C'est un essai d'analyse, ou plutôt c'est l'enfance de l'analyse, et l'enfance aime les dessins, les petits bonshommes, les maisons dessinées de travers en quatre coups de crayon avec un tire-bouchon de fumée sur le toit, tout ce qui parle aux yeux. Le raisonnement abstrait suppose des esprits plus mûrs. On se sert dans les écoles, pour apprendre aux tout petits quelques notions des sciences, de cônes, de sphères, de cubes, d'une foule de minuscules objets en carton ou en bois qui leur montrent les choses sous une forme concrète et matérialisent l'idée. La carte du Tendre est quelque chose de semblable. Elle mettait sous des yeux encore très frivoles les causes et les effets multiples de l'amour, en représentant des villes, des fleuves ou des mers. Certes, la connaissance du cœur humain, comme disent les classiques, la psychologie, comme nous disons, a fait depuis bien des progrès; n'empêche que voilà une première et enfantine ébauche de ces « planches d'anatomie morale » dont nous sommes aujourd'hui si curieux. Elle précède et fait pressentir l'œuvre des grands analystes qui vont suivre; elle marque le goût qui s'éveillait de pareilles études, et combien les précieuses même, aux réunions du Marais, trouvaient de plaisir à observer la nature humaine, l'être intime, à se regarder vivre.

Mais ce sont là jeux de grands seigneurs oisifs et riches. Il ne fallait pas que les filles, les femmes d'humble condition se prissent, elles aussi, à rêver de ce pays du Tendre où ne peuvent cheminer que les souliers à talons rouges. C'est alors que Molière intervint. Si bien traité qu'il fût à la cour, le fils du tapissier Poquelin appartenait, par le cœur comme par le sang, à la bourgeoisie dont il a défendu les intérêts. Il renvoya le marchand à son comptoir, et osa rappeler aux bourgeoises que leur rôle était d'être épouses, d'être mères, que tout leur roman devait tenir en ces deux mots-là. Et le tiers état, guéri d'un court accès de folie, reprenant sa vie de labeur, mais aussi sa douce vie de foyer, laissa les salons continuer à l'aise leurs subtiles caquetages sans portée.

LES MÉMOIRES

DU COMTE DE GRAMMONT

Antoine d'Hamilton, né en 1646, mort en 1720, était de famille écossaise. Il vint, tout jeune, en France et y commença ses études. Il n'avait que quatorze ans lorsque Charles II monta sur le trône. Le jeune homme repassa en Angleterre, et y trouva une cour brillante, voluptueuse, presque française d'humeur, où il ne manqua point d'avoir quelque succès. Mais sa qualité de catholique le tenait à l'écart de tout emploi. C'est alors que survint le comte de Grammont qui épousa sa sœur. Hamilton fit plus d'une visite aux jeunes époux, lorsqu'ils se furent installés à Versailles; il y fut bien reçu, et nous savons qu'il dansa dans le ballet du *Triomphe de l'Amour*. Sous le règne de Jacques II, il commandait un régiment d'infanterie en Écosse, et avait le gouvernement de Limerick. Il suivit le roi dans son exil à Saint-Germain. Il y composa, déjà vieux, des contes, *Fleur d'Épine, le Bélier, les Quatre Facardins*; il les écrivit pour divertir sa sœur, sous l'influence de la publication récente des *Mille et une Nuits*. Il voulait ridiculiser par là les grands romans auxquels Sorel, Scarron et Furetière s'étaient les premiers attaqués; il les discrédita bien davantage en rédigeant les *Mémoires* de son beau-frère. Sans doute, le comte de Grammont, très « fin de siècle », comme nous disons, prenait en dédaigneuse pitié la génération honnête et sentimentale qui avait précédé la sienne. Hamilton fit partager ce dédain à ses lecteurs.

Au reste, il se souciait surtout d'amuser. Il aurait eu mauvaise grâce à se donner pour un moraliste; il ne se posait pas même en historien scrupuleux. « Il m'est arrivé, dit-il dans sa préface, d'altérer les faits ou d'en intervertir l'ordre »; et c'est ainsi que son œuvre mérite d'être classée parmi les romans, plutôt que parmi les mémoires. Au moins n'est-elle pas un roman imaginaire. « Il est question de représenter un homme, dont le caractère inimitable efface les défauts qu'on ne prétend point déguiser, un homme illustre par un mélange de vices et de vertus, qui semblent se soutenir dans un enchaînement nécessaire, rares dans leur parfait accord. »

I

Grammont est d'une illustre maison. Il est le petit-fils de cette belle Corisande qui, restée veuve à vingt-six ans, fut aimée de Henri IV et l'aima elle-même assez pour lui envoyer une armée de vingt mille Gascons enrôlés à ses frais. Il a dans les veines quelques gouttes du sang du Béarnais. Il a fait ses études au collège de Pau, où sa famille l'a envoyé « dans la vue de le faire d'Église ». Mais l'Église ne l'attire point. Rappelé à Paris, il s'y dégourdit vite et n'a bientôt plus rien en lui qui sente l'écolier. Le jour où il doit être présenté à Richelieu, il vient à l'audience, une soutane passée à la hâte par-dessus son habit de cavalier. Contraint de choisir, en sa qualité de cadet, entre la robe du prêtre et l'uniforme du soldat, il n'hésite pas : il adopte la carrière des armes avec la secrète espérance de faire, malgré la pauvreté, son chemin dans le grand monde. Il apprend l'escrime et l'équitation; il apprend à manier les dés et les cartes. Enfin, il va faire sa première campagne en Piémont.

Il est parti les yeux secs et la bourse plate. Sa mère lui a adressé de touchantes recommandations, comme autrefois celle de Bayard exhortait le gentil page du duc de Savoie. A peine l'a-t-il écoutée; il avait déjà aux lèvres, tandis qu'elle lui prêchait la crainte de Dieu et l'amour du prochain, un demi-sourire d'ironie qui ne s'effacera plus. Il est accompagné d'un vieux valet fidèle, Brinon, qui a charge de veiller à la fois sur sa conduite et sur sa vie. Dès qu'il est en route, il oblige Brinon à lui remettre l'argent dont celui-ci avait reçu le dépôt. Arrivé à Lyon, il se loge en une hôtellerie qui est une véritable maison de jeu. Le patron, « gros comme un muid, Suisse de nation, empoisonneur de profession et voleur par habitude », l'engage à prendre son repas dans la salle commune où se trouvent assemblées « des figures extraordinaires ». Grammont remarque sur-le-champ un bonhomme grassouillet et rond comme une boule, qui porte une fraise avec un chapeau pointu haut d'une aune. On lui dit que ce bonhomme est un maquignon de Bâle, riche et gros joueur; et il médite de lui gagner une centaine de pistoles. La conversation s'engage entre eux; le marchand bavarde, s'excuse à tout propos de « la liberté grande », perd les premières parties; puis, avec son air bénêt, son parler humble, ne laisse pas de dévaliser le jeune homme qui croyait avoir aisément raison de lui, et qui a trouvé son maître. Le voilà tout déconcerté et fort en peine. Brinon fait de grands signes de croix, lève les bras au ciel et répète d'une voix dolente : « Que dira madame? » Par bonheur, le prudent écuyer, qui tient de

Sancho, a conservé un en-cas de cinquante louis qui permet à Grammont de rejoindre l'armée au siège de Turin.

Beau, bien portant et gai, il est le roi de la tranchée. Il s'est lié avec un jeune homme de qualité, Matta, chez lequel il s'installe, et qui devient le compagnon de sa joyeuse existence. Ils font bourse commune, et donnent des soupers délicats, si délicats que la bourse se trouve bientôt vide. Matta se désespère; Grammont le rassure. Il lui raconte l'école qu'il a récemment faite à Lyon, lui prouve qu'il n'est pas un novice, et qu'il saurait au besoin corriger au jeu les injustices de la fortune. Puisqu'il a été la dupe d'un lourdaud, pourquoi ne ferait-il pas des dupes à son tour? Il propose d'inviter le comte de Cameran, de jouer avec lui et de le dépouiller au quinze. Le convive volé s'avisera peut-être de se fâcher, d'appeler ses gens? Quelques soldats de la compagnie que Matta commande, seront là, embusqués derrière le logis, prêts à mettre le holà. Le comte tombe en un vrai guet-apens. Tout s'y passe le mieux du monde. Matta boit cinq ou six grands coups « pour étouffer un reste de délicatesse qui l'inquiétait ». Quant à Grammont, il n'éprouve nul malaise : il cause, il badine, il rit. C'est lui qui tient les cartes et il s'acquitte avec une aisance parfaite de son rôle de tricheur. Il gagne à Cameran tout l'or que celui-ci avait apporté; il lui gagne encore quinze cents pistoles sur parole, mais montre tant d'esprit, tant de bonne grâce, que le comte se retire volé et content.

Les deux compères se trouvent plus riches que jamais. Du moins, Grammont n'est point un voleur vulgaire. Il reste trop gentilhomme pour ne point mépriser l'argent. Il a trompé parce que tromper l'amuse. La somme qu'il a malhonnêtement acquise, lui sert à faire le généreux, à venir en aide à tous les malheureux qu'il rencontre, officiers ruinés, soldats blessés. Son logis, qui était un tripot, se transforme en un bureau de bienfaisance. Il se fait adorer de toute l'armée; il jouit du plaisir d'être charitable, après avoir goûté le plaisir d'être un adroit fripon. Pour apaiser un tardif remords, il associe Cameran à toutes ses fredaines, à toutes ses fêtes; il s'imagine qu'il est de la sorte quitte avec lui et qu'il lui fait « restitution ».

Le siège de Turin s'achève. Grammont part avec Matta en quête d'amoureuses aventures. A Turin, où les mœurs de France ont pénétré et où toutes les dames sont tenues d'avoir un chevalier servant, il devient celui de Mlle de Saint-Germain dont Hamilton a tracé, d'un crayon un peu sensuel, un souriant portrait : « Dans le premier printemps de son âge, elle avait les yeux petits, mais fort brillants et fort éveillés. Ils étaient noirs comme ses cheveux. Elle avait le teint vif et frais, quoiqu'il ne fût pas éclatant par sa blancheur. Elle avait les bras bien formés, une beauté singulière dans le coude, qui ne lui servait pas de grand'chose; ses mains étaient passablement grandes; et la belle se consolait de ce que le temps de les avoir blanches n'était pas encore venu. Ses pieds n'étaient pas des plus petits, mais ils étaient bien tournés. Elle laissait aller cela tout comme il plaisait au Seigneur, sans employer l'art pour faire valoir ce qu'elle tenait de la nature; mais malgré cette nonchalance pour ses attraits, sa figure avait quelque chose de si piquant que le chevalier de Grammont s'y laissa prendre d'abord. Son esprit et son humeur étaient faits pour assortir le reste. Tout y était naturel, et tout en était agréable. C'était de l'enjouement, de la vivacité, de la complaisance et de la politesse. Tout cela coulait de source; point d'inégalité. »

Mais Grammont ne tarde guère à la délaisser. Une occasion de tromperie se présente; il ne la laisse pas échapper. Matta, qui faisait sa cour à la blonde Mme de Sénantes, s'y est si mal pris qu'il l'a froissée dès le premier abord. Grammont n'hésite pas à profiter de la maladresse de son ami, et à porter ses hommages, peu respectueux, à Mme de Sénantes, plus accessible que Mlle de Saint-Germain. Il n'entend point en rester aux préliminaires de l'amour dont se contentaient les héros de l'*Astrée* ou du *Cyrus*; et Mme de Sénantes semble elle-même assez disposée à écourter les préambules.

Quelle joie pour lui, de berner à la fois M. de Sénantes et Matta, l'époux et l'ami, de faire coup double ! Sa joie est d'autant plus vive qu'il ne peut triompher qu'à force d'invention et de diplomatie, qu'il lui faut, pour réussir, posséder le génie de l'intrigue ; et il aime à prendre conscience de son génie. Il s'y prend si bien que M. de Sénantes et Matta sont, un beau soir, prisonniers chez eux, une sentinelle à la porte, tandis qu'il va lui-même recueillir « le prix de sa fidélité ».

Ainsi, il est le même en amour qu'au jeu : séduisant et déloyal. Hamilton avoue que « Grammont était plus heureux au jeu qu'en amour ». C'est qu'il y avait — nous l'avons vu, — en 1650, peu de femmes capables de faire cas d'un grand seigneur qui avait l'inconstance d'Hylas et les ruses de Scapin.

Revenu en France, il attache sa fortune à celle de Condé : il le suit sans scrupules dans ses écarts de frondeur. Puis, comme il n'y trouve pas son avantage, il le quitte et se réconcilie avec la cour. La politique, plus adroite qu'honnête, de Mazarin l'intéresse ; Mazarin lui-même, souple et félin, lui inspire quelque sympathie. Ils s'entendent à merveille ; ils jouent ensemble, et c'est à qui fera le mieux sauter la coupe ; ils se volent à tour de rôle en s'admirant l'un l'autre. Envoyé au siège d'Arras, Grammont sait, tout en se battant bien, se faire adorer dans le camp espagnol que commande

Condé, comme dans le camp français que commande Turenne. Il avertit Condé de l'attaque qui doit avoir lieu; et après une indiscrétion fanfaronne, qui est en somme une trahison, il fait merveilles à l'heure du combat. Il donne des ordres, qu'il feint d'avoir reçus du général, et si à propos que Turenne l'en remercie. Il est chargé de porter à la cour la nouvelle d'une victoire qu'à vrai dire il a d'abord compromise, qu'il a rétablie ensuite. Les Cravattes l'aperçoivent : il veut fuir, son cheval s'embourbe. C'est encore à l'industrie de son esprit qu'il doit son salut; il y a de la fourberie jusque dans sa bravoure. Les cavaliers qui le poursuivent vont l'atteindre, le couchent en joue, lui crient de se rendre : il fait mine de se rendre, en effet; il attend un peu, laisse à son cheval le temps de reprendre haleine, puis baisse la main, part comme un éclair.... Il évite quelques autres embuscades, et arrive auprès de la Reine qui l'embrasse. Mazarin, choqué de son air important, le reçoit assez mal; Grammont tient tête à ses impertinences et fait si bien que le ministre, séduit à son tour, le garde à souper.

*
* *

Une lacune interrompt ici les *Mémoires*, qui reprennent aux premières années du règne de

Louis XIV. Grammont a conquis la faveur du roi; son audace ne connaît plus de bornes. Il ose se poser en rival de son maître; il ose élever les yeux jusqu'à Mlle de la Mothe-Houdancourt dont le roi même est épris. Au lieu de s'effacer, il s'obstine dans une lutte si inégale. Cette fois, c'en est trop; il s'attire une éclatante disgrâce et se voit banni de la cour.

Il passe en Angleterre, auprès de Charles II. Les deux tiers des *Mémoires* forment une histoire amoureuse de la cour des Stuarts; l'auteur a conté, avec grâce, les aventures de Germain, de Buckingham, de milord Rochester et des favorites. Cette cour voluptueuse, qui voulait imiter celle de Versailles, n'en avait ni la solennité ni la décence; elle offrait le spectacle d'une corruption plus avancée et comme un avant-goût du règne de Louis XV. Grammont, autant par ses vices que par ses qualités, en devient le héros. Il est là dans le milieu qui lui convient. Ce roué de 1720 égaré dans le XVIIe siècle, se trouve chez lui à Londres. « Familier avec tout le monde », il plait à ses hôtes « en s'accommodant à leurs coutumes, en mangeant de tout ». Il est tous les jours convié à quelque fête; il faut l'inviter huit ou dix jours d'avance, tant les salons se le disputent. Il donne lui-même à souper; il a pour convive un exilé comme lui, Saint-Évremond, qui lui prêche sa morale d'égoïste et de sceptique. Il fait l'empressé auprès des plus grandes dames qu'il comble de cadeaux, « gants parfumés, miroirs de poche, étuis garnis, pâtes d'abricots, essences venues de Paris, etc. ». Enfin, il fait la connaissance de Mlle d'Hamilton.

Nous savons qu'il doit l'épouser un jour; nous nous attendons à rencontrer ici quelques traits d'une forte et sincère passion, d'une de ces passions qui saisissent parfois, aux approches de la quarantaine, les viveurs sur le retour, et leur refont une jeunesse de cœur. Mais non; il est incapable d'aimer. Il s'occupe de Mlle d'Hamilton parce qu'elle est jolie, et surtout parce qu'elle traîne à sa suite tout un cortège d'amoureux. Supplanter des rivaux, voilà pour lui la grande affaire. Il courtise celle dont il fera sa femme, du même air qu'il courtisait celles dont il a fait ses maîtresses. Son amour-propre est en jeu; il veut vaincre, dût-il payer sa victoire d'une signature au bas d'un contrat. Hamilton ne cherche point à nous donner le change là-dessus. Il sait que son beau-frère est un libertin; il n'est pas homme, lui-même, à s'en fâcher. Il n'est pas plus capable de comprendre que Grammont d'éprouver un sérieux amour. Goûtez, je vous prie, les derniers mots du portrait de Mlle d'Hamilton : « A son port, à toutes les grâces répandues sur sa personne entière, le chevalier de Grammont ne douta point qu'il n'y eût de quoi former des préjugés avantageux sur tout *le reste* ». C'est de sa propre sœur qu'Hamilton parle sur ce ton. Il aurait eu mauvaise grâce à s'étonner ensuite des légèretés de Grammont. Ils vivent, l'un et l'autre, en un pays et en un temps où l'esprit tient lieu de cœur et où le sentimentalisme a fait place à la sensualité.

A cette époque de la vie de Grammont appartient la fameuse histoire de son habit, de ce bel habit brodé qu'il attendait de Paris, qu'il devait mettre à un grand bal de cour, et que son valet Termes avait mission de lui rapporter.

« Le jour du bal venu, la cour, plus brillante que jamais, étala toute sa magnificence dans cette mascarade. Ceux qui la devaient composer étaient assemblés, à la réserve du chevalier de Grammont. On s'étonna qu'il arrivât des derniers dans cette occasion, lui dont l'empressement était si remarquable dans les plus frivoles : mais on s'étonna bien plus de le voir enfin paraître en habit de ville qui avait déjà paru. La chose était monstrueuse pour la conjoncture et nouvelle pour lui. Vainement portait-il le plus beau point, la perruque la plus vaste et la mieux poudrée qu'on pût voir. Son habit, d'ailleurs magnifique, ne convenait point à la fête. Le roi, qui s'en aperçut d'abord : « Chevalier de Grammont, lui dit-il, « Termes n'est donc point arrivé? — Pardonnez-« moi, Sire, dit-il. Dieu merci! — Comment! Dieu

« merci! dit le roi, lui serait-il arrivé quelque
« chose par les chemins? — Sire, dit le chevalier
« de Grammont, voici l'histoire de mon habit, et
« de M. Termes, mon courrier. » A ces mots, le
bal, tout prêt à commencer, fut suspendu. Tous
ceux qui devaient danser faisaient un cercle
autour du chevalier de Grammont. Il poursuivit
ainsi son récit :

« Il y a deux jours que ce coquin devrait être
ici, suivant mes ordres et ses serments. On peut
juger de mon impatience tout aujourd'hui, voyant
qu'il n'arrivait pas. Enfin, après l'avoir bien maudit, il n'y a qu'une heure qu'il est arrivé, crotté
depuis la tête jusqu'aux pieds, botté jusqu'à la
ceinture, fait enfin comme un excommunié. « Eh
« bien! monsieur le faquin, lui dis-je, voilà de
« vos façons de faire ; vous vous faites attendre
« jusqu'à l'extrémité, encore est-ce un miracle que
« vous soyez arrivé. — Oui, mor..., dit-il, c'est un
« miracle. Vous êtes toujours à gronder. Je vous
« ai fait faire le plus bel habit du monde, que
« monsieur le duc de Guise lui-même a pris la
« peine de commander. — Donne-le donc, bour-
« reau, lui dis-je. — Monsieur, dit-il, si je n'ai
« mis douze brodeurs après, qui n'ont fait que
« travailler jour et nuit, tenez-moi pour un infâme.
« Je ne les ai pas quittés d'un moment. — Et où
« est-il, dis-je, traître, qui ne fais que raisonner
« dans le temps que je devrais être habillé? — Je

« l'avais, dit-il, empaqueté, serré, ployé, que toute
« la pluie du monde n'en eût point approché. Me
« voilà, poursuivit-il, à courir jour et nuit, con-
« naissant votre impatience, et qu'il ne faut pas
« lanterner avec vous.... — Mais où est-il, m'écriai-
« je, cet habit si bien empaqueté? — Péri, mon-
« sieur, me dit-il en joignant les mains! — Com-
« ment! péri, lui dis-je en sursaut? — Oui, péri,
« perdu, abimé. Que vous dirai-je de plus? —
« Quoi! le paquebot a fait naufrage? lui dis-je. —
« Oh! vraiment, c'est bien pis, comme vous allez
« voir, me répondit-il. J'étais à une demi-lieue de
« Calais hier au matin, et je voulus prendre le
« long de la mer pour faire plus de diligence;
« mais, ma foi, l'on dit bien vrai, qu'il n'est rien
« tel que le grand chemin; car je donnai tout au
« travers d'un sable mouvant, où j'enfonçai jus-
« ques au menton. — Un sable mouvant près de
« Calais? lui dis-je. — Oui, monsieur, me dit-il,
« et si bien sable mouvant, que je me donne au
« diable, si on me voyait autre chose que le haut
« de la tête, quand on m'en a tiré. Pour mon cheval,
« il a fallu plus de quinze hommes pour l'en sor-
« tir; mais pour mon porte-manteau, où malheu-
« reusement j'avais mis votre habit, jamais on ne
« l'a pu trouver. Il faut qu'il soit pour le moins
« une lieue sous terre. »

« Voilà, Sire, poursuivit le chevalier de Grammont, l'aventure et le récit que m'en a fait cet

honnête homme. Je l'aurais infailliblement tué, si je n'avais eu peur de faire attendre mademoiselle d'Hamilton, et si je n'avais été pressé de vous donner avis du sable mouvant, afin que vos courriers prennent soin de l'éviter. »

*
* *

Une lettre, venue de France, sur ces entrefaites, donne à croire à Grammont que Louis XIV lui a pardonné et qu'il est temps de reparaître à Versailles. Mlle d'Hamilton, elle-même, l'engage à profiter d'un retour de la fortune. Il part, et son odyssée de Londres à Paris est assez plaisante. Il se trouve dans une auberge d'Abbeville en même temps que la noce d'un gentilhomme campagnard, noce qu'Hamilton a su peindre en maître. Nous voyons l'arrivée de ce cortège, précédé de violons et de hautbois, suivi de tous les « galopins » de la ville; ces trois grands « corbillards » comblés de laquais grands comme des Suisses; ces livrées tranchantes, ce clinquant rouillé, ces passements ternis, ce taffetas rayé, ces « petits yeux » et ces « grosses gorges » qui brillaient partout. Grammont retrouve son habit sur les épaules du marié qui l'avait acheté à l'infidèle Termes; mais il se contente de sourire, « ayant pour habitude de se laisser voler par ses domestiques ». Il accepte de souper avec les mariés; et lorsqu'il se retire, toute la noce le reconduit. Étonnante noce qui évolue à la façon d'un chœur antique, va, vient, se lève et s'assied d'un seul mouvement, comme des soldats à la parade ou comme la noce du *Chapeau de paille d'Italie.*

A peine arrivé, Grammont s'aperçoit que la nouvelle de sa rentrée en grâce était au moins prématurée. Le roi lui ordonne de reprendre le chemin de l'exil. Grammont obtient seulement la permission de résider quelques jours à Vaugirard pour mettre ordre à ses affaires, trouve moyen d'accomplir là de nouvelles prouesses, de faire parler de lui, et s'en retourne à Londres.

Plus avide que jamais de plaisirs et d'excentricités, il monte en courses, parie aux combats de coqs, aux jeux de boule, et court les cabarets « où se vendent toutes sortes de liqueurs à l'anglaise ». Il s'y attable avec les Rouques, « gens qui portent toujours de l'argent pour offrir à ceux qui perdent au jeu, moyennant une rétribution qui n'est rien pour les joueurs, et qui ne va qu'à deux pour cent à payer le lendemain ». C'est parmi eux, parmi des usuriers et des ivrognes que Grammont s'en vient, en pourpoint brodé, la plume au feutre, souper dans la fumée des pipes et dans le bruit des voix avinées; c'est avec ces filous qu'il joue aux dés, et il gagne. Quel triomphe, et comme il s'en pare le lendemain devant le roi lui-même ! « D'une bagatelle il a l'art de faire quelque chose », et ses récits amusent les plus dédaigneuses oreilles. Il est fier de son adresse qui lui a permis de duper les Rouques eux-mêmes ; il en est fier, comme ses ancêtres l'étaient de leur vaillance. Et à la cour de Charles II, ce Français exilé se trouve l'homme le plus « fashionnable » de toute l'Angleterre.

Enfin, il épouse Mlle d'Hamilton. « Ce fut, dit son biographe qui borne là son histoire, le prix d'une constance qu'il n'avait jamais connue devant et qu'il n'a jamais pratiquée depuis. »

II

Les *Mémoires* de Grammont ont survécu, ce me semble, pour deux raisons. La première, c'est qu'ils sont écrits dans ce français irréprochable, aisé, naturellement correct, que parlaient, qu'écrivaient tous les gens bien nés de l'époque. La seconde, c'est que Grammont a eu une nombreuse postérité.

L'ancienne France l'eût méprisé comme un fourbe. Il ferait bon relire, après l'œuvre d'Hamilton, le récit du *Loyal serviteur*. Loyal, Bayard ne l'était pas moins que son écuyer. Nous n'aurions guère à lui reprocher que l'innocent tour joué à son oncle, l'abbé d'Esnay ; encore est-ce Bellabre qui mène le petit complot, et, selon le mot de ce dernier, « ce qu'on desrobe à moynes est pain beneist ». En toute autre circonstance, quelle franchise, quelle simplesse, quelle ingénue bonté d'enfant, soit qu'il reçoive, les larmes aux yeux, les adieux de sa « bonne dame de mère », soit qu'il prenne sous sa protection ses jolies gardes-malades de Brescia.

Dans la première moitié du XVIIe siècle Grammont eût passé pour un homme de mauvaise compagnie. Il était si loin des Céladon et des Artamène ! Comparez aux douze lois de l'*Astrée* le code de galanterie que lui dicte Mme de Sénantes :

>Mettez-vous bien dans la mémoire
>Et retenez ces documents,
>Vous qui vous piquez de la gloire
>De réussir en faits galants
>Ou qui voulez le faire croire.
>En équipage, en airs bruyants,
>En lieux communs, *en faux serments*,
>En habits, bijoux, dents d'ivoire,
> Mettez-vous bien.
>
>Ayez pour plaire aux vieux parents
>Toujours en main nouvelle histoire,
>Pour les valets force présents :
>Mais, eût-il l'humeur sombre et noire,
>Avec l'époux, malgré ses dents,
> Mettez-vous bien.

Feindre, voilà la devise de toute sa vie. C'est que les années ont passé. A mesure que nous avançons vers la fin du siècle, nous sentons, à d'imperceptibles indices, que les mœurs se gâtent et que le sens moral dévie. La corruption n'éclate pas encore; mais elle s'infiltre peu à peu dans les cœurs. Les « honnêtes gens » font place aux intrigants qui vont à leur tour faire place aux chevaliers d'industrie; c'est le résultat de l'enseignement des casuistes et de la vie de cour. La vie de cour! Quel dissolvant comparable à celui-là? Nous parlons aujourd'hui avec amertume de la « lutte pour la vie » qui nous emporte et nous rend ou vils ou cruels. Quand donc a-t-elle été aussi ardente que sous l'ancien régime? A vrai dire, au lieu de s'étendre à toute la nation, elle se limitait au château de Versailles; et quel champ de bataille ouvert aux passions que cette antichambre du roi où était pour ainsi dire concentrée la vie de tout un siècle, où des centaines de créatures, avides et vaniteuses, se disputaient une faveur, un regard du maître? Que pouvait devenir le sentiment de l'honneur en une société où l'emploi de favorite était le plus envié, où le frère destinait sa sœur, le mari sa femme à l'alcôve royale, et où les brevets de colonel, les croix de Saint-Louis ne s'achetaient guère qu'au prix de quelque basse complaisance? L'honneur n'était plus que l'orgueil des rangs et des titres, ce misérable « honneur du monde », que Bossuet a si éloquemment et si inutilement flétri. La raison du plus fort l'emportait sur les droits du plus digne. Mais le plus fort lui-même risquait d'être la dupe du plus fin, — et la nécessité de jouer au plus fin conduisait bien vite les gens de cour à piper les dés. Déjà Molière avait mis à la scène, dans le *Bourgeois gentilhomme*, ce Dorante, adroit, souple et faux, qui régale sa maîtresse aux frais de son rival, et joue avec tant de désinvolture son rôle de gentilhomme fripon. Dorante allait reparaître vingt fois dans le théâtre de Regnard et de Lesage, soit sous les traits d'un joueur, soit sous les traits d'un parasite ou d'un sigisbée.

Grammont est frère de Dorante. Il appartient à cette indécise période de transition où la noblesse française avait encore grand air, mais reniait tout bas ses antiques maximes et se faisait une morale commode ; où une vie d'oisiveté et de parade jetait le courtisan de Louis XIV en des embarras de finances, le réduisait aux expédients, aux fâcheux compromis, et préparait sa métamorphose en roué du Régent. Il s'est trouvé un peu en avance sur ses contemporains. Il avait le cynisme des vices dont ils étaient encore les Tartufe. Mais ils l'admiraient, et leur admiration prouve qu'ils ne valaient, au fond, guère mieux que lui. Son élégance et son esprit, son charme en un mot les rendait indulgents à ses indélicatesses et à ses fraudes. Ce joueur qui triche, ce soldat qui trahit, cet amoureux qui trompe, demeurait malgré tout, aux yeux d'une société déjà pervertie, le type du galant homme, l'irrésistible séducteur. Ne s'appliquent-ils pas à lui, ces vers de *Namouna* :

> Que dis-je? tel qu'il est, le monde l'aime encore ;
> Il n'a perdu chez lui ni ses biens, ni son rang ;
> Devant Dieu, devant tous, il s'assied à son banc ;
> Ce qu'il a fait de mal, personne ne l'ignore ;
> On connaît son génie, on l'admire, on l'honore :
> Seulement, voyez-vous, cet homme, c'est don Juan.

Oui, don Juan, non pas le chercheur d'idéal que Musset a rêvé, mais Lovelace. En lui naissait le XVIIIe siècle, le siècle de l'immoralité séduisante et des perversités jolies. Si Grammont avait eu, de son vivant, peu d'émules, il en eut d'innombrables après sa mort, quand Louis XIV, pauvre maître de vertu, mais savant maître de bienséances, ne fut plus là pour imposer le respect de l'étiquette et le souci du décorum ; c'est après sa mort qu'il faut chercher des existences pareilles à la sienne, des œuvres pareilles à celle d'Hamilton, qui, publiée en 1713, trouva d'avides lecteurs. Le journal de sa vie peut servir de prologue aux *Mémoires* de Lauzun et de Tilly, aux aventures de Faublas et de Valmont.

LE TRAITÉ DE HUET

ET LE

TÉLÉMAQUE DE FÉNELON

I

Huet est une physionomie assez curieuse. Il était né à Caen, en février 1638. « A peine, dit-il, avais-je quitté la mamelle que je portais envie à tous ceux que je voyais lire. » Orphelin à quatre ou cinq ans, il fut confié à des tuteurs, puis mis en pension. Il fit ses études au collège des Jésuites : « A douze ans j'étais empereur, en seconde ». Il avait un précepteur, très pieux, ignorant et fouetteur ; mais rien ne rebuta son zèle. Il s'éprit d'abord des mathématiques, puis de la philosophie de Descartes, puis de la *Géographie sacrée* de Bochart. En même temps, il s'essayait à devenir un mondain, « cherchait à plaire », excellait à la course, montait bien et tirait mieux encore.

Maître de sa fortune à vingt et un ans, il vint

à Paris où il se lia avec les savants de l'époque. Bochart le conduisit, en 1652, auprès de Christine de Suède qui, d'ailleurs, les reçut assez mal. De son voyage il rapporta un manuscrit d'Origène qu'il traduisit à son retour en France. En 1670, il fut nommé sous-précepteur du dauphin dont Bossuet dirigeait l'éducation ; et il commença l'édition des classiques *ad usum Delphini.* Il conserva sa charge jusqu'au mariage de son élève en 1680. Dans l'intervalle, il avait été admis à l'Académie française.

Il avait près de quarante ans lorsqu'il entra dans les ordres. Nommé d'abord abbé d'Aunay, puis évêque de Soissons, il permuta en 1685 avec l'évêque d'Avranches. Après un assez long séjour à son abbaye de Fontenay, près de Caen, il revint à Paris où il se logea chez les Jésuites. Travailleur infatigable, dont la curiosité ne se rassasiait point, mais s'attardait parfois en de puériles recherches, il se levait tous les jours à trois heures du matin, et se vantait d'avoir lu vingt-quatre fois la Bible en hébreu.

Il vécut quatre-vingt-onze ans, sans être jamais malade, ni arrêté dans ses travaux. Il adorait l'étude, ne voulait point gaspiller une minute, se faisait lire en mangeant, en se couchant. Il n'y eut pas d'homme plus actif : « Vous allez et venez, lui écrivait Mme de la Fayette, comme pois en pot ».

Segrais raconte que ses paroissiens s'étonnaient

de recevoir, à chaque fois qu'ils frappaient à sa porte, la même réponse de ses valets : Monseigneur étudie. « Si bien qu'ils étaient honteux d'avoir un évêque qui n'avait pas fini ses études. » Ses œuvres sont aussi variées que nombreuses; j'y distingue une traduction de *Daphnis et Chloé*, écrite à dix-huit ans, et dont le souvenir l'embarrassait un peu dans son épiscopat; un roman, *le Faux Incas*; un traité de *la Faiblesse de l'Esprit humain*; des *Notes sur la Vulgate*; une *Dissertation sur l'emplacement du Paradis terrestre*; une *Histoire du commerce et de la navigation chez les Anciens*; un recueil de six à sept cents lettres; une foule d'opuscules en latin; des vers latins et grecs. Enfin, il avait fait paraître, en 1670, en tête de *Zayde*, une lettre adressée à Segrais sur l'*Origine des Romans*.

*
* *

Le xviie siècle est profondément doctrinaire. Il a des principes en toute chose, il en parle volontiers, et juge tout écrit d'après une idée préconçue. Chapelain et d'Aubignac ont formulé la fameuse loi des trois unités; le père Le Bossu a donné la règle du poème épique; puis Boileau est venu, qui a rassemblé leurs arrêts, y a joint de nouvelles sentences, et a publié le code définitif du classicisme où tous les genres, depuis la tragédie jusqu'à l'idylle, sont réglementés. Malheur aux indépendants ! Malheur à l'œuvre qui se permettrait d'émouvoir ou de charmer sans être « dans les règles »! L'auteur des *Satires* est là qui fait la police sur le Parnasse, et chacun sait qu'il a la main rude.

Le genre romanesque devait, tout naturellement, avoir, lui aussi, sa théorie. Il est assez plaisant qu'elle soit une apologie du roman, et soit signée du nom d'un homme qui devait porter la mitre. Il s'en faut de beaucoup, il est vrai, que le clergé tout entier fût alors aussi indulgent aux belles-lettres. Nous savons de quel ton Bossuet vieilli a fait le procès des comédiens et de l'art dramatique. Le « père de l'Église », qui, sur la fin de sa vie, trouvait « un si grand creux » à la lecture des plus beaux livres de l'antiquité, n'aurait sans doute pas témoigné beaucoup de tendresse aux romanciers de son temps, s'il leur avait fait l'honneur de parler d'eux. Le futur évêque d'Avranches ne se fit, au contraire, nul scrupule de chanter leurs louanges. Il était, en 1670, et fut toute sa vie un humaniste et un mondain. Voyez comme il apprécie, en un passage de sa docte épître, le rôle des femmes dans la société du XVIIe siècle. Le morceau est galant et joli comme un billet de Voiture; il évoque en nous le souvenir d'un temps où les soutanes violettes frôlaient, au château de Versailles, les falbalas des grandes dames; il nous fait revoir ces tableaux d'autrefois qui représentent une soirée de gala au petit théâtre de la cour, et qui montrent, entre les coiffures poudrées des duchesses, la barrette rouge des cardinaux.

« La politesse de notre galanterie... vient, à mon avis, de la grande liberté dans laquelle les hommes vivent en France avec les femmes. Elles sont presque recluses en Italie et en Espagne, et sont séparées des hommes par tant d'obstacles qu'on les voit peu, et qu'on ne leur parle presque jamais; de sorte que l'on a négligé *l'art de les cajoler agréablement*, parce que les occasions en étaient rares; l'on s'applique seulement à surmonter les difficultés de les aborder; et cela fait, *on profite du temps sans s'amuser aux formes*; mais, en France, les dames vivant sur leur bonne foi, et n'ayant point d'autres défenses que leur propre cœur, elles s'en sont fait un rempart plus fort et plus sûr que toutes les clefs, que toutes les grilles, et que toute la vigilance des duègnes. Les hommes ont donc été obligés d'assiéger ce rempart par les formes, et ont employé tant de soin et d'adresse pour le réduire, qu'ils s'en sont fait un art presque inconnu aux autres peuples. »

Il commence d'un air modeste qui a bien sa coquetterie, déclarant qu'il est fort incapable de satisfaire à la requête de Segrais, et d'écrire une lettre-préface sur l'origine des romans : « Je suis sans livres... ». Il n'y paraît guère. Nous nous plaindrions plutôt qu'il ait fait un trop grand étalage de science. A peine engagé dans son sujet, il énumère les principaux romanciers de l'antiquité :

« Cléarque, qui avait fait des livres d'amour, était de Cilicie, province voisine de Syrie; Jamblique, qui a écrit les aventures de Rhodanès et de Sidonis, était né de parents syriens, et fut élevé à Babylone; Héliodore, auteur du roman de *Théagène et Chariclée*, était d'Émèse, ville de Phénicie; Lucien, qui a écrit la métamorphose de Lucius en âne, était de Samosate, capitale de Comagène, province de Syrie; Achillès-Tatius, qui nous a appris les amours de Clitophon et de Leucippe, était d'Alexandrie d'Égypte. L'histoire fabuleuse de Barlaam et de Josaphat a été composée par saint Jean, de Damas, capitale de Syrie. Damascius... » Eh! mon Dieu, que serait-ce s'il avait là ses livres, et si sa tête n'était pas « remplie de toute autre chose »?

Au reste, il est très vrai que la partie historique de son étude contient plus d'une erreur, bien qu'elle témoigne d'une érudition qu'il était seul alors à posséder sur cette matière. Mais c'est sa thèse qui nous intéresse:

Il y a, dit-il, des romans réguliers, les seuls qui comptent. Un roman régulier est un roman moral. Qu'entend-il par là? « La fin principale des romans... est l'instruction des lecteurs, à qui il faut toujours faire voir la vertu couronnée et le vice châtié. Mais, comme l'esprit de l'homme est naturellement ennemi des enseignements, et que son amour-propre le révolte contre les instructions, il le faut tromper par l'appât du plaisir, et adoucir la sévérité des préceptes par l'agrément des exemples, et corriger ses défauts en les condamnant dans un autre. Ainsi, le divertissement du lecteur, que le romancier habile semble se proposer pour but, n'est qu'une fin subordonnée à la principale qui est l'*instruction de l'esprit* et la *correction des mœurs*; et les romans sont plus ou moins réguliers, selon qu'ils s'éloignent plus ou moins de cette définition et de cette fin. »

Est-il bien sûr que le triomphe de la vertu et le châtiment du vice à la fin d'un livre suffisent à en rendre la lecture salutaire? La belle affaire qu'un dénouement vertueux, si l'auteur nous a fait au préalable assister aux plus séduisantes scènes de corruption! Mais laissons de côté, s'il vous plaît, la question de la moralité dans l'art. A quoi bon discuter avec un causeur aimable qui tranche le problème en disant : « Tout est sain aux sains »? Maxime suspecte, et qui d'ailleurs se retournerait contre lui : si rien n'est dangereux à un bon esprit, l'écrivain n'a point à se préoccuper de la morale. Il n'a plus — et telle est, en effet, sa mission — qu'à chercher le Beau, c'est-à-dire le Vrai.

Ce qui me frappe davantage dans la thèse de Huet, c'est combien elle est exclusive. Elle relègue au rang d'œuvres négligeables des romans comme celui de Longus, que Huet se repent d'avoir jadis aimé, celui de Rabelais qu'il ne cite même pas. Il les condamne et doit les condamner, s'il est vrai que le devoir du romancier est de « dérouiller l'esprit, de le façonner, de le rendre propre *au monde* ». Le monde! voilà le mot qui revient sans cesse sous sa plume. Huet n'admet que les romans qui mettent en scène « des princes ou des conquérants », qui peignent la vie de cour et la vie de salon, et qui peuvent initier à cette vie un jeune gentilhomme, ou une jeune personne bien née. « Les bons romans sont des précepteurs muets qui succèdent à ceux du collège, et qui apprennent à parler et à vivre d'une méthode bien plus instructive et bien plus persuasive que la leur, et de qui on peut dire ce qu'Horace disait de l'*Iliade* d'Homère, qu'elle enseigne la morale plus fortement et mieux que les philosophes les plus habiles ».

Voilà le domaine de l'art bien rétréci, réduit aux dimensions de l'Hôtel de Rambouillet ou du Château de Versailles. Où Huet trouve-t-il un roman qui réponde à ses exigences? Il n'en trouve en réalité aucun jusqu'au règne de Henri IV : depuis lors ont paru l'*Astrée*, le *Cyrus* et la *Clélie*, qui apprenaient au lecteur le ton de la galanterie à la mode. Huet les en loue; il glorifie d'Urfé, il glorifie Mlle de Scudéry. Mais quoi, leurs ouvrages sont-ils l'idéal qu'il rêve? Allons au fond de sa pensée, nous verrons bien qu'à son goût, la *Clélie*, le *Cyrus*, l'*Astrée* ne sont pas encore des romans parfaits. Ils ne sont point ces « précepteurs muets » qu'il réclame. Ils n'enseignent que l'art d'aimer. Or l'amour n'absorbe point toute la vie d'un jeune homme de haute naissance; il y a l'ambition, l'intérêt, les devoirs envers Dieu, envers le roi, et un bon roman doit nous édifier là-dessus; il faut, qu'après l'avoir lu, les gens bien nés sachent « parler et vivre ».

La doctrine de Huet, qui semblait très étroite, puisqu'elle n'approuve que « les grands romans », devient ainsi singulièrement exigeante, puisqu'elle leur demande de contenir tout un cours d'éducation princière. L'œuvre qu'il avait définie de la sorte n'existait pas encore; elle se produisit, et nous pouvons apprécier ce que valait la formule en voyant ce que vaut le *Télémaque*. « Car enfin, dit un personnage de la *Critique de l'École des femmes*, si les pièces qui sont selon les règles ne plaisent pas, et que celles qui plaisent ne soient pas selon les règles, il faudrait, de nécessité, que les règles eussent été mal faites. »

II

Le *Télémaque* est un roman didactique. Publié en 1699, il avait été rédigé avant cette date. Fénelon l'avait composé tandis qu'il était précepteur du duc de Bourgogne. Saint-Simon nous a dit ce qu'était le jeune prince, « né dur et colère jusqu'aux derniers des emportements, et jusque contre les choses inanimées; impétueux avec fureur, incapable de souffrir la moindre résistance, même des heures et des éléments, sans entrer dans des fougues à faire craindre que tout ne se rompît dans son corps,... passionné pour toute espèce de volupté,... souvent farouche, naturellement porté à la cruauté; barbare en railleries et à produire les ridicules avec une justesse qui assommait ». Il y avait fort à faire pour métamorphoser l'enfant terrible en un Dauphin de France, en un digne héritier de la couronne; la tâche était belle, mais difficile. Fénelon s'y dévoua; il y apporta toute la douceur et toute la tendresse de son âme, toutes les ressources de son talent. Ce qu'il fit pour son élève, ce qu'il déploya de ruses ingénieuses pour s'emparer de lui, nous le savons. Nous pouvons assister aux entretiens du maître et du disciple, entendre les leçons du mystique rêveur qui s'efforçait d'instruire en amusant, d'enseigner à la façon des sages de la Grèce, le front couronné de roses et les lèvres humides de miel. Ses leçons ne se sont point perdues : le *Télémaque* en est le résumé. En l'écrivant, Fénelon n'avait d'autre espérance que de servir, suivant le vœu de Huet, à « l'instruction du lecteur »; d'un lecteur de rang royal. Le *Télémaque* est donc un roman « régulier »; Fénelon avait toutes les qualités requises, il était plus que personne le génie à la fois très romanesque et très moral que Huet souhaitait de découvrir. Le *Télémaque* doit échapper à toute critique.

Eh bien! non. Il a un défaut. Peut-être n'a-t-il que celui-là; il est vrai que c'est un défaut sans remède, un vice de constitution qui tue. Le *Télémaque* contient en réalité deux œuvres : un roman et un traité de morale, dont la juxtaposition nous est intolérable. Voici une statuette de forme exquise, le Narcisse du musée de Naples, la tête gracieusement inclinée, la main gauche sur la hanche, la main droite levée, l'index et le pouce en l'air; et voici d'autre part une excellente pendule dont le cadran marque les heures, les jours, les mois; vient un maladroit qui s'avise d'adapter le cadran au ventre de la statuette pour concilier « l'utile et l'agréable ». Ce maladroit est Fénelon ; ce Narcisse-horloge est le *Télémaque*. Réunis, le roman et le traité font un mélange que notre esprit se refuse à admettre. Pour goûter les grâces du roman, l'élévation du traité, il faudrait les isoler l'un de l'autre. Il n'y a point sacrilège à essayer une telle analyse ; elle ne peut être que favorable à Fénelon.

* *
*

Le roman, contenu aux pages du *Télémaque* et seulement esquissé, est un roman mythologique. Nul écrivain du XVIIe siècle n'y était plus propre que l'auteur de la *Lettre à l'Académie*. Certes, Fénelon est profondément chrétien ; il est tout pénétré de l'esprit de l'évangile qui est amour plutôt qu'autorité ; il fait songer à Jean, le doux apôtre. Mais il se trouve être aussi l'homme de son époque qui a le plus aimé l'art du paganisme et qui en a le mieux compris les beautés. Faut-il en conclure, comme l'ont fait quelques-uns de ses commentateurs, qu'il est plein de contradictions? J'en conclus plutôt qu'il avait l'âme très compréhensive et très large, ouverte à tout ce qui est grand, pur et beau ; et par là je le trouve supérieur à la plupart de ses contemporains qui ont eu si souvent d'étroits partis pris. Si nous admirons Bossuet, pour qui rien n'est beau en dehors du christianisme, et Boileau pour qui rien n'est beau en dehors de l'art antique, comment ne pas admirer davantage, en ce XIXᵉ siècle si fier de son dilettantisme, Fénelon qui a su comprendre le beau sous toutes les formes, en une page de saint Augustin comme en un vers d'Homère ou de Virgile, en une statue de Phidias comme en un tableau du Poussin, en une parabole de l'Évangile comme en une fable de la mythologie?

Oui, il connaissait bien l'antiquité païenne, et son instinct le ramenait sans cesse vers cet âge d'or de l'humanité, vers ce « monde naissant » dont il a si bien parlé. A peine ordonné prêtre, lorsqu'il aspirait aux dévouements d'une vie de missionnaire, il nous a dit où l'emportait son rêve :

« La Grèce entière s'ouvre à moi; le sultan effrayé recule; déjà le Péloponèse respire en liberté, et l'église de Corinthe va refleurir; la voix de l'apôtre s'y fera encore entendre. Je me sens transporté dans ces beaux lieux et parmi ces ruines précieuses, pour y recueillir avec les plus curieux monuments l'esprit même de l'antiquité. Je cherche cet aréopage où saint Paul annonça aux sages du monde le Dieu inconnu. Mais *le profane vient après le sacré*; et je ne dédaigne pas de descendre au Pirée, où Socrate fait le plan de sa République. Je monte au double sommet du Parnasse; je cueille les lauriers de Delphes, et je goûte les délices de

Tempé. Quand est-ce que le sang des Turcs se mêlera avec celui des Perses sur les plaines de Marathon, pour laisser la Grèce entière à la religion, à la philosophie et aux beaux-arts, qui la regardent comme leur patrie?

Arva, beata
Petamus arva, divites et insulas!... »

Quel accent, et comme il est rempli déjà des souvenirs qui, à la fin de sa vie, se pressaient encore sous sa plume! Le jour où il intervient dans la Querelle et écrit son incomparable lettre à Dacier, il faut voir avec quel naturel, quelle aisance les citations grecques et latines coulent de ses lèvres. Il pourrait dire, avec plus de sincérité que Huet, qu'il est « sans livres »; nous sentons bien qu'il n'a pas besoin de recourir au texte, et que tous ces beaux vers chantent dans sa mémoire.

Aussi son roman, son ébauche de roman grec contient des pages charmantes, des pages où respirent la douceur et la simplicité antiques. Celle-ci, par exemple, n'est-elle pas un gracieux fragment d'idylle : « Apollon montra à tous ces bergers les arts qui peuvent rendre la vie agréable. Il chantait les fleurs dont le printemps se couronne, les parfums qu'il répand, et la verdure qui naît sous ses pas. Puis il chantait les délicieuses nuits de l'été où les zéphirs rafraîchissent les hommes, et où la rosée désaltère la terre. Il mêlait aussi dans ses chansons les fruits dorés dont l'automne récompense les travaux des laboureurs, et le repos de l'hiver, pendant lequel la jeunesse folâtre danse auprès du feu. Enfin il représentait les forêts sombres qui couvrent les montagnes et les creux vallons où les rivières, par mille détours, semblent se jouer au milieu des riantes prairies. Il apprit ainsi aux bergers quels sont les charmes de la vie champêtre, quand on sait goûter ce que la simple nature a de merveilleux. Bientôt les bergers, avec leurs flûtes, se virent plus heureux que les rois; et leurs cabanes attiraient en foule les plaisirs purs qui fuient les palais dorés. Les jeux, les ris, les grâces suivaient partout les innocentes bergères. Tous les jours étaient des jours de fête : on n'entendait plus que le gazouillement des oiseaux, ou la douce haleine des zéphirs qui se jouaient dans les rameaux des arbres, ou le murmure d'une onde claire qui tombait de quelque rocher, ou les chansons que les Muses inspiraient aux bergers qui suivaient Apollon. Ce dieu enseignait à remporter le prix de la course, et à percer de flèches les daims et les cerfs. Les dieux mêmes devinrent jaloux des bergers : cette vie leur parut plus douce que toute leur gloire; et ils rappelèrent Apollon dans l'Olympe. »

Il y a beaucoup d'autres morceaux d'une aussi belle venue. Faut-il les qualifier de centons, de pastiches? Alors, le mot s'applique aussi aux plus beaux vers de la *Légende des siècles*, à l'épisode de Ruth et Booz, à celui de Lazare, à celui du Satyre, où Hugo a su rendre, non seulement l'âme mystérieuse du passé, mais la phrase même de la Bible, de l'évangile, de l'épopée homérique. Il n'y a que les grands artistes qui retrouvent ainsi sur leur palette les couleurs des maîtres qu'ils copient.

Le cadre est ici d'une exquise poésie et d'une vérité qui étonne. Fénelon ne connaissait pas les beaux lieux que hantait son rêve, et vers lesquels, avant lui, Virgile avait jeté son cri de désir nostalgique.

> *O ubi campi*
> *Sperchiusque, et fluminibus bacchata Lacœnis*
> *Taygeta !*

Son rêve hantait les vallons, les montagnes, les côtes de la Grèce ; et une sorte d'intuition amoureuse lui avait révélé ce qu'il n'avait pu voir. La plus vraie, la plus intelligente description que le XVIIe siècle nous ait laissée des temples grecs, est de ce rêveur qui n'avait pourtant point quitté le sol de la France. Le « voyage en Orient » que sa jeunesse avait tant souhaité d'entreprendre, il l'a fait dans son âge mûr en écrivant le *Télémaque*. C'est son *Itinéraire*, et deux siècles avant René il nous a promenés à travers le pays où soupirent tant d'immortels échos ; son imagination s'y est envolée, en une sorte de pieux pèlerinage. Et à chaque étape, à Lacédémone, en Sicile, en Égypte, à Tyr, à Chypre, en Crète, il évoque tout l'enchantement des souvenirs que garde encore pour nous la patrie des Muses.

Mais, il faut l'avouer, l'intrigue qu'il conduit à travers ce beau décor antique, s'écarte singulièrement des traditions de l'antiquité. Il nous offre sans cesse des paysages d'Homère ou de Virgile; il nous rappelle les fables du polythéisme, il prend grand soin de conserver aux fleuves leurs Nymphes, aux forêts leurs Dryades, à la mer ses Tritons, ses Néréides, au ciel ses divins hôtes abreuvés de nectar, et en même temps nous croyons lire un récit d'aventures dans le goût de l'*Astrée* ou dans le goût espagnol. Télémaque part à la recherche de son père; la tempête le jette dans l'île de Calypso, soit; jusqu'ici Fénelon suit à peu près la donnée archaïque et les indications de l'*Odyssée*. Mais voici que le jeune homme va périr sous les coups du roi de Tyr, et c'est la maîtresse du tyran, c'est Astarbé qui sauve le captif, en lui substituant un Lydien « dont les mépris l'ont irritée ». Il continue sa route; il arrive en une île dont le roi vient d'être exilé; il est sur le point d'y recevoir la couronne. Il aime, il est aimé; Eucharis se trouble à sa vue; Antiope chante pour le retenir auprès d'elle; à la chasse, elle tombe de cheval, elle va périr, foulée aux pieds d'un sanglier qui la menace : l'amoureux se trouve là, fort à propos pour la sauver. Ce n'est pas tout : il devient une manière de chevalier errant, il combat sous les drapeaux d'Idoménée, il tue Hippias, il tue Phalante. N'aurait-il pas quelque parenté avec ces princes que nous avons tant de fois rencontrés dans le roman du XVIIe siècle, que des corsaires emmenaient en Afrique, qui s'en échappaient à la faveur d'une intrigue de sérail, et revenaient incognito, à Naples ou à Séville, triompher en un tournoi sous les yeux de leur belle? La mise en scène était si grandiose, si grecque! Pourquoi faut-il que l'action qui s'y déroule soit toute moderne et d'ailleurs si écourtée? Pourquoi? Nous l'avons dit : le roman que renferme le *Télémaque* n'est pas fait, ne pouvait l'être. Il n'est qu'une moitié du livre. L'autre moitié est un traité de morale qui se trouve également tronqué.

※
※ ※

A cette œuvre-là, aussi, Fénelon était propre. Il aimait, il goûtait le bien avec le même enthousiasme, la même intelligence que le beau. Comme son esprit, son cœur a devancé son siècle; il lui est arrivé souvent de rêver l'avenir, de même qu'il lui était arrivé de rêver le passé.

Nous qui vénérons Rousseau, qui saluons en lui un ancêtre, sommes-nous bien logiques en raillant

Fénelon? L'état de nature, auquel l'un proposait de ramener les hommes, a bien, ce me semble, quelque analogie avec cet âge d'or qui séduisait l'autre. La vie sans artifices que vante le lauréat de l'académie de Dijon, est-ce autre chose que la vie pastorale que célèbre le peintre du pays de Bétique et de Salente? Combien d'idées chères au XVIIIe et au XIXe siècle, dont le germe est là, caché sous les fleurs?

Certes, la conception de Fénelon est souvent mêlée d'utopies. Il n'y en a pas moins, j'imagine, dans la conception de Rabelais, fondateur de l'abbaye de Thélème. Comme lui, Fénelon prétend modifier à la fois la vie intellectuelle et la vie physique de l'homme. Il règle l'habillement, la nourriture, la forme et l'ameublement des maisons selon la condition de chacun. Il retranche « la musique molle et efféminée »; il ne permet plus que les hymnes qui rappellent la vertu des héros, et les cantiques qui s'élèvent vers le ciel. Il donne des modèles d'une architecture « simple et gracieuse », et ordonne que tout logis comprenne « un salon, un péristyle, de petites chambres ». Il ne va pas aussi loin que Rousseau qui maudit les arts et les sciences; au moins veut-il restreindre le nombre de ceux qui s'en occupent. Il établit « une école où président des maîtres d'un goût exquis », une sorte de Conservatoire et d'École des beaux-arts. Il réduit les élégances du mobilier et de la toilette.

Il croit remédier aux crises industrielles et agricoles en peuplant la campagne avec les pauvres de la ville. Il propose d'arracher en partie les vignes pour assurer la tempérance.... Voilà, j'en conviens volontiers, bien des réformes hasardeuses ; encore attestent-elles la pureté et la bonté de celui qui les réclame. La vie des Thélémites est autrement voluptueuse et sensuelle que celle des Salentins. A tout prendre, l'humanité laborieuse, chaste, pacifique que décrit Fénelon, c'est l'humanité du phalanstère : Fourier, que la génération mille huit cent trentiste a un moment aimé, n'était que le continuateur de Fénelon.

Oui, il y a bien de l'indécision encore et du vague dans un tel idéal social. A Salente, c'est la naissance qui règle les conditions ; en d'autres termes, l'inégalité des classes subsiste. Ailleurs, Fénelon est plus hardi. Au pays bienheureux qu'arrose le fleuve Bétis, les hommes « vivent tous ensemble sans partager les terres ; chaque famille est gouvernée par son chef, qui en est le véritable roi ;... ils sont tous libres et égaux ;... tous les biens sont en commun ;... les guerres ne font jamais entendre leur voix cruelle et empestée, dans ce pays chéri des dieux ;... quand on parle à ces peuples des batailles sanglantes, des rapides conquêtes, des renversements d'États qu'on voit dans les autres nations, ils ne peuvent assez s'étonner ».

Osez donc rire de ces fictions dont nous avons

fait depuis nos plus chères croyances, nos vœux les plus fervents. La paix perpétuelle? L'abbé de Saint-Pierre n'est pas le seul qui en ait reparlé depuis Fénelon; nous avons vu de nos jours se fonder une ligue qui s'efforce de substituer à la brutalité des armes l'arbitrage international; et le désarmement de l'Europe qui se ruine à vivre sur le pied de guerre, nous apparaît à présent comme une nécessité, une certitude de l'avenir. — La liberté, l'égalité, la fraternité des citoyens? Ne sont-ce pas les trois mots qui résument les principes de 89, la grande conquête dont nous sommes fiers? — La mise en commun des biens? Telle est la formule même du socialisme dont les adeptes ne se savent sans doute pas disciples d'un évêque.

Il y a, en ce très incomplet et décousu traité, mieux que des billevesées et des chimères; il y a çà et là de curieux pressentiments, des visions quasi prophétiques; il y a, en outre, la marque d'une bien surprenante indépendance. A-t-on tout dit quand on a répété le mot de *bel esprit chimérique*, dont Louis XIV croyait définir Fénelon? Un bel esprit, c'est vrai; mais aussi un grand et hardi esprit. Il fallait une fière hardiesse pour traiter les conquérants et les souverains absolus comme il l'a fait, en plein règne, que dis-je? en pleine cour de Louis XIV, et prêcher le respect des humbles, le respect des « droits de l'homme » à l'héritier présomptif du roi Soleil. Nous reconnaissons là celui qui écrivit cette incroyable, cette admirable lettre où il faisait la leçon au monarque avec l'autorité d'un évêque des premiers siècles. Après avoir été condamné à Rome, il se vit disgracié à Versailles. Regretta-t-il alors, rétracta-t-il ses doctrines? Il vécut, en son exil de Cambrai, la tête haute, malgré les foudres de Bossuet, malgré les colères du roi, jusqu'à la mort de ce duc de Bourgogne dont il avait maté la fougueuse nature, dont il avait repétri l'âme, dont il avait bien réellement fait son élève, et en qui il avait mis toutes ses espérances. Alors seulement, il exhala son *lamma Sabactani* : « Tous mes liens sont rompus, rien ne m'attache plus à la terre ». Il était frappé au cœur et mourut à trois ans de là.

*
* *

Voilà deux œuvres qui, étudiées séparément, présentent de l'intérêt, ont même du charme. Fénelon les a réunies l'une à l'autre, et le mélange a tout gâté. Ce qui fait tort au roman, c'est moins la péripétie trop moderne et romanesque, que la prédication continuelle qui vient s'y mêler. Par là, il se trouve faux. Fénelon, cependant, connaissait trop bien Homère pour ignorer que les héros de l'*Odyssée*, s'ils bavardent quelquefois, ne montent en revanche jamais en chaire. A peine, de temps à autre, une maxime de sagesse résignée leur échappe. Quand Nausicaa, par exemple, rencontre auprès des lavoirs d'eau vive Ulysse naufragé : « Zeus, lui dit-elle, distribue le bonheur aux bons et aux méchants, à chacun, selon sa volonté ; c'est lui qui t'a envoyé ces maux ; tu dois les accepter sans révolte ». Rien de plus. Combien l'allure du *Télémaque* est différente !

Les aventures racontées, les sites décrits, tout y est prétexte à une dissertation morale. Fénelon prend ses personnages dans Homère, leur conserve leurs attitudes et leur costume ; mais il leur suspend au cou un écriteau : « Victime de l'amour.... Victime de l'ambition. » L'arrière-pensée pédagogique qui se devine partout, dénature les plus belles évocations de l'art grec. Les enfers où descend Télémaque, et où nous revoyons toutes les grandes figures de la mythologie depuis Charon jusqu'à Minos, sont aussi loin de l'*Odyssée* que de l'*Énéide* : les damnés y expient leur égoïsme, ou l'abus qu'ils ont fait de leur pouvoir, et sont en proie au remords qui est leur châtiment. Le remords ! Cherchez-en la trace dans la littérature ancienne. Le *Télémaque*, c'est l'âme d'un saint François de Sales errant à travers une fiction païenne, et le lecteur n'y comprend plus rien.

Supposez même que la fiction soit autre, que la scène ne soit plus antique, la tentative n'en serait pas moins maladroite. L'enseignement perd son autorité, s'il est, comme ici, orné d'histoires galantes. Quelle attention pouvons-nous prêter aux discours de Mentor, après que nous l'avons vu fuir la tentation à la nage, et que nous avons ri, avec Topffer, de son plongeon dans l'eau salée? « Aussitôt le sage Mentor poussant Télémaque, qui était assis sur le bord du rocher, le précipite dans la mer, et s'y jette avec lui. » Il faut avoir toute la gravité pudibonde de M. Ratin pour commenter sérieusement ces choses-là. Ah! Mentor, épouvantail des écoliers, Minerve devenue maître d'école! Dans quel roman, dites-moi, Mentor eût-il été supportable? Tiberge n'est rien auprès de lui; Tiberge est discret, s'efface quand Manon entre en scène. Mentor ne s'efface jamais; il est toujours là. Télémaque se prépare-t-il à faire sa toilette? Mentor intervient : « Un jeune homme qui aime à se parer vainement, comme une femme, est indigne de la sagesse et de la gloire ». Télémaque est épris d'Eucharis? Mentor l'entraîne en lui expliquant les dangers de la passion et qu'il ne faut aimer « qu'en mariage seulement ». A toute heure, en tout lieu, il réapparaît, calme comme la raison, grave comme la conscience, ennuyeux comme une tirade; et il a une sentence prête pour tous les événements de la vie. En sa compagnie, Télémaque semble un fils de famille qui voyage sous la conduite d'un abbé disert et lettré, chargé de veiller à la fois sur son innocence et sur sa santé : l'abbé lui lit le bréviaire en wagon, lui rappelle à la vue de Pompéi que « tout est vanité », et cite saint Paul au pied du mont Blanc.

Le *Télémaque* est une œuvre confuse et composite à laquelle la douceur un peu monotone du style donne seule une apparence d'unité. Il renferme les éléments d'un roman homérique, d'un roman pastoral et d'un roman chevaleresque; les éléments d'un code, d'une constitution et d'un catéchisme. Est-ce tout? Il s'en faut bien. Il dit encore comment un homme bien né doit se nourrir, se vêtir, penser et parler. Il est le parfait précepteur que réclamait Huet. Son seul tort est qu'il ennuie.

Il n'ennuyait, à vrai dire, ni le xviie ni le xviiie siècle, habitués, faute de liberté, à « romancer » ainsi la critique et la morale. Le *Télémaque* appartient au même genre littéraire que les *Lettres persanes*, l'*Émile*, la *Nouvelle-Héloïse*, *Candide*, genre auquel nous pourrions rattacher même certaines œuvres plus récentes et déjà mortes, telles que *le Meunier d'Angibaud*, de Mme Sand. Mais ces écrits à deux fins ont fait leur temps, nous semblent aujourd'hui des œuvres bâtardes. Quoi qu'en ait pu dire Huet, le lecteur se défie du romancier qui prêche et dogmatise, comme l'enfant se défie d'un jouet destiné à lui apprendre, aux heures de récréation, la géographie ou le calcul. La muse n'est pas une institutrice, mais une enchanteresse; la vie seule nous enseigne la vie, et ceux-là s'exposeraient à de cruels mécomptes qui voudraient l'apprendre dans les livres. N'est-ce pas Fénelon qui, condamnant ainsi sa propre entreprise, fait dire à Mentor : « Il faut étudier les hommes pour les connaître ; et pour les connaître, il en faut voir souvent et traiter avec eux ». Encore se peut-il qu'un roman, s'il exprime bien la réalité contemporaine, nous en facilite l'intelligence, et, sans suppléer à l'expérience personnelle, ouvre nos cœurs, avive notre sensibilité pour le jour où viendront les épreuves. Mais, à coup sûr, un roman dans lequel un recueil de sermons est intercalé, n'instruit personne, parce qu'il n'est pas une image de la vie. Nous sentons que le conteur ne cherche à nous divertir que pour nous faire avaler en traître quelque médecine très fade ou très amère ; et nous détournons la tête en serrant les dents.

ZAYDE

I

La biographie de Mme de la Fayette est bien connue et tient en peu de mots. Née en 1633, élevée sous la direction de Ménage, introduite de bonne heure à l'Hôtel de Rambouillet, liée de 1665 à 1680 avec La Rochefoucauld, elle lui survécut treize années, mais si triste, si maladive, si détachée de tout, qu'elle semble avoir réellement cessé de vivre le même jour que son ami. Une notice consciencieuse ajouterait qu'elle fut la confidente de Madame, qu'elle était mariée au comte de la Fayette et mère de deux fils; puis donnerait la date de publication et le titre de ses œuvres. Voilà toute sa vie extérieure : la teinte en est uniforme, un peu grise. Ses amis l'avaient surnommée le Brouillard. Il n'y eut ni orages ni deuils exceptionnels à son foyer; à la cour, elle se tint à l'écart de toute aventure retentissante. Sa liaison même avec La Rochefoucauld eut tout le calme et la monotonie d'une habitude.

Nous sentons bien cependant qu'il y a en elle, en l'auteur de *Zayde* et de *la Princesse de Clèves*, je ne sais quoi de très particulier que la notice ne nous dit pas. Connaître la vie extérieure des gens, c'est les connaître assez mal ; s'il s'agit d'une femme, c'est ne pas la connaître du tout. Vu du dehors, le destin de la plus distinguée ressemble à celui de la plus commune ; elles cheminent sur la même route. Si nous pouvions pénétrer en leur âme, en leur moi, nous verrions comme elles sont différentes, ces voyageuses ; comme leurs yeux, errant sur les mêmes scènes, en ont pris une vision autre. L'histoire d'une femme est tout entière dans l'histoire de son existence intime ; là se cachent presque toujours des drames que nous pouvons seulement deviner, qui ne changent rien au cours régulier de la vie, qui se trahissent à peine, chez celle-ci, à l'expression du regard, chez celle-là, à l'accent, au timbre de la voix. Est-ce employer un mot trop fort que d'employer ici le mot de drame ? N'en est-ce pas un pour toute créature délicate, que l'apprentissage de la réalité ? Mme de la Fayette est morte du mal de ceux qui sentent trop vivement, d'une maladie de cœur. C'est en ce cœur, très tendre et très blessé, que nous voudrions, que nous devrions lire, ne fût-ce que pour comprendre ses écrits. Mais comme il se dérobe, sous une réserve de femme qu'augmente encore une fierté de grande dame! Et puis, n'y aurait-il point chimère à vouloir surprendre, à deux siècles de distance, le secret d'une nature féminine, le secret qu'il est si malaisé, même à un contemporain, même à un familier, de saisir? Qu'avons-nous pour guider notre enquête? Ses livres? Ce qu'elle y a mis d'elle-même, y est, selon la discrète coutume du classicisme, mêlé à des fictions et chastement idéalisé. Des anecdotes, des mots épars dans la correspondance de Mme de Sévigné ou dans les *Segraisiana*? Les anecdotes sont en général arrangées; et les mots qui se répètent, qui circulent, changent de sens à passer de bouche en bouche, deviennent des mots « à effet », où le fond de l'âme n'apparaît plus. Nous sommes, avouons-le, réduits à des conjectures. Dans l'image que nous nous faisons de Mme de la Fayette, nous glissons sans doute les sentiments et les idées que notre siècle a mis en nous. Il en est ainsi, d'ailleurs, chaque fois que nous tentons de nous figurer le passé; nous le voyons à travers le présent. Mais après tout, peu importe. Le certain est que nous ne pouvons, en lisant *Zayde* ou *la Princesse de Clèves*, nous empêcher de rêver à la figure grave, douce, un peu fermée, de Mme de la Fayette. Nous nous demandons : « Que s'est-il passé en elle? Qui était-elle?... » Et voici, ce me semble, ce qu'à tort ou à raison, partagés entre le désir de la rapprocher de nous, et la crainte de poser cette noble femme, si exempte d'affectation, en incomprise, nous croyons deviner de sa personne morale.

※

Qu'elle fut très sensible, cela ne fait pas même question. Il est vrai qu'elle ne se permettait ni grands mots ni grands gestes; il y a quelque chose de modeste, de contenu dans son attitude comme dans son style. N'y voyons pas une preuve d'indifférence; défions-nous plutôt des sensibilités trop expansives. Les cœurs les plus silencieux sont les cœurs les plus tendres; ceux qui se répandent volontiers ne sont point ceux qui reçoivent les impressions les plus profondes : ils se vident aussi vite qu'ils se remplissent. Comment la croire sèche, cette âme que la musique de Lulli « alarmait », que la pensée du prochain départ d'une amie, l'annonce d'une guerre, faisaient presque défaillir? Ce n'est pas même assez de dire qu'elle était sensible : elle fut romanesque, elle fut rêveuse. « Elle n'aimait pas la prose », nous dit Segrais, et il ajoute que parmi les auteurs latins elle ne lisait que les poètes. L'éducation sentimentale que sa jeunesse avait reçue dans la Chambre Bleue, n'avait pu qu'exalter encore son cœur et sa tête.

Telle, j'imagine, elle entra dans la vie : elle n'y trouva que des déceptions. Elle ne se maria qu'à vingt-deux ans, c'est-à-dire plus tard qu'il n'était coutume au xviie siècle. Elle avait peu de fortune. Ses amis lui présentèrent Jean-François Motier, comte de la Fayette, qui était riche, mais à qui la première entrevue ne fut pas favorable : il se retira sans avoir dit mot. M. d'Haussonville cite une chanson qui courut alors :

>...................
> Toute la compagnie
> Cria d'un même ton :
> La sotte contenance.
> Ah! quelle heureuse chance
> D'avoir un sot et benêt de mari
> Tel que celui-ci !

> La belle, consultée
> Sur son futur époux,
> Dit dans cette assemblée
> Qu'il paraissait si doux
> Et d'un air fort honnête,
> Quoique peut-être bête ;
> Mais qu'après tout pour elle un tel mari
> Était un bon parti.

Les premières années de vie conjugale se passèrent en Auvergne, et il est probable que M. de la Fayette dont nous ne savons presque rien, que sa femme a, selon le mot de La Bruyère, « anéanti et enterré », vécut là, même au temps où elle s'était rapprochée de la cour. Elle s'ennuyait à la campagne, quoiqu'elle eût le bon esprit de parler à ses voisins des choses qu'ils savaient, et de rendre ainsi leur conversation plus aisée. Elle ne les recherchait guère, tâchait de s'intéresser aux soins de sa maison et d'aimer M. de la Fayette qui, dit-elle, l'adorait. Y parvint-elle? Il semble bien avoir été, sinon un « sot et un benêt », du moins le plus insignifiant, le plus banal des maris, un homme fait de cette « prose » qu'elle ne goûtait point. Peut-être cet époux d'une femme supérieure n'eut-il d'autre défaut que d'être un homme ordinaire : il n'en fallait pas plus pour qu'en sa compagnie elle fût seule.

Y a-t-il illusion à croire qu'elle dut souffrir, souffrir beaucoup, de cet isolement dans le mariage dont ses contemporaines étaient si loin de se plaindre? Celles-ci profitaient de leur quasi-liberté pour se donner aux plaisirs de la vie mondaine et des intrigues. Mme de la Fayette ne fit point comme elles. Elle était très droite, très « vraie » — c'est le mot de l'homme qui l'a le mieux connue, — trop vraie pour ne pas rester une honnête femme. Elle ne pouvait être tentée de chercher dans les hasards d'une aventure le bonheur qu'elle n'avait point trouvé dans le devoir. Et puis, elle comprit vite qu'il eût été même inutile de le chercher. Elle eut tôt fait de juger le monde; ce qui amusait le cœur des autres femmes n'eût pu remplir le sien. Il faut voir, dans les jolies pages qu'elle a consacrées à l'histoire de Madame, comme sa jeune sagesse reste indifférente aux frivolités de la vie de cour. Elle regarde, elle observe, et il semble qu'elle s'étonne tout bas de voir tant de gens se plaire en une existence si factice, à la fois si agitée et si vide. Là est son originalité, dans le mélange de ses poétiques, de ses tendres instincts et de sa « divine raison »; là aussi est la source de sa mélancolie. Elle est altérée d'idéal, et certaine en même temps que son rêve ne saurait se réaliser; à la fois très inquiète et très clairvoyante. Elle essaye de se duper elle-même, de se consoler avec de beaux songes; et c'est alors qu'elle écrit *Zayde*. Mais décidément elle y voit trop clair; elle sait trop bien que la réalité va démentir toutes ses rêveries. Si les délicats sont malheureux — et ils le sont tous, — ils le sont surtout lorsqu'ils sont désabusés, lorsqu'ils sont bien sûrs que les joies, longtemps attendues, ne peuvent venir, lorsqu'ils n'espèrent plus rien; ils savent que la vie ne peut être autre, et ils ne parviennent pourtant pas à l'aimer telle qu'elle est.

Cette heure-là, cette heure où l'âme froissée se replie sur elle-même, ne tarda guère pour Mme de la Fayette. A trente ans, sa physionomie commençait déjà à prendre l'expression sérieuse qu'elle garda jusqu'à son dernier jour; l'étourdie et charmante duchesse d'Orléans s'adressait à elle comme à un directeur de conscience. Peu à peu, sans rompre tout à fait avec le monde, elle s'en écarta. Les lettres devinrent rares. Plus triste peut-être que René, elle n'étala point sa tristesse; elle ne porta point avec ostentation le deuil de ses rêves. Elle avait horreur de la mise en scène et de la parade; elle avait trop de goût, de tact aristocratique, pour ameuter les curieux autour de sa peine. Un jour seulement, il lui échappe de dire : « C'est assez que de vivre ». Voilà toute sa plainte.

Elle était donc bien une blessée de la vie, lorsqu'elle rencontra La Rochefoucauld dont la blessure n'était pas moins profonde. Ils avaient trop souffert du même mal pour ne point se comprendre, pour ne point s'aimer, et ils s'aimèrent, en effet, jusqu'au tombeau. Mais en cette liaison que les affinités de leur nature rendaient si étroite, si forte, si nécessaire, sur laquelle nous voudrions tant être renseignés, et dont le XVIIe siècle a distraitement parlé, comme d'une insoluble énigme, est-ce le bonheur qu'elle trouva? Ne sont-ce pas plutôt de nouvelles, d'innombrables occasions de souffrance? Elle eut à craindre tout d'abord le jugement du monde. Sainte-Beuve a retrouvé une admirable lettre d'elle à Mme de Sablé, où se trahissent les alarmes de sa pudeur : « Je hais comme la mort, dit-elle à propos du jeune comte de Saint-Paul, que les gens de son âge puissent croire que j'ai des galanteries ». Le mot est bien amer et prouve combien il lui en coûtait que sa vie de presque vieille femme pût paraître suspecte; ne lui en coûtait-il pas encore davantage de sentir cette demi-vieillesse? Pour nous, à évoquer La Rochefoucauld valétudinaire, impotent, presque aveugle, et à ses côtés son amie, si languissante elle-même, toujours en proie à la « petite fièvre » qui la consumait, l'équivoque ne nous paraît point possible. En revanche, nous songeons au tourment que doit apporter avec lui un amour né, comme celui-là, sur le déclin d'une vie : « Pourquoi s'être rencontrés si tard! Que d'années passées l'un sans l'autre, qui auraient pu être heureuses, et qui sont des années perdues! » Qu'elle est torturante, la vision d'un bonheur manqué!... Sans doute, Mme de la Fayette en souffrit, et n'y échappa que pour retomber en une autre torture. Non, les années qu'elle avait passées jusque-là n'avaient point été des années perdues : c'étaient elles qui avaient mûri, formé leurs deux cœurs, et les avaient rendus capables de s'aimer ainsi. Quinze ans plus tôt, Mlle de la Vergne n'eût probablement pas aimé Marsillac, il ne l'eût point aimée avant d'être revenu de ses brillantes erreurs. Elle le comprenait, et là encore quel souci! Oui, pour qu'elle pût l'aimer et lui devenir chère, il avait fallu qu'il traversât d'étranges épreuves, qu'elle eût elle-même éprouvé bien des déceptions. Ils avaient assez de sincérité pour ne rien se cacher de leur passé, l'esprit trop pénétrant aussi pour ignorer que ce passé seul les avait faits tels qu'ils étaient, tels qu'ils s'aimaient; et, quoi que leur raison pût dire, il y avait bien de la cruauté en une telle certitude.

Ainsi, l'amour, l'amour auquel elle avait si longtemps aspiré pour vivre, l'amour dont son âme était avide, et dont l'absence avait désolé sa jeunesse, lui vint à une heure et dans des conditions où il ne pouvait qu'élargir sa blessure. Il vint, accompagné de tant de regrets, de tant de luttes intérieures, qu'elle y usa ses dernières forces. Il y avait, en certaines pages de *Zayde,* un peu d'enjouement et de rêve heureux; voyez s'il en reste trace dans *la Princesse de Clèves.* Relisez les courts billets que traçait la main affaiblie de Mme de la Fayette; et voyez s'il s'y rencontre encore un sourire. Mais aussi remarquez qu'il ne s'y rencontre ni amertume ni colère; voilà par où elle est admirable. Bien rares ceux ou celles qui, après avoir vu s'évanouir un à un tous leurs rêves, savent pardonner à la vie. Mme de la Fayette lui pardonna; elle lui pardonna sa platitude et ses trahisons. Elle avait compris qu'il y a ici-bas plus de malheureux que de coupables. L'expérience qu'elle avait payée si cher, et qui aurait pu la conduire à une révolte, à une misanthropie haineuse, l'achemina doucement à une pitié pleine d'indulgence et de tendresse. Où le philosophe des *Maximes* n'avait vu que corruption, elle lui apprit à ne voir que misère, infinie et pitoyable misère. C'est en ce sens qu'elle put, selon un mot bien connu, « réformer le cœur » de La Rochefoucauld ; c'est ainsi qu'elle métamorphosa le pessimiste âpre et amer en un « patriarche » d'une mélancolique sérénité. Elle ne lui rendit point des illusions qu'elle-même n'avait plus ; elle lui enseigna la résignation. La résignation ! telle devait bien être, en effet, la dernière étape d'une vie si secrètement douloureuse ; là devaient la mener son cœur très aimant et sa très saine raison. A quoi bon se révolter ? Se révolter serait une illusion suprême. La vraie douleur est celle qui se sait inévitable, et qui ne se plaint pas, certaine d'avance qu'elle ne peut être consolée, qu'il n'y a pas de remède, ou plutôt qu'il n'y en a qu'un : la mort. Une attente de la mort, les dernières années de Mme de la Fayette ne furent pas autre chose. Sainte-Beuve insinue qu'elle trouva dans la religion la paix et l'oubli. Peut-être.... Qui sait toutefois si ceux dont la vie a toujours trompé l'espérance, peuvent encore espérer, même en Dieu, avec pleine sécurité ?

Ai-je trop assombri son portrait ? Lui ai-je prêté un air de spleen par trop romantique, qui ne saurait convenir à une femme du XVIIe siècle ? *Zayde* et *la Princesse de Clèves* peuvent nous édifier là-dessus.

II

Dès 1660 ou 1662, Mme de la Fayette avait écrit une petite nouvelle élégante et vive, *la Princesse de Montpensier*, qui fut à peine remarquée. *Zayde* est de 1670, c'est-à-dire d'une époque où son imagination se plaisait encore à rêver, mais ne croyait déjà plus guère à ses rêves. L'ouvrage portait le nom de Segrais, qui en eut d'abord tout l'honneur. Puis le public se ravisa : Huet annonça qu'il avait vu, de ses yeux vu le manuscrit de Mme de la Fayette ; elle-même appelait volontiers *Zayde* son « enfant » ; et Segrais, un peu confus, déclara qu'il avait seulement joué le rôle de prête-nom. J'estime que son repentir l'entraîna à un désaveu trop catégorique. Qu'il ait çà et là tenu la plume ou n'ait fait que guider celle de Mme de la Fayette, il n'est pas douteux qu'il a joué aussi le rôle de collaborateur. Ce que j'en dis n'est point pour flatter sa mémoire. Je lui attribue tout ce qu'il y a de médiocre, de banal et d'ennuyeux dans *Zayde* : c'est, comme on va le voir, lui faire large part.

L'action se passe en Espagne, au temps où la domination des Maures va finir. Le fils du gouverneur de la Castille, Consalve, disgracié à l'improviste, trahi dans son amour et dans son amitié, quitte le royaume de Léon avec l'intention de passer en Grèce et d'y vivre en ermite. Tandis qu'il chemine à travers la Catalogne, il rencontre un inconnu aussi triste, aussi las du monde que lui-même. L'inconnu, Alphonse Ximénès, habite au bord de la mer une maison isolée. Cet « endroit écarté », qui eût bien convenu à la vieillesse d'Alceste, plaît à Consalve. Il y accepte l'hospitalité que lui offre Ximénès, et s'y croit à l'abri des passions qui lui ont fait tant de mal. Des mois se passent en promenades silencieuses sur le rivage.

Un jour, en automne, au lendemain d'une tempête, le promeneur y aperçoit, parmi les débris d'un naufrage, une femme étendue sur le sable, une femme magnifiquement habillée et merveilleusement belle. Avec l'aide de son ami, il la transporte, évanouie, jusqu'à leur maisonnette et la confie à des femmes de pêcheurs. La beauté de la jeune naufragée lui cause tant de trouble qu'il passe la nuit sans prendre aucun repos. Vers le matin, il la voit ouvrir les yeux, deux grands yeux noirs, languissants, « faits pour donner tout ensemble du respect et de l'amour ». Elle parle; elle parle une langue étrangère, inintelligible à Consalve, et n'entend elle-même ni l'espagnol, ni l'italien, ni l'arabe. Mais, le même jour, Ximénès lui amène une belle personne que des pêcheurs ont également trouvée sans connaissance sur la plage. Sitôt qu'elles se voient, elles s'embrassent. « Celle qui entrait prononça plusieurs fois le mot de *Zayde*, d'une manière qui fit connaître que c'était le nom de celle à qui elle parlait; et Zayde prononça aussi tant de fois celui de *Félime*, que l'on jugea bien que l'étrangère qui arrivait, se nommait ainsi.. »

Zayde parvient à faire comprendre à Consalve qu'elle désire être conduite à Tunis. Or les « grands vaisseaux » qui font le trajet ne partent que dans deux mois. Il faut qu'elle attende jusque-là, et l'amour qu'elle a dès l'abord inspiré à Consalve, grandit de jour en jour. Bien qu'il ne sache et ne puisse rien savoir d'elle, il croit deviner tout un roman dans sa vie. Elle regarde la mer, elle pleure : elle a donc perdu celui qu'elle aimait. Elle regarde Consalve et le montre curieusement à Félime : celui qu'elle aimait ressemblait donc à Consalve. Et celui-ci souffre toutes les tortures de la jalousie. Il passe des « après-dînées entières » à errer dans les bois. Un jour enfin, il la voit occupée à écrire : aux caractères tracés sur le papier, il découvre qu'elle est Grecque. Il va en toute hâte à Tarragone à la recherche d'un interprète; il en trouve un qu'il ramène et qui lui apprend en route à dire en grec : Je vous aime.... Hélas! la chambre de Zayde est déserte. Zayde a disparu ainsi que Félime. Il apprend qu'on les a vues le matin se promener près de la mer : une chaloupe est venue, des hommes ont débarqué; Zayde a embrassé l'un d'eux et les a suivis dans le bateau.

Plus de doute! Consalve a un rival. Pour tromper son chagrin il veut sortir d'Espagne, s'enrôler dans les armées de l'empereur. Il arrive à Tortose. Là, comme il se promène au pied d'une terrasse, il entend au-dessus de lui des voix et croit reconnaître celle de Zayde. Le lendemain il l'aperçoit en effet sur une barque fort ornée qui descend le cours de l'Èbre. Au moment où il va la rejoindre et se montrer à sa vue, des cavaliers l'entourent et l'entraînent. Ce sont des soldats du roi de Léon. A la cour de Léon, de grands événements se sont passés depuis qu'en est parti Consalve. Sa sœur a épousé dom Garcie, qui vient de monter sur le trône et qui le fait chercher partout.

A peine rentré au pays de Léon, Consalve s'y voit comblé de faveurs. Il est nommé général en chef et marche à la rencontre des Sarrasins. Il les met en fuite à Talavera, fait prisonnier le prince Zuléma qui les commandait, et s'empare d'un château fort où sont réfugiées beaucoup de « dames arabes ». O bonheur! Zayde est au milieu d'elles. Il apprend qu'elle est la fille de Zuléma, et qu'elle est aimée d'Alamir, prince de Tarse. Il se bat contre Alamir, qu'il blesse dangereusement. Mais si Alamir aime Zayde, Zayde ne l'aime point; c'est Félime qui s'est éprise de lui et qui meurt de sa mort. Peu à peu l'imbroglio se dénoue; Consalve reconnaît que le rival tant haï n'a jamais été redoutable que dans son imagination. Zayde aime

Consalve depuis longtemps. Le seul obstacle qui les séparait, qui les sépare encore, est un mystérieux portrait que des soldats ont vendu jadis à Zuléma. Le grand astrologue, Albumazar, a prédit à Zayde qu'elle en épouserait l'original; elle l'attend; elle le cherche; elle croit le reconnaître en Consalve, et pourtant n'ose croire que ce portrait soit le sien. Telle est la vérité qui se découvre à la fin à la grande surprise de tous les personnages, à la surprise plus grande du lecteur; et Zayde, désormais libre de suivre l'instinct de sa tendresse, épouse Consalve après avoir reçu le baptême.

        *
    *   *

Prise dans son ensemble, *Zayde* est une histoire espagnole pareille à toutes les autres. Le canevas en est pour ainsi dire connu d'avance à quiconque a un peu pratiqué la littérature romanesque du XVIIe siècle. « Les règles de l'art, dit Segrais, y sont observées avec une grande exactitude. » Entendez par là que l'intrigue se déroule à travers toutes les péripéties traditionnelles; naufrages, disparitions, rencontres imprévues, batailles, rien n'y manque. C'est vraiment prodige de voir en quel cercle restreint tourne alors le rêve d'une école de romanciers. N'est-ce pas le triomphe du pédantisme d'avoir « réglé » jusqu'à la fantaisie, de l'avoir obligée, cette folle, à marcher dans le rang, derrière Héliodore et Cervantès? Il n'y avait pas de genre littéraire où il y eût moins de variété que dans le roman d'aventures. La destinée d'une héroïne comprenait un certain nombre d'épreuves, immuables et bizarres comme celles d'une francmaçonnerie. L'originalité de l'auteur ne pouvait se faire jour que dans le détail de la mise en œuvre. Ce monde imaginaire avait ses usages, ses lois, son étiquette, comme le monde réel. Si Zayde, naufragée sur une côte d'Espagne, pleure en regardant les flots, ni Consalve ni surtout Segrais n'admettent qu'elle puisse pleurer la mort d'un père, d'une mère : elle pleure un amant. Si Consalve songe à poursuivre Zayde fugitive, Ximénès lui fait observer que, à supposer qu'il la retrouve, « ce sera apparemment dans un pays où ce rival aurait tant d'autorité qu'il ne pourra rien entreprendre »; un amant ne saurait être moins que prince. Ce sont là des conventions dont le public ne s'étonnait plus, dont il ne permettait pas même aux auteurs de s'affranchir. « J'ai vu, dit Furetière, des gens qui, pour marquer l'endroit où ils en étoient d'une histoire, disoient : « J'en suis au hui« tième enlèvement », au lieu de dire : « J'en suis « au huitième tome. »

En cet enchevêtrement d'invraisemblances routinières, apparaît, ce me semble, la main de Segrais ; et, par là, *Zayde* n'est ni meilleure ni pire que toute autre turquerie du même siècle. Elle est, il est vrai, beaucoup plus courte ; beaucoup trop longue encore à notre gré. Si, du moins, cette Espagne était celle du *Dernier Abencérage*, c'est-à-dire si le décor en était magnifiquement décrit ! Mais non. Les cent dernières pages sont interminables ; nous y trouvons le même ennui qu'en un feuilleton de l'école de Sue et de Soulié, où les comtesses d'un prétendu faubourg Saint-Germain, les barons millionnaires, les agents de police et les traîtres ont remplacé les princesses turques, les grands seigneurs de Castille, les astrologues et les pirates, où « la croix de ma mère » joue l'office du portrait de Consalve.

A vrai dire, en insinuant que je reconnais là la collaboration de Segrais, j'exprime un vœu plutôt qu'une certitude. Mme de la Fayette nous est si chère que nous ne voudrions avoir à lui reprocher rien. Nous voudrions croire à l'existence de cet exemplaire interpaginé dont parle Segrais lui-même, croire qu'elle s'est contentée d'ajouter au texte de son ami de fines remarques, de touchants passages, certains morceaux de pénétrante analyse. Ces morceaux, ces remarques existent, en effet, dans *Zayde*, étincellent au milieu du récit. Mais est-ce bien une preuve qu'elle n'ait point rédigé tout le reste ? Bien qu'elle eût déjà beaucoup vécu, beaucoup senti en 1670, elle n'avait point une conception personnelle de la vie; elle y vint un peu plus tard, lorsque son union avec La Rochefoucauld eut achevé de lui « donner de l'esprit », comme elle disait, c'est-à-dire d'ouvrir son âme à une intelligence plus complète de la réalité. En 1670, son rêve suivait encore l'itinéraire un peu commun que lui avaient tracé les auteurs chers à sa jeunesse, se plaisait encore aux belles fictions conventionnelles; mais il s'y mêlait déjà, par endroits, des délicatesses qui font pressentir le prochain éveil de son génie.

Ainsi, outre la surcharge d'épisodes qui manquent de nouveauté, il y a dans *Zayde* comme dans les œuvres de d'Urfé, de Mlle de Scudéry, des dissertations et des histoires qui font hors-d'œuvre. C'est là encore un procédé bien artificiel et qu'elle emprunte à ses devanciers. Mais c'est là aussi qu'elle donne la mesure de son talent, d'un talent supérieur, fait d'observation sur elle-même,

III

J'y remarque, en premier lieu, le chapitre intitulé *Histoire de Consalve*. Consalve y conte à Ximénès les déboires qui l'ont déterminé à fuir le royaume de Léon et à se réfugier dans un désert. Il y a là une peinture de la vie de cour où il est aisé de reconnaître Versailles et ses hôtes. L'amie de la duchesse d'Orléans avait vu de près le jeu des passions qui mènent une existence de courtisan, les brusques revirements de fortune qui tiennent à un caprice du maître, les élévations subites et les soudaines disgrâces que décide un sourire de la favorite ; elle avait respiré l'atmosphère de mensonge où tant d'autres vivaient à l'aise, et en était sortie avec autant de désenchantement que son héros. Peut-être ne serait-il pas téméraire de chercher un écho de son propre cœur, des inquiétudes qu'y faisait naître sa liaison toute récente avec La Rochefoucauld, dans les pages où elle montre Consalve et dom Garcie discutant sur l'amour. « En amour, se demandent-ils, la beauté est-elle le principal ? Est-ce aimer qu'être épris d'un beau visage ? Ne faudrait-il pas encore estimer et par conséquent bien connaître ce qu'on aime ?... Mais, d'autre part, peut-on devenir amoureux d'une personne avec qui on est accoutumé ?... » Oui, c'est le cœur de Mme de la Fayette qui se confesse ici, tâchant de voir clair en lui-même, de comprendre ce qu'il éprouve, de savoir aussi quel sentiment il inspire. Elle n'avait point connu la joie de « toucher un cœur qui n'aurait jamais été touché » ; elle avait le courage de faire la différence entre un amour jeune, ardent, et une intimité de l'âge mûr, peu à peu resserrée. De là, des notes si doucement attristées et si justes, éparses çà et là : « Les passions qui viennent par le temps peuvent-elles s'appeler de véritables passions?... Il n'y a de passions que celles qui nous frappent d'abord et qui nous surprennent; les autres ne sont que des liaisons où nous portons volontairement notre cœur. Les véritables inclinations nous l'arrachent malgré nous. » En des mots comme celui-là *Zayde* annonce *la Princesse de Clèves*.

Mais un chapitre entier se rencontre qu'aucun critique, à ma connaissance, n'a distingué du reste de l'ouvrage et qui cependant présente un intérêt exceptionnel. Les commentateurs de *Zayde* ont réservé toutes leurs admirations pour la page très charmante où les deux amants qui avaient été séparés quelques mois plus tôt sans savoir la langue l'un de l'autre, se rencontrent à l'improviste dans la citadelle de Talavera, et s'abordent en se parlant chacun dans la langue qui n'est pas la leur, mais qu'ils ont apprise durant leur séparation, puis s'arrêtent tout à coup en rougissant comme d'un mutuel aveu. Un autre épisode me frappe davantage, qui contient en germe une idée plus tard reprise dans *la Princesse de Clèves*, et peut-être aussi les premiers symptômes d'une maladie morale dont le XIXe siècle croit avoir seul souffert. Je veux parler de l'histoire d'Alphonse et de Bélasire. Ximénès, le solitaire qui a quelque temps donné l'hospitalité à Consalve et à Zayde, y raconte sa vie. Le ton de sa confession est décent, discret; il faut, comme en une tragédie de Racine, ou comme en *Manon Lescaut*, lire entre les lignes ce que les bienséances du style classique ne permettent point au narrateur de dire en toutes lettres; et voici que nous apparaît une âme toute semblable à celle de l'Enfant du siècle.

« Vous saurez, dit Ximénès, que j'avais éprouvé tout ce que l'infidélité et l'inconstance des femmes peuvent faire souffrir de plus douloureux; aussi étais-je très éloigné d'en vouloir aimer aucune.... La connaissance que j'avais des femmes m'avait fait prendre la résolution de n'en épouser jamais de belle.... J'étais dans ces dispositions, lorsqu'un jour mon père me dit que Bélasire, fille du comte de Guevarre, était arrivée à la cour; que c'était un parti considérable.... » Ils se rencontrent chez la reine, et, dès la première entrevue, se sentent attirés l'un vers l'autre : Ximénès s'informe; il apprend qu'elle a jadis été aimée du comte de Lare, que celui-ci a été tué à l'armée, ou plutôt qu'il s'y est fait tuer, « **après avoir perdu l'espérance de l'épouser** »; que personne n'a jamais pu lui plaire, et que l'on n'y pense plus, parce que l'on croit impossible d'y réussir. La crainte qu'elle a de l'amour s'accorde bien avec le dégoût qu'en a conçu Ximénès; ils se parlent avec une pleine franchise et deviennent bien vite amis. Mais qu'une telle amitié est dangereuse! En peu de jours Ximénès s'aperçoit que son cœur, ce cœur lassé de tout, s'est repris à espérer et à aimer; il déclare sa tendresse à Bélasire. « Elle avait une défiance naturelle de tous les hommes : quoiqu'elle m'estimât beaucoup plus que tous ceux qu'elle avait jamais vus, et par conséquent plus que je méritais, elle n'ajoutait pas foi à mes paroles. Elle eut néanmoins un procédé avec moi tout différent de celui des autres femmes, et j'y trouvai quelque chose de si noble et de si sincère, que j'en fus surpris. Elle ne demeura pas longtemps sans m'avouer l'inclination qu'elle avait pour moi; elle m'apprit ensuite le progrès que je faisais dans son cœur : mais, comme elle ne me cachait point ce qui m'était avantageux, elle m'apprenait aussi ce qui ne m'était pas favorable. Elle me dit qu'elle ne croyait pas que je l'aimasse véritablement; et que, tant qu'elle ne serait pas mieux persuadée de mon amour, elle ne consentirait jamais à m'épouser.... » Elle y consent toutefois après bien des irrésolutions de part et d'autre.

Mais Ximénès n'est pas heureux. Il sait que son cœur est bien malade; il craint « l'horreur » d'être un jour jaloux d'elle; il se préoccupe, malgré lui, de savoir tout le passé de celle qu'il aime. Sans comprendre ce qu'il y a de funeste et de malsain dans sa curiosité, il la prie de lui dire tout ce que ses adorateurs précédents ont fait pour elle. « Elle me nomma tous ceux qui l'avaient aimée; elle me conta tout ce qu'ils avaient fait pour lui plaire.... » Il remarque surtout ce qu'elle lui dit du long et inutile attachement du comte de Lare ; le voilà jaloux, jaloux d'un mort. Il se demande si elle n'a rien caché, si elle a bien dit tous les sentiments qu'elle a eus pour lui. « Il était impossible qu'elle m'eût conté d'abord toutes les circonstances d'une passion qui avait duré plusieurs années. » En effet, elle lui donne une autre fois des détails qui ne lui étaient pas revenus le premier jour à l'esprit ; il en conclut qu'elle avait eu le dessein de les lui dissimuler. Il la supplie à genoux d'être sincère. « Mais, quand ce qu'elle me répondait était comme je le pouvais désirer, je croyais qu'elle ne me parlait ainsi que pour me plaire : si elle me disait des choses un peu avantageuses pour le comte de Lare, je croyais qu'elle m'en cachait bien davantage.... Je ne lui donnais plus de repos ; je ne pouvais plus lui témoigner ni passion ni tendresse ; j'étais incapable de lui parler d'autre chose que du comte de Lare : j'étais pourtant au désespoir de l'en faire souvenir, et de remettre dans sa mémoire tout ce qu'il avait fait pour elle. Je résolvais de ne lui en plus parler ; mais je trouvais toujours que j'avais oublié de me faire expliquer quelque circonstance ; et sitôt que j'avais commencé ce discours, c'était pour moi un labyrinthe, je n'en sortais plus, et j'étais également désespéré de lui parler du comte de Lare, ou de ne lui en parler pas.... »

Ainsi se passent les jours; tout le bonheur qu'il goûtait auprès d'elle, est désormais empoisonné. En vain, Bélasire s'arme « d'une patience et d'une douceur admirables »; elle sent que leur amour est à jamais perdu. En vain elle objecte à ce pauvre fou qui la soupçonne d'avoir aimé le comte de Lare : si je l'eusse aimé, qui m'empêchait de l'épouser? « Persuadez-le-moi donc, madame, s'écrie-t-il; dites-le-moi mille fois de suite, écrivez-le-moi; enfin, redonnez-moi le plaisir de vous aimer comme je faisais, et surtout pardonnez-moi le tourment que je vous donne. Je me fais plus de mal qu'à vous; et, si l'état où je suis pouvait se racheter, je le rachèterais par la perte de ma vie. »

Elle croit, en effet, le guérir en lui remettant une narration écrite des années de sa vie dont la vision le torture. Hélas!... « Je commençai par être en colère contre moi-même d'avoir obligé Bélasire à employer tant de temps à penser au comte de Lare. Les endroits de son récit où elle entrait dans le détail m'étaient insupportables; je trouvais qu'elle avait bien de la mémoire pour les actions d'un homme qui lui avait été indifférent.... Enfin, je fis du poison de tout.... » Et Bélasire désespère de le sauver de lui-même.

Une âme qui a perdu la foi, ne la retrouve plus jamais. Comme il a soupçonné Bélasire dans le passé, il faut bien qu'il en arrive à la soupçonner dans le présent. Son ami, dom Manrique, qui voudrait le voir heureux, fait de fréquentes visites à Bélasire et cherche avec elle un remède à la folie de Ximénès. Celui-ci les voit parler bas ensemble, ne comprend pas qu'ils parlent de lui, et oublie le comte de Lare pour n'être plus jaloux que de dom Manrique. Alors Bélasire perd courage; elle rompt avec lui, renonçant à se battre contre tous les fantômes qu'enfante son cerveau troublé. Il revient chaque nuit sous ses fenêtres. Il y rencontre par hasard, certain soir, dom Manrique; c'en est assez pour qu'il ne doute plus de sa trahison, l'attaque en furieux et le tue. Voilà l'irréparable. Bélasire entre dans un couvent et y ensevelit sa douleur. « Je vous jure, a dit dom Manrique en expirant, que je n'ai jamais eu pour elle de pensée qui pût vous déplaire. — Je n'aimais que vous, a écrit Bélasire avant de prendre le voile, et je vous aime encore. » Et Ximénès, en la solitude où il s'en va vivre désormais, n'emporte pas seulement le remords de sa faute, mais le regret aussi, l'inconsolable regret du bonheur dont il s'est privé lui-même.

※
※ ※

Il faut lire ces quarante feuillets. Ils effacent tout le reste du volume et nous en rendent la lecture presque impossible. Ici, du moins, nous pouvons dire en toute tranquillité que Segrais n'y est pour rien : il était bien incapable de décomposer avec un art si merveilleux un phénomène moral dont le xvii⁰ siècle n'offre guère d'exemples. Que nous voilà loin de la carte du Tendre et de l'Honnête Amitié! Avais-je tort d'évoquer à ce propos la *Confession* de Musset? Il y a une étrange parenté entre la douce Bélasire et la douce Brigitte, entre Ximénès et Octave. Leur jalousie, à tous les deux, a la même origine morbide et les mêmes effets. Tous deux, ils ont été trompés dans leur première tendresse; et la plaie qui ce jour-là s'est ouverte en leur cœur, est incurable. Ce qu'il y a, au fond de leur démence, c'est le doute, le mépris de la femme : ils ne croient plus en elle, et la voix si franche, si loyale de Bélasire ou de Brigitte, ne peut leur rendre la confiance qu'une voix menteuse leur a jadis enlevée. Ximénès tourmente Bélasire comme Octave martyrise Mme Pierson; l'un est jaloux du comte de Lare, comme l'autre est jaloux de Dalens. Il n'y a entre eux qu'une différence de langage; l'homme d'autrefois, même lorsqu'il méprisait la femme, savait encore lui parler avec respect.

Segrais nous dit qu'une telle peinture parut invraisemblable. Il y avait, en effet, peu de cœurs aussi maladifs au temps de Mme de la Fayette; et pour la plupart l'amour était chose légère. Parmi les gens de cour, les uns étaient flattés d'avoir des rivaux à vaincre; les autres souriaient des roueries d'une coquette et trouvaient tout naturel qu'elle ne prît pas plus au sérieux ses serments qu'ils ne prenaient les leurs. A dire vrai, leur légèreté nous semble autrement méprisable que les angoisses et les colères d'un Ximénès. S'il doute de la femme, du moins comme il souffre de douter d'elle ! Il voudrait aimer, il voudrait croire. L'amour n'est pas pour lui le « plaisir d'amour » que chantaient nos pères ; c'est la passion qui consume et dont on meurt.

*
* *

L'histoire d'Alphonse et de Bélasire soulève un autre problème, un problème dont la solution semble avoir bien vivement préoccupé l'esprit de Mme de la Fayette, puisqu'elle y est revenue à trois reprises. C'est Bélasire elle-même qui livre à Ximénès le secret de sa vie passée, et lui donne ainsi, en croyant se mettre à l'abri de tout soupçon, l'occasion de la suspecter. Est-il juste et nécessaire de nous confesser de la sorte à ceux que nous aimons et qui nous aiment, ou n'est-ce pas leur faire mal inutilement? Telle est la question que Mme de la Fayette s'est posée en ses trois principaux écrits qui, par là, se tiennent et se complètent : dans *Zayde*, où Bélasire conte à son amant d'aujourd'hui les inutiles empressements de ses amants d'autrefois; dans *la Princesse de Clèves*, où une femme avoue à son mari l'amour très chaste qu'elle porte à un autre que lui; dans *la Comtesse de Tende*, enfin, où une femme coupable avoue à son mari la faute commise. Il y a là une gradation; la thèse s'enhardit et se développe d'œuvre en œuvre jusqu'à ses conséquences extrêmes.

Cette thèse, les contemporains ne l'ont remarquée et discutée qu'après la publication de *la Princesse de Clèves*; j'y reviendrai donc. Je me borne, en attendant, à signaler l'insistance de Mme de la Fayette : il semble qu'elle plaide une cause personnelle. Et vraiment, est-ce faire une hypothèse hasardeuse que de voir là, en effet, une discrète expression de sa vie, de cette vie où nous voudrions tant pénétrer et dont le mystère, à peine soulevé, nous fait tant rêver malgré nous? N'y a-t-il rien d'elle en la très bonne, très sincère Bélasire, n'y a-t-il pas un peu de la Rochefoucauld en Ximénès?

« Je ne vous saurais exprimer la joie que je trouvais à toucher ce cœur qui n'avait jamais été touché, et à voir l'embarras et le trouble qu'y apportait une passion qui y était inconnue. Quel charme c'était pour moi, de connaître l'étonnement qu'avait Bélasire de n'être plus maîtresse d'elle-même, et de se trouver des sentiments sur lesquels elle n'avait point de pouvoir! Je goûtai des délices dans ces commencements que je n'avais pas imaginées; et qui n'a point senti le plaisir de donner une violente passion à une personne qui n'en a jamais eu, même de médiocre, peut dire qu'il ignore les véritables plaisirs de l'amour. Si j'eus de sensibles joies par la connaissance de l'inclination que Bélasire avait pour moi, j'eus aussi de cruels chagrins par le doute où elle était de ma passion et par l'impossibilité qui me paraissait à l'en persuader. »

N'est-ce point La Rochefoucauld qui a dicté ces lignes aux premiers temps de sa liaison avec Mme de la Fayette, et ne faudrait-il point substituer le nom de son amie à celui de Bélasire? N'est-ce point à eux que s'applique de même la suite du récit? Ils étaient très francs l'un et l'autre : ils ont dû se montrer tout le livre de leur vie : là sans doute fut la source de l'affection, faite de réciproque estime, qui les rapprocha; là peut-être fut aussi pour elle et pour lui la source de secrètes souffrances, comparables à celles de Ximénès. Il y a tant de tristesse à sentir que la vie de l'être cher ne date point de notre amour; qu'il y a dans son cœur des cicatrices à jamais douloureuses! Quoi que puisse dire le poète, le cœur lui-même a ses rides où le regard de ceux qui nous aiment lisent les luttes et les déceptions anciennes. Il y avait beaucoup de ces sillons au cœur de La Rochefoucauld; il y en avait même au cœur de Mme de la Fayette, bien qu'elle eût vécu en honnête et vaillante femme. L'un portait en lui le souvenir d'épreuves trop réelles; l'autre, le souvenir de ses rêves défunts. Ils le savaient; ils avaient voulu tout se dire, pour la dignité de leur amour. Qui sait, selon le mot de Ximénès, si « le mérite de leur aveu et leur sincérité les consolèrent toujours de ce qu'ils s'avouaient »? Si Mme de la Fayette raconta la confession de la princesse de Clèves, puis de la comtesse de Tende après celle de Bélasire, n'était-ce point pour essayer de se convaincre elle-même qu'elle avait eu raison d'être toujours « vraie », bien que sa franchise eût probablement causé les plus cruelles peines de sa vie?

LA
PRINCESSE DE CLÈVES

Une lettre de Mme de Sévigné à sa fille nous prouve que *la Princesse de Clèves* était déjà en projet, à l'état d'ébauche, en 1672. La publication en fut retardée jusqu'au 16 mars 1678, et se fit chez le fameux libraire Barbin. Segrais servit encore de prête-nom à Mme de la Fayette. S'il en avait pu résulter quelque malentendu à propos de *Zayde*, si le public avait d'abord attribué à Segrais le premier roman de Mme de la Fayette, conçu en effet dans la manière et peut-être d'après les conseils de Segrais, *la Princesse de Clèves* ne provoqua aucune méprise du même genre. Elle était trop supérieure au talent de Segrais pour que personne songeât à lui en faire honneur. Les amis de Mme de la Fayette, du reste, avaient vu celle-ci s'enfermer durant l'hiver de 1677 avec

La Rochefoucauld et travailler avec lui. Chacun sut bien vite que le nouvel ouvrage était sorti de ce travail en commun auquel Segrais n'avait point eu part.

L'auteur de *la Princesse de Clèves* est Mme de la Fayette, mais secondée, guidée par La Rochefoucauld. Il est curieux, touchant même, comme le remarquait Sainte-Beuve, de voir dans quelle situation particulière naquirent les personnages, les sentiments d'un tel livre. La Rochefoucauld avait soixante ans, Mme de la Fayette en avait quarante-quatre. Il y en avait treize qu'ils s'aimaient d'une affection infiniment profonde, infiniment pure, sur laquelle la médisance des contemporains n'a jamais trouvé à mordre. C'est cette affection si belle — toute leur vie et tout leur rêve — qu'ils tentèrent ce jour-là de revivre depuis le premier jour en la transcrivant dans la douceur du tête-à-tête. Ils voulurent traduire tout ce qu'ils avaient souffert l'un par l'autre, tout ce qu'ils se devaient aussi l'un à l'autre de joies généreuses et de délicat bonheur. Ils voulurent faire plus encore. Ils s'étaient rencontrés et aimés sur le tard : ils évoquèrent leur passé pour s'en faire une offrande réciproque, pour se restituer en quelque sorte les années de leur vie qu'ils n'avaient point vécues côte à côte, pour se donner au moins le souriant fantôme de leur jeunesse. Ils remontèrent le cours du temps, l'un se revoyant prince de Marsillac, et prêtant au héros du volume cette « fleur brillante de chevalerie » dont avait rayonné sa propre personne au temps de la Fronde; l'autre se revoyant à l'âge des fraîches illusions et prêtant à l'héroïne les faciles rougeurs, qui avaient été jadis la grâce de Mlle de la Vergne. Elle y mit tout son idéal; il y mit toute son expérience. Ainsi entendu, comme la confession de deux créatures d'élite qui avaient aimé, qui avaient souffert, le livre prend un étrange intérêt, devient un drame de la vie réelle....

I

L'action se passe à la fin du règne de Henri II, époque brillante, raffinée même, assez semblable aux premières années du règne de Louis XIV. La vie de cour au Louvre des derniers Valois ne différait guère de la vie de cour au château de Versailles. C'est déjà la même atmosphère d'intrigues, de rivalités, de jalousies, un mélange de diplomates amoureux qui réglaient les questions d'État d'après l'état de leur cœur, et d'amoureux diplomates qui apportaient dans leur amour toutes les ruses de la politique; une quintessence de la vie de salon avec sa perpétuelle comédie, sa perpétuelle grimace. En un tel milieu, les natures droites et franches ont bien de la peine à vivre. C'est dans ce milieu, pourtant, que Mme de la Fayette a fait vivre sa droite, sa franche princesse de Clèves — comme elle y avait elle-même vécu, — rendant ainsi plus frappante la leçon d'héroïsme et de loyauté qu'elle nous donne.

La princesse de Clèves n'est encore qu'une toute jeune fille et s'appelle Mlle de Chartres, quand elle apparaît à la cour. Sa mère l'a élevée de façon à la prémunir un peu contre les périls qui l'attendent au pays du joli mensonge, « lui contant le peu de sincérité des hommes, leurs tromperies et leurs infidélités, les malheurs domestiques où plongent les engagements, et lui faisant voir, d'un autre côté, quelle tranquillité suivait la vie d'une honnête femme, combien la vertu donnait d'éclat et d'élévation à une personne qui avait de la beauté et de la naissance ». De la naissance, nul n'en a plus que Mlle de Chartres, qui est une des grandes héritières de France; quant à la beauté, « la blancheur de son teint et ses cheveux blonds lui donnaient un éclat qu'on n'a jamais vu qu'à elle ». Aussi ne tarde-t-elle point à faire des conquêtes. Le lendemain de son arrivée, elle rencontre chez un joaillier le prince de Clèves qui « conçoit dès ce moment pour elle une passion et une estime extraordinaires ». Il a bientôt un rival en la personne du chevalier de Guise, mais le cardinal de Lorraine s'oppose au mariage de celui-ci avec Mlle de Chartres, et M. de Clèves est agréé. Ce n'est pas que Mlle de Chartres l'aime autant qu'elle est aimée de lui. Elle cède aux instances de sa mère en déclarant « qu'elle épousera M. de Clèves avec moins de répugnance qu'un autre, mais qu'elle n'a aucune inclination particulière pour sa personne ». Elle parle avec la même sincérité à M. de Clèves lui-même, et celui-ci a la tristesse en obtenant sa main de sentir qu'il lui reste à gagner son cœur.

Il y a peu de temps qu'ils sont mariés quand le duc de Nemours revient d'un voyage à Bruxelles. Brave, admirablement beau, élégant, spirituel, le duc de Nemours est une manière de don Juan, auquel aucun cœur ne résiste. Il est à la veille de devenir le mari de la reine d'Angleterre qui s'est éprise de lui. Il reparaît au Louvre, un soir de bal, à l'occasion des noces de Mme Claude de France, seconde fille du roi, avec le duc de Lorraine; et le hasard le met aussitôt en présence de Mme de Clèves, qui a souvent entendu parler de lui chez la dauphine :

« Le bal commença; et, comme elle dansait avec M. de Guise, il se fit un assez grand bruit vers la porte de la salle, comme de quelqu'un qui entrait, et à qui on faisait place. Mme de Clèves acheva de danser, et, pendant qu'elle cherchait des yeux quelqu'un qu'elle avait dessein de prendre, le roi lui cria de prendre celui qui arrivait. Elle se tourna et vit un homme qu'elle crut d'abord ne pouvoir être que M. de Nemours, qui passait par-dessus quelques sièges pour arriver où l'on dansait. Ce prince était fait d'une sorte qu'il était difficile de n'être pas surprise de le voir, quand on ne l'avait jamais vu, surtout ce soir-là, où le soin qu'il avait pris de se parer augmentait encore l'air brillant qui était dans sa personne; mais il était difficile aussi de voir Mme de Clèves pour la première fois, sans avoir un grand étonnement. M. de Nemours fut tellement surpris de sa beauté, que, lorsqu'il fut proche d'elle, et qu'elle lui fit la révérence, il ne put s'empêcher de donner des marques de son admiration. Quand ils commencèrent à danser, il s'éleva dans la salle un murmure de louanges.... »

Dès cette première entrevue, M. de Nemours ressent pour elle une inclination violente. De son côté, Mme de Clèves est troublée. Les obligations de la vie de cour les ramènent sans cesse l'un près de l'autre, si bien que M. de Nemours rompt avec toutes les femmes qu'il aimait pour s'absorber dans sa nouvelle passion. Sa vie change; il oublie même qu'il est attendu à Londres; et Mme de Clèves, malgré le soin qu'il met à cacher sa tendresse, n'en peut plus douter. Pour la première fois, elle n'ose tout dire à sa mère. Mais plusieurs petits faits viennent confirmer le soupçon que Mme de Chartres a déjà conçu.

C'est d'abord le refus de Mme de Clèves d'aller à une fête que donne le maréchal de Saint-André, et où M. de Nemours ne doit point être. Quelqu'un a répété devant elle un propos de M. de Nemours qui l'a laissée tout inquiète : « Il n'y a point, disait-il, de souffrance pareille à celle de voir la femme qu'on aime au bal, si ce n'est de savoir qu'elle y est et de n'y être pas ! » — Elle renonce à paraître au bal du maréchal de Saint-André.... Sa mère la met alors à l'épreuve. Elle lui raconte que M. de Nemours a été et passe pour être encore amoureux de la dauphine. L'émoi de Mme de Clèves est si visible, que le soupçon de Mme de Chartres se change en une certitude. Par malheur, elle tombe malade, au moment où sa présence devenait si nécessaire à sa fille. Elle ne peut plus que lui adresser, à son lit de mort, quelques belles paroles qui l'aideront à demeurer une honnête femme. Mme de Clèves pleure et se désespère au pied du lit de sa mère morte. Mais l'amour est égoïste, l'amour rapporte tout à lui. Ce qu'elle pleure, c'est la perte de son soutien, la perte de celle dont elle avait si grand besoin pour se défendre contre son propre cœur.

Elle fuit à la campagne.... Il lui faut bien vite revenir prendre sa place à la cour, c'est-à-dire se retrouver chaque jour en face de celui qu'elle aime et qu'elle n'a pas le droit d'aimer, qu'elle ne veut pas aimer. Il vient lui-même lui faire visite, et sans oser un aveu, il ne lui dit pas un mot qui ne soit un hommage trop clair de son amour. Et leur passion grandit en silence, en dépit de l'effort qu'ils font pour la vaincre. Lorsqu'ils essayent de s'éviter, des propos rapportés, mille indices leur prouvent qu'ils s'aiment. En vain, elle quitte de nouveau Paris; en vain, elle se retire de la chambre de M. de Clèves, quand M. de Nemours y vient. Elle voit celui-ci dérober un portrait d'elle, et n'a pas le courage de le réclamer; elle est sans appui, sans force, et pour la première fois elle songe à demander conseil à son mari.

Une circonstance fortuite l'y détermine. Une lettre d'amour est tombée, au Jeu de Paume, de la poche du vidame de Chartres. Quelqu'un l'a ramassée, qui la croit tombée de la poche de M. de Nemours, et la remet à la dauphine. Mme de Clèves lit cette lettre, et passe une nuit affolée en proie à toutes les angoisses de la jalousie. La joie qu'elle éprouve ensuite, en apprenant l'innocence de M. de Nemours, lui montre combien sa passion est profonde. Elle en est effrayée. Elle se réfugie dans ses terres, à Coulommiers, et là, épuisée, à bout de force, elle confesse sa torture à M. de Clèves. Elle lui dit tout, ses combats, sa lassitude, sa détresse, et, au sortir d'une telle scène, ils restent tous deux mortellement tristes, s'estimant davantage, mais comprenant bien que toute joie est désormais morte pour eux. M. de Clèves lui laisse toute liberté : il sait bien que c'est lui donner des bornes plus étroites qu'il ne pourrait lui en prescrire. Et M. de Nemours n'a plus d'autre preuve de sa tendresse que sa profonde mélancolie. Un hasard lui a d'ailleurs fait entendre l'entretien qu'elle a eu avec son mari. Et s'il a la douceur de se savoir aimé, il a l'amère certitude qu'un cœur si noble ne s'avouera jamais vaincu devant son vainqueur.

M. de Clèves est plus à plaindre encore, lui qui n'a point cessé de chérir ardemment sa femme; de la chérir comme au premier jour de leur union, qui la sait éprise d'un autre, et qui a surpris enfin le nom de cet autre. Sa vie n'est plus qu'une fièvre, un tourment de toutes les heures. Il l'a laissée à Coulommiers pour suivre le roi à Chambord, où se trouve aussi M. de Nemours. Il voit ce dernier partir à l'improviste ; il devine son dessein ; il charge un gentilhomme de ses amis de le suivre. M. de Nemours s'en vient, en effet, à Coulommiers; il pénètre dans le parc, il arrive jusqu'à un pavillon où se tient Mme de Clèves. A travers la croisée, il la voit accoudée, toute rêveuse, devant un tableau du siège de Metz où il est représenté. Il est comme honteux de la surprendre de la sorte; il veut fuir. Elle l'entend, le reconnaît, et rejoint ses femmes. Il revient le lendemain soir : il trouve le pavillon désert, et n'a d'autre joie que d'errer longtemps par ces allées où elle promène chaque jour sa rêverie. Et il s'en revient à la cour, sans avoir pu obtenir d'elle un accueil moins froid, moins digne....

Mais le gentilhomme que M. de Clèves avait chargé d'observer sa conduite, rapporte au prince ce qu'il a vu : les deux visites que M. de Nemours a faites en pleine nuit dans le parc de Coulommiers. M. de Clèves est frappé au cœur ; une fièvre mortelle s'empare de lui ; il expire, après avoir entendu sa femme qui adoucit son agonie en lui révélant la vérité et en dissipant, mais trop tard, la méprise dont il meurt.

Rien ne saurait peindre le désespoir de Mme de Clèves qui s'accuse d'avoir tué son mari. Après plusieurs mois d'une violente affliction, elle tombe en un état de langueur. Pourtant son amour demeure plus fort que ses remords et que sa volonté. Elle se cache au fond d'un couvent : elle aperçoit M. de Nemours à la fenêtre d'une maison voisine où il vient rêver et pleurer. Elle sort de Paris ; elle va errer à travers les bois de la banlieue : c'est encore M. de Nemours qu'elle aperçoit, si accablé, si enfoncé dans sa songerie qu'il ne la voit point. Malgré elle, une faiblesse lui vient. Elle songe que tous les obstacles sont levés entre eux, que son amour a cessé d'être criminel, depuis qu'elle est veuve.... Hélas ! l'obstacle, le seul obstacle qui subsiste, c'est ce veuvage lui-même. Son amour reste criminel, puisqu'il a tué M. de Clèves.

« Quand elle se souvint que ce même homme qu'elle regardait comme pouvant l'épouser, était celui qu'elle avait aimé du vivant de son mari, et qui était la cause de sa mort; que même en mourant il lui avait témoigné de la crainte qu'elle ne l'épousât, son austère vertu était si blessée de cette imagination qu'elle ne trouvait guère moins de crime à épouser M. de Nemours qu'elle en avait trouvé à l'aimer pendant la vie de son mari. »

Aussi, le jour où elle consent à recevoir enfin M. de Nemours, c'est avec la sérénité que donne une immuable résolution. Elle est sûre d'elle-même; elle sait qu'elle ne cédera point aux prières. Pour la première fois, elle ne craint pas de le regarder doucement, tendrement, avec des yeux qui disent sa longue souffrance, qui disent aussi le sacrifice consommé. Pour la première fois, elle lui avoue son amour. Elle parle d'une voix grave, un peu lassée, une voix qui semble venir de par delà la tombe :

« Ne vous excusez point, reprit-elle, il y a longtemps que je vous ai pardonné.... Je vous avoue que vous m'avez inspiré des sentiments qui m'étaient inconnus devant que de vous avoir vu, et dont j'avais même si peu d'idée, qu'ils me donnèrent d'abord une surprise qui augmentait encore le trouble qui les suit toujours. Je vous fais cet aveu avec moins de honte, parce que je le fais dans un temps où je le puis faire sans crime, et que vous avez vu que ma conduite n'a pas été réglée par mes sentiments. »

Et de la même voix qu'elle vient de lui dire : je vous aime, — elle lui dit pourquoi elle ne sera jamais sa femme. Son devoir n'est pas fini à l'égard de M. de Clèves. Il la sépare encore de celui qu'elle aime, puisqu'il est mort de leur amour; il les sépare autant que s'il était mort en duel de la main de M. de Nemours. Et puis, ajoute-t-elle, vous cesseriez de m'aimer le jour où je vous appartiendrais. Les obstacles ont fait votre constance. Un bonheur calme vous lasserait vite. Il me faudrait souffrir encore, et je ne m'en sens plus la force. Des amours comme les nôtres usent le cœur. Je ne puis plus;... laissez-moi chercher le repos.

Le repos! Elle ne doit le trouver que dans la tombe. Elle s'en va aux Pyrénées. Sa santé s'affaiblit chaque jour. Elle demeure languissante, retirée en une maison religieuse l'hiver, dans ses terres l'été, se détachant de plus en plus du monde, essayant de voir la vie d'un autre œil qu'elle n'avait fait jusqu'alors. Avec les années, la passion de M. de Nemours s'éteignit. Mme de Clèves avait eu raison de douter du cœur de l'homme, et de chercher la paix, le bonheur qui ne trompe pas, plus haut, hors de la réalité humaine. « Sa vie, qui fut assez courte, laissa des exemples de vertu inimitables.... »

II

Telle est l'œuvre qu'il m'en coûte d'abréger, tant les moindres phrases y ont de prix, tant déjà tout y est simple et sobre. Il en est de *la Princesse de Clèves* comme de beaucoup de livres du XVIIe siècle : le style, avec ses couleurs un peu passées, ses termes généraux, sa parfaite décence, nous empêche de remarquer tout ce qu'il y a de hardi dans la donnée de l'ouvrage. Cette donnée, je viens de la rappeler. Mme de la Fayette nous montre une femme — la femme de M. de Clèves, — lui avouant qu'elle aime un autre homme que lui. Ce fut, bien entendu, le point sur lequel portèrent et s'échauffèrent tout d'abord les discussions du XVIIe siècle. Dans le « murmure de louanges qui s'éleva » — ce sont les expressions mêmes de Mme de Sévigné, — percèrent quelques coups de sifflet. « L'aveu de Mme de Clèves est extravagant », écrivait Bussy-Rabutin. Il ajoutait, il est vrai : « Il n'est pas admissible qu'une passion d'amour soit longtemps dans un cœur de même force que la vertu », —

impertinence qui ôte bien de l'autorité à sa critique. Il est sûr, toutefois, qu'aucun romancier, aucun auteur dramatique n'a osé depuis reprendre une situation si audacieuse ; et c'est le poli, solennel, correct XVIIe siècle qui donne ici une leçon de hardiesse à notre époque. Nos écrivains nous ont bien fait entrevoir — dans *Froufrou*, dans *Francillon*, par exemple — des femmes qui se sentent près de perdre la tête et de perdre pied, et qui appellent leur mari à leur secours ; mais leur appel est si vague, si confus, sent tellement la fièvre, que le mari hausse les épaules et leur répond : « Vous avez mal aux nerfs ; allez vous coucher, ma chère ». Nous voilà loin de la confession si complète, presque calme, au moins en apparence, que M. de Clèves reçoit de sa femme.

Personne ne songe plus aujourd'hui à traiter cette scène « d'extravagante », comme faisait Bussy, et à en méconnaître la beauté morale. Oui, il y a quelque chose d'héroïque, de sublime peut-être, en cette franchise d'un cœur qui livre tout son secret. De tels récits faits la tête haute transportent nos âmes. Ce n'est point chez Racine — malgré les rapports que son talent peut avoir avec celui de Mme de la Fayette — que nous trouverions rien d'analogue. Il faut se reporter à Corneille, à ce vieux Corneille qui avait enchanté la jeunesse de Mme de la Fayette comme aussi de Mme de Sévigné, et dont elle s'est nourrie, dont elle s'est pénétrée, dont elle a fait passer le souffle en elle-même. Il faut se reporter à Pauline pour trouver la sœur de la princesse de Clèves ; à la Pauline de *Polyeucte* qui s'est mariée avec lui malgré son cœur, malgré l'amour qu'elle portait à Sévère, et qui n'a point caché cet amour à Polyeucte, qui ne l'a point caché à Sévère lui-même ; à Pauline qui a cependant assez de vertu pour conserver ainsi toute l'estime, toute la respectueuse adoration de l'un comme de l'autre. — Encore une fois, une telle conception fait honneur à l'humanité. Mais, malgré tout, il faut bien avouer enfin qu'elle est et sera toujours un divin mensonge, un rêve décevant de nos imaginations et de nos cœurs.

*
* *

Tous ceux qui aiment, rêvent ainsi de connaitre les plus secrètes pensées de celle qu'ils aiment, de pénétrer au plus profond de sa vie intérieure, de lire dans le présent et dans le passé de son âme. Il leur semble que cette prise de possession leur sera douce, qu'elle leur fera chérir davantage la femme assez sincère pour leur montrer même la place que d'autres tiennent ou ont tenue dans la vie de son cœur. Ils vont au-devant de si amères découvertes, et c'est M. de Clèves lui-même qui, voyant sa femme inquiète, préoccupée, la supplie de tout dire. « Si je savais, lui dit-il, une femme telle que vous éprise d'un autre que moi, je quitterais le personnage d'amant et d'époux pour la conseiller et la plaindre. »

Voyez-le ensuite, après cette belle profession de foi cornélienne, à l'heure où sa femme lui confie, en effet, son cher et douloureux secret. Il l'a provoquée, la confidence dont il va mourir. Car nous sommes ainsi faits; nous voulons savoir, tout savoir, dût la révélation faite nous laisser une inguérissable blessure. M. de Clèves — bien digne d'être le confident d'une telle femme — parvient à retenir le cri de douleur, le cri de rage qui monte à ses lèvres, et les premières paroles qu'il lui adresse, sont des paroles de tendre pitié. Il lui voue tout le respect, toute l'admiration à laquelle elle a droit. Mais, malgré lui, voici une mortelle inquiétude éveillée en lui; malgré lui, et comme pour élargir la plaie, il presse Mme de Clèves de questions; il veut savoir comment cet amour est né, il veut savoir qui elle aime. Puis, une honte lui vient de se sentir si faible : « Refusez-moi, lui dit-il, toutes les fois que je vous demanderai de pareilles choses; ne vous offensez pourtant pas si je vous les demande.... » Car, s'il sait que tout soupçon est indigne d'elle, indigne de lui, il sait aussi qu'il est homme, et que c'en est fait d'un cœur où pour la première fois le doute a germé. Il sait que quelque chose est mort qui ne saurait plus renaître pour lui : la douceur des affections sûres d'elles-mêmes ; qu'il ne pourra pas empêcher son cœur de se soulever et de battre, qu'il ne pourra plus échapper au martyre de la jalousie, et vaincre cette curiosité fiévreuse qui le force à sonder son mal.

Ainsi, le défaut de la conception de Mme de la Fayette est d'être trop haute, trop belle, trop au-dessus de nos forces, à la façon des conceptions de Corneille qui ne croit pas à l'irrémédiable bassesse humaine. A croire l'aveu que fait Mme de Clèves, possible — et il l'est en effet, et Mme de Clèves existe dans la réalité, — son aveu est une cruauté inutile. Puisqu'elle veut rester une honnête femme, elle n'a que faire d'un conseiller. A quoi bon gâter à tout jamais la vie de celui qu'elle va prendre pour confesseur? Il l'aimera, il l'estimera, certes, plus encore qu'il ne faisait, en raison même de l'effort fait sur elle-même, de l'immense sacrifice qu'elle a accompli. Mais comme il va souffrir!... Voici que l'angoisse qu'il avait de n'être pas aimé ou de n'avoir pas été seul aimé d'elle, devient une certitude; voici qu'une figure se précise, lui apparaît, la figure de *l'autre*. Au lieu des vagues malaises sans consistance, sans durée, qui traversent toujours un cœur aimant, au lieu d'une indécise et timide jalousie — sans laquelle il n'y a pas d'amour, — une évocation nette, cruellement nette, va hanter sa pensée, sa veille et son sommeil. A la tendresse confiante, presque ingénue, va succéder une tendresse — pleine de respects sans doute, — mais mêlée aussi de combien de larmes, une tendresse plus noble et plus forte, soit, mais combien moins heureuse ! Il y aura toujours entre ces deux êtres qui souffrent et qui souffrent de la souffrance l'un de l'autre, une image ineffaçable, un spectre plus vivant que toutes les réalités.

S'il en fallait une preuve, ce serait Mme de la Fayette elle-même qui nous la fournirait, ce serait la vie de M. de Clèves après l'aveu de sa femme, ses questions qui sont presque des insultes, ses éternels pourquoi, ses doutes qu'il n'arrive plus toujours à dissimuler. Il ne croit plus ; — et une heure vient, où il reproche à la pauvre femme l'admirable franchise avec laquelle elle a agi. « Que ne me laissiez-vous, lui dit-il, dans cet aveuglement tranquille dont jouissent tant de maris? » Cruel reproche, à coup sûr, qui paye bien mal Mme de Clèves, mais reproche essentiellement humain. Après l'avoir écrit, Mme de la Fayette n'avait plus le droit de reprendre sa thèse et de la soutenir à nouveau, comme elle le fit, quelques années plus tard, dans *la Comtesse de Tende*.

*
* *

Voilà donc une œuvre aussi saine, aussi généreuse, aussi grandiose qu'une tragédie de Corneille; et néanmoins, elle est profondément triste, presque désolante. Elle est triste d'abord de la tristesse commune à tous les livres d'amour où l'amour ne triomphe pas, où le dénouement ne rapproche pas deux cœurs qui se cherchent depuis les premières pages ; triste comme *Roméo et Juliette*, comme *Paul et Virginie*. Mais il y a en *la Princesse de Clèves* une autre source de mélancolie à laquelle ont bu bien des âmes. La mélancolie vient de l'aveu que Mme de la Fayette est sans cesse obligée de faire que notre volonté est impuissante à régir notre cœur, que nous ne faisons point notre vie à notre guise. De la volonté? Qui en aura jamais plus que ces deux amants qui se broient le cœur plutôt que de s'avouer leur tendresse, et dont la tendresse ne cesse pourtant pas de croître en raison même de la contrainte?

A ceux qui disent : Le bonheur est dans le devoir; voici un livre qui répond : Il n'y a pas de bonheur, même dans le devoir, puisque M. de Clèves, Mme de Clèves, irréprochables tous deux, meurent victimes d'un mal dont la responsabilité ne leur incombe pas. Si bien qu'après avoir refermé le volume, la seule chose à souhaiter, semble-t-il, c'est « une vie assez courte », comme l'auteur a fait celle de la princesse de Clèves. Le même ouvrage, qui affirme si haut la volonté humaine, avoue en même temps son insuffisance; et il n'en est aucun où nous prenions mieux conscience de ce qu'il y a d'involontairement malheureux en notre destinée. La plus belle scène, peut-être, est celle où Mme de Clèves en larmes embrasse son mari à qui elle a tout confessé et qui pleure lui-même. Ils ne pleurent pas sur une faute commise; ils n'ont nulle défaillance à regretter, nul blâme à s'adresser; ils pleurent sur un mal qu'il n'a pas dépendu d'eux de fuir, dont ils ont su ne pas se faire une honte, mais qui reste cruel et sans remède. C'est ainsi qu'à travers le beau roman cornélien nous croyons par instants entendre ce cri de : Fatalité! avec lequel les anciens exhalaient toutes leurs plaintes.

Il y a là une quasi-contradiction qui m'a toujours frappé en lisant *la Princesse de Clèves*, comme le mélange de deux philosophies contraires, la réunion de deux pensées, de deux intelligences très différentes et pourtant fondues l'une avec l'autre, l'une qui croit au vouloir de l'homme, l'autre qui se résigne à une sorte de fatalisme. Peut-être serait-il facile d'expliquer l'apparente contradiction. On a souvent dit qu'il était impossible de démêler à travers *la Princesse de Clèves* la part de chacun des deux collaborateurs, c'est-à-dire de Mme de la Fayette et de La Rochefoucauld. Il semble qu'à suivre le double courant que nous y reconnaissons, il ne serait pas si malaisé de déterminer ce qui revient à chacun d'eux. C'est à Mme de la Fayette que revient l'honneur d'avoir si généreusement cru à notre force et si fièrement prêché la religion du devoir. Élevée au temps où paraissaient le *Cid*, *Horace*, *Polyeucte*, n'avait-elle pas été toute sa vie une héroïne du devoir, et son amour pour La Rochefoucauld lui-même, cet amour si pur, si droit, n'est-il pas le plus beau commentaire de son livre? C'est elle qui a rêvé et conté l'histoire de Mme de Clèves, sa vie sans tache, sa mort qui la trouve encore fidèle à son amour. M. de la Rochefoucauld, l'ironique héros de tant d'aventures de cœur, le sceptique auteur des *Maximes*, a conté l'histoire du brillant duc de Nemours qui finit par oublier, l'épisode de Sancerre et de d'Estouteville, bien d'autres épisodes où perce comme un sourire un peu amer. Et à lire le cher volume, nous nous figurons les voir tous deux à l'œuvre, au fond de quelque élégant hôtel de la rue Saint-Thomas-du-Louvre, durant cet hiver de 1677 où fut écrite *la Princesse de Clèves* : Mme de la Fayette, vieillie, ayant toujours ce beau regard franc et profond que nous ont conservé ses portraits, assise à sa table, la plume entre les doigts; et près d'elle La Rochefoucauld, plus vieux encore, goutteux, malade, cloué sur sa chaise, les yeux voilés, les lèvres un peu pincées, soufflant de temps à autre son scepticisme sur les belles chimères de son amie, lui dictant les morceaux d'analyse subtile sans lui fournir l'inspiration d'ensemble, mettant une restriction à ses enthousiasmes, un correctif à ses fières illusions. « C'est à son devoir, au souvenir de son mari mort par elle, écrivait Mme de la Fayette, que Mme de Clèves sacrifia son amour. — Oui, ajoutait La Rochefoucauld, à son devoir, mais aussi à son repos. — Mme de Clèves voulait rester une honnête femme, disait Mme de la Fayette, et elle resta une honnête femme. — Oui, répondait La Rochefoucauld, mais elle ne put faire qu'elle n'eût un cœur et qu'elle ne souffrît. »

*_**

Il y aurait encore une remarque à faire, qui, ce me semble, n'a pas été jusqu'ici exprimée. A la fin de la première partie du *Roman bourgeois*, après avoir conduit Lucrèce et Bédout jusqu'au jour de leurs noces, Furetière concluait : « S'ils vécurent bien ou mal ensemble, vous le pourrez voir quelque jour, si la mode vient d'écrire la vie des femmes mariées ». Cette mode, dont la venue lui semblait improbable, est si bien établie maintenant que nous la croyons vieille comme le monde et la littérature. Elle ne date, en réalité, que de *la Princesse de Clèves*. Jusque-là, les auteurs dramatiques eux-mêmes n'avaient guère mis à la scène que des jeunes premiers. « Se marieront-ils, ou ne se marieront-ils pas? » Tel est le problème qui se pose en presque toutes nos comédies et tragédies classiques. A part *Polyeucte* et *Phèdre*, les épouses, les mères n'y tiennent point le principal rôle. Quant aux romanciers — qu'ils appartinssent à l'école de Sorel ou de d'Urfé, — ils ne racontaient que les péripéties de la vie antérieures au mariage et dont le mariage est la conclusion.

Voici, pour la première fois, un livre qui expose un drame de la vie conjugale, de cette vie dont les lettres françaises n'avaient encore parlé qu'incidemment et pour en tourner en dérision les catastrophes. De même que les gens de lettres du XVIIe siècle trouvaient peu de poésie dans la religion chrétienne et s'en tenaient à l'emploi du merveilleux païen, de même la vie conjugale leur semblait peu poétique. Heureuse, elle n'avait point d'histoire; irrégulière et troublée, elle prêtait à rire aux dépens des Georges Dandin et des Sganarelle. A nos yeux, une existence féminine ne compte presque qu'à partir de l'entrée en ménage, et c'est, au gré du public d'autrefois, ce jour-là que finissait le roman d'une femme : « En venir de but en blanc à l'union conjugale, s'écriait Madelon,... prendre justement le roman par la queue,... il ne se peut rien de plus marchand que ce procédé ». Mme de la Fayette osa s'affranchir du préjugé de son siècle ; et sans doute plus d'une lectrice, surprise, charmée, se répéta, en refermant son livre, la jolie phrase étonnée que la représentation de *Polyeucte* avait arrachée à Mme la Dauphine : « Voilà pourtant une très honnête femme qui n'aime pas son mari ». Une très honnête femme, en effet, qui n'aime point son mari, un mari malheureux qui n'est point ridicule, tels sont les deux personnages principaux de *la Princesse de Clèves*; et par là encore l'œuvre a une bien grande portée, une originalité qui en double le prix.

* *
*

Ai-je tout dit?... Qui pourrait tout dire à propos d'un livre où chaque phrase donne à sentir et à penser, dont l'art exquis consiste dans les nuances, où toutes les contradictions de l'amour sont si finement notées, si finement traduites? Ce sont sans cesse de nouvelles surprises, des traits d'observation qui nous frappent en plein cœur, des réflexions où chacun de nous trouve un peu de lui-même. Qui a jamais mieux exprimé l'amour, avec l'embarras, le trouble, la gaucherie des premières heures, avec les perpétuelles méprises qu'il nous fait commettre sur le motif de nos joies et de nos tristesses, avec ses brusques passages du sourire aux larmes? Que de gens ont tressailli en retrouvant là des douleurs qu'ils croyaient avoir seuls souffertes, des paroles qu'ils croyaient seuls avoir dites!

Il n'y a pas jusqu'à cette évocation d'une société si différente de la nôtre qui ne nous charme. Je ne sais quel parfum d'antan se dégage de la vieille histoire où passent des silhouettes en pourpoint à crevés de velours, où les danses lentes et rythmées font onduler sur les parquets du Louvre la grande traîne des jupes de satin cramoisi, où les princesses appellent leur mari : monsieur, et leur mère : madame. Tout y est noble et fin, pur et relevé. C'est pourquoi, sans doute, *la Princesse de Clèves* est un livre cher à toutes les femmes. Elle est la plus parfaite expression de l'amour tel que tout cœur de femme le rêve : de l'amour qui absorbe et remplit l'âme, sans avoir jamais à rougir de lui-même.

*
* *

Les autres romans du XVIIe siècle n'étaient que les ébauches d'où devait enfin sortir le chef-d'œuvre. Nous avons, à les feuilleter, l'impression que nous exhumons des momies, momies enrubannées, mais à jamais froides. Ils dorment au fond des bibliothèques, sous leur couverture de cuir épais ou de parchemin, avec cet air vieillot, ratatiné, frippé, qu'aurait un habit à la française pendu au clou de quelque musée rétrospectif. Ils ont passé, ils sont morts avec les modes dont ils étaient le journal.

Certes, *la Princesse de Clèves* garde, elle aussi, l'empreinte de son temps. Mais, du bout de sa plume délicate, Mme de la Fayette y a parfois touché le fond même, le fond éternellement douloureux de l'âme humaine. Par là, son œuvre est demeurée vivante au milieu d'une nécropole de bouquins. Si changeant que soit le décor de la vie, il y reste toujours ce qu'y a vu Mme de la Fayette : des passions en lutte avec des devoirs, c'est-à-dire, en fin de compte, la souffrance.

FIN

TABLE DES MATIÈRES

Introduction V
L'Astrée 1
Le Berger extravagant 31
La vraie histoire comique de Francion 49
Le roman comique 85
Le roman bourgeois 125
Le Grand Cyrus 159
La Clélie 195
Les Mémoires du comte de Grammont 217
Le Traité de Huet et le Télémaque de Fénelon 239
Zayde 265
La Princesse de Clèves 297

Coulommiers. — Imp. Paul BRODARD.

www.ingramcontent.com/pod-product-compliance
Lightning Source LLC
Chambersburg PA
CBHW060654170426
43199CB00012B/1785